Aspekte

Mittelstufe Deutsch

Lehr- und Arbeitsbuch 2
Teil 2

von
Ute Koithan
Helen Schmitz
Tanja Sieber
Ralf Sonntag

Filmseiten von Ralf-Peter Lösche

Langenscheidt

Berlin · Madrid · München · Warschau · Wien · Zürich

Von
Ute Koithan, Helen Schmitz, Tanja Sieber, Ralf Sonntag
Filmseiten von Ralf-Peter Lösche

Redaktion: Cornelia Rademacher und Carola Jeschke
Gestaltungskonzept und Layout: Andrea Pfeifer
Umschlaggestaltung: Andrea Pfeifer; Umschlag-Fotos: Getty
Zeichnungen: Daniela Kohl
Satz und Litho: kaltnermedia GmbH, Bobingen

Verlag und Autoren danken Evelyn Farkas, Margarete Rodi und Rita Tuggener für die Begutachtung
sowie allen weiteren Kolleginnen und Kollegen, die *Aspekte* erprobt und mit wertvollen Anregungen
zur Entwicklung des Lehrwerks beigetragen haben.

Aspekte Band 2, Teil 2 – Materialien

Lehr- und Arbeitbuch 2, Teil 2, mit Audio-CDs	47488
Lehrerhandreichungen 2	47483
DVD 2	47485
Intensivtrainer 2	47489

Hinweis: Die Zuordnung der Vorschläge in den Lehrerhandreichungen ist durch die Angabe der Module und
der Aufgaben sowohl für die einbändige als auch für die zweibändige Ausgabe von **Aspekte** eindeutig. Die
Seitenverweise in den Lehrerhandreichungen beziehen sich ab Kapitel 6 nur auf die einbändige Ausgabe.

Symbole in Aspekte

 Hören Sie auf der CD 1 zum Lehrbuch bitte Track 2.
1.2

▶ Ü 1 Hierzu gibt es eine Übung im entsprechenden Arbeitsbuchmodul.

 Rechercheaufgabe mit weiterführenden Links auf der Homepage

 Diese Aufgabe macht Sie mit den Aufgabenformaten des B2-Zertifikats
des Goethe-Instituts [P]/GI oder von TELC [P]/TELC vertraut.

Übungstest *Österreichisches Sprachdiplom Deutsch (ÖSD)* auf der Langenscheidt-Homepage

Druck und Bindung: Stürtz GmbH, Würzburg

ISBN 978-3-468-47488-0

12040

Inhalt

Inhalt

Inhalt

Inhalt

Inhalt

Kulturwelten

1 Wählen Sie ein Bild aus und erfinden Sie eine Geschichte dazu.

Bild B: Rüdiger ist gerade umgezogen und dabei, seine neue Wohnung einzurichten. Gerade hat er versucht, eine neue Lampe an der Decke aufzuhängen ...

Albrecht Dürer (1471–1528)

Georg Baselitz (geboren 1938)

Sie lernen

Grammatik

Das schnelle Kunsturteil

−	+
bemüht	bewegend
gewollt	intensiv
geht gar nicht	spannend
platt	visionär
banal	subtil
der/die macht im Moment zu viel	ergreifend
überschätzt	komplex
	präzise
	zu Ende gedacht

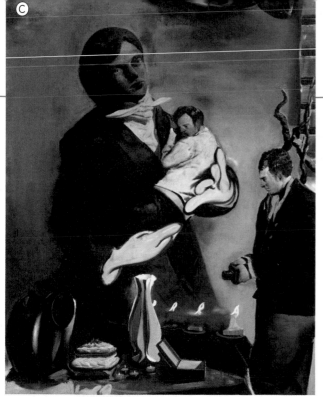

Neo Rauch (geboren 1960)

Angelika Kauffmann (1741–1807)

Paul Klee (1879–1940)

2   Was sonst kann alles Kunst sein? Nennen Sie Beispiele.
    Für mich ist die Musik von Miles Davis echte Kunst.
    Ich finde ...

3   Bringen Sie ein Foto von einem Kunstwerk mit, das Ihnen gut gefällt. Jedes Bild bekommt
    eine Nummer und wird aufgehängt. Ziehen Sie eine Nummer und beschreiben Sie das ent-
    sprechende Bild.
    Diejenigen, die das Bild mitgebracht haben, können die Beschreibung ergänzen/kommen-
    tieren.

Weltkulturerbe

▶ Ü 1
1 Welche Bauwerke oder Landschaften der Welt zählen Ihrer Meinung nach zu den wichtigsten Denkmälern der Menschheit? Begründen Sie Ihre Meinung.

▶ Ü 2
2a Lesen Sie den Text über das Schloss Schönbrunn in Wien. Warum wurde es in die Welterbeliste der UNESCO aufgenommen?

b Lesen Sie den Text noch einmal und unterstreichen Sie die wichtigsten Informationen über das Schloss, seine Anlage und die Bewohner. Fassen Sie diese Informationen mündlich zusammen.

1 Südwestlich der Wiener Innenstadt liegt das Schloss Schönbrunn. Die imperiale Schlossanlage zählt aufgrund ihrer langen und recht bewegten Geschichte zu einem der be-
5 deutendsten Kulturdenkmäler Österreichs. Das gesamte denkmalgeschützte Ensemble, welches das Schloss, den Park mit seinen Brunnen, Figuren und Gartenobjekten sowie den Tiergarten umfasst, wurde Ende 1996 in
10 die Liste des Weltkulturerbes der UNESCO aufgenommen. Diese umfasste im Jahr 2007 insgesamt 851 Kultur- und Naturstätten in 141 Ländern.

Das Schlossgebäude und die Parkanlage
15 bilden eine einzigartige Einheit. Sie sind in vielfältiger Weise aufeinander bezogen, denn entsprechend der barocken Konzeption sollten sich Architektur und Natur durchdringen, was hier besonders gelungen ist. Darin liegt
20 auch einer der Hauptgründe für die Aufnahme des Schlosses Schönbrunn in die Liste.

Jährlich lockt das imposante Bauwerk 6,7 Millionen Besucher an. Sie können in den Gartenanlagen spazieren gehen, Gebäude und
25 Gewächshäuser bestaunen und das Schloss erkunden. Mit den über 1.000 prunkvollen Rokoko-Zimmern des Schlosses wird den Besuchern hier die Möglichkeit geboten, sich in eine andere Zeit zu versetzen.
30 Besonders imposant ist das Palmenhaus im Schlossgarten, das 111 m lang, 28 m breit und 25 m hoch ist und damit das größte Glashaus Europas darstellt. Dorthin gehen viele Besucher, um sich von einer Schlossbesichtigung
35 zu erholen.

Der Tiergarten wurde bereits im 18. Jahrhundert errichtet und ist somit der älteste Zoo der Welt, worauf die Wiener besonders stolz sind. Der Kern des ursprünglichen Parks war
40 ein Pavillon, in dem das kaiserliche Paar frühstücken konnte. Um ihn herum waren 13 Tiergehege in Form von Kuchenecken angelegt.

Nachdem der Tiergarten 1779 für die Öffentlichkeit zugänglich gemacht worden
45 war, war der Besuch zunächst kostenlos möglich. Als 1828 die erste Giraffe nach Schönbrunn kam, wurde auch die Wiener Mode und das Wiener Stadtleben beeinflusst. Kleider,

Schmuck und andere Dinge wurden „à la gi-
50 raffe" gestaltet.

Die prominentesten Bewohner von Schloss Schönbrunn waren Kaiser Franz Joseph und Kaiserin Elisabeth, bekannt als Sissi. Die beiden heirateten am 24. April 1854 in einer 55 prunkvollen Zeremonie in der Wiener Augus-tinerkirche. Damals war Sissi gerade erst 17 Jahre alt. Vom ersten Tag ihrer Ehe an wider-strebte der freiheitsliebenden Elisabeth das Leben am kaiserlichen Hof. Schnell kam es zu 60 ersten Schwierigkeiten mit Erzherzogin Sophie, der Mutter des Kaisers, weil diese streng auf die Einhaltung des Hofzeremoniells achtete und es als ihre Pflicht ansah, aus dem eigenwilligen „Bauernmädel" eine würdige 65 Kaiserin zu machen. Die ängstliche und unsi-chere Elisabeth wagte es nicht, ihrer Schwie-germutter zu widersprechen und blieb zeit-lebens eine Außenseiterin am Wiener Hof.

Sie wurde im Alter von 60 Jahren von dem 70 italienischen Anarchisten Luigi Lucheni er-stochen, als sie am Ufer des Genfer Sees spa-zieren ging. Ihr Leben wurde mehrfach sehr erfolgreich verfilmt. Auch dadurch wurde Sissi weltberühmt.

3a Worauf beziehen sich die folgenden Wörter im Text?

1. welches (Zeile 7): *das gesamte denkmalgeschützte Ensemble*

2. diese (Zeile 11)   3. sie (Zeile 15)   4. dem (Zeile 40)   5. ihrer (Zeile 57)

b Pronomen und Artikelwörter werden oft benutzt, um Textzusammenhänge zu schaffen. Finden Sie im Text weitere Beispiele für Pronomen und Artikelwörter und erklären Sie, worauf sie sich beziehen.

c Auch Orts- und Zeitangaben können Textzusammenhänge herstellen. Worauf beziehen sich die folgenden Zeit- und Ortsangaben aus dem Text?

1. … wird hier die Möglichkeit geboten, … (Zeile 28): *im Schloss Schönbrunn*

2. Damals war Sissi gerade erst 17 Jahre alt. (Zeile 56)

3. Dorthin gehen viele Besucher, um sich von der Schlossbesichtigung zu erholen. (Zeile 33)

d Pronominaladverbien mit *da(r)-* und *wo(r)-* stehen für Sätze und Satzteile. Worauf beziehen sich die folgenden Pronominaladverbien?

1. Darin (Zeile 19): *Schlossgebäude und Parkanlage bilden eine Einheit*

2. damit (Zeile 32)   3. worauf (Zeile 38)   4. dadurch (Zeile 73)

e Konnektoren sind ebenfalls wichtig für den Textzusammenhang. Sie nennen Gründe, Folgen, Bedingungen usw. Finden Sie Konnektoren im Text und ordnen Sie sie zu.

Ⓖ

Grund	Zeit	Zweck
weil, …		

f Um Wortwiederholungen zu vermeiden, verwendet man im Text oft Synonyme und Umschreibungen. Suchen Sie aus dem Text Umschreibungen für das Wort „Schloss".

Schloss – die imperiale Schlossanlage – …

▶ Ü 3–4

4 Recherchieren Sie ein Weltkulturerbe aus Ihrem oder einem deutschsprachigen Land und schreiben Sie einen Text darüber.

Kunstraub

1a Hören Sie die Nachrichtenmeldung. Was ist passiert?

b Hören Sie die Meldung noch einmal und machen Sie Notizen: Wann? Wo? Wer? Was?

▶ Ü 1

2 Nach gut drei Monaten sind die gestohlenen Gemälde wieder da. Lesen Sie die Zeitungsmeldung und beantworten Sie die Fragen zum Text.

1. Was hatte die Polizei seit dem 17. Mai noch vermisst?
2. Wo wurde der letzte Teil der Beute gefunden?
3. Woher wusste die Polizei, wo sie suchen soll?
4. Wo waren die anderen Bilder versteckt?
5. Warum wurde das Bild „Junges Mädchen" vermutlich zerschnitten?
6. Kann man das zerschnittene Bild noch retten?

„Junges Mädchen" lag im Wald
Letztes Beutestück aus Gemälderaub entdeckt – Anwalt gab den Tipp
Lutz Schnedelbach

1 Die Polizei hat die zweite Hälfte des zerschnittenen Gemäldes „Junges Mädchen" von Max Pechstein gefunden. Damit ist der spektakuläre Dahlemer Gemälderaub vom 20. April dieses Jahres aufgeklärt.

In Plastiktüten verpackt

5 Am Montagmittag gegen 13.30 Uhr hatte ein Anwalt im Kommissariat zur Aufklärung von Kunstdiebstählen des Landeskriminalamtes angerufen und den Polizisten gesagt, dass die noch fehlende Bilderhälfte in einem 10 Wald an der Bundesstraße 96a unweit der Ortschaft Kleinbeeren (Landkreis Teltow-Fläming) liegt. Die Beamten fuhren sofort los und fanden wenig später an dem beschriebenen Ort die zusammengerollte und in mehreren Plastiktüten verstaute Gemäldehälfte. Unklar ist, seit wann die Rolle in dem Wald lag und wer sie dort abgelegt hat. Möglicherweise wusste der Anwalt, wo die Bildhälfte zu finden war, weil er einen der mutmaßlichen 20 Hehler vertritt. Die Polizei bestätigte dies aber nicht.

Mitarbeiter des Brücke-Museums bestätigten am Dienstagmorgen, dass es sich bei dem Fund um die bislang fehlende Hälfte des 25 Pechstein-Bildes handelt. Der Zustand des zerschnittenen Kunstwerkes sei wesentlich schlechter, als der der bereits sichergestellten Gemälde, sagte eine Mitarbeiterin des Dahlemer Museums. Nach ihren Informationen sei es jedoch kein Problem, beide Hälften wieder zusammenzusetzen und das Bild zu restaurieren. […]

Mutmaßliche Täter gefasst

Die neun aus dem Brücke-Museum ge-
35 stohlenen Kunstwerke haben insgesamt einen
Wert von 3,6 Millionen Euro und gelten international als unverkäuflich. Polizisten fanden sie am 17. Mai in einer Wohnung in der
Prühßstraße in Mariendorf. Sie lagen zusam-
40 mengerollt in einer Reisetasche. Gefehlt hat
nur die Hälfte des Pechstein-Bildes. Warum
das Bild zerschnitten worden ist, kann die
Polizei bisher nicht sagen. Die Beamten schließen nicht aus, dass eine Hälfte an das Museum
45 zurückgeschickt werden sollte, um Lösegeld
zu erpressen.

In der Wohnung, in der die Bilder gefunden wurden, nahm die Polizei auch fünf
mutmaßliche Hehler fest. Drei von ihnen
50 erhielten Haftbefehle. Zwei Wochen zuvor
waren zwei Männer verhaftet worden, deren
DNA mit den am Tatort gefundenen Spuren
übereinstimmt.

▶ Ü 2–3

3   Schreiben Sie mithilfe der Informationen aus Aufgabe 1 und 2 einen Krimi.

a Überlegen Sie sich, aus welcher Perspektive Sie Ihren Krimi schreiben wollen, z.B. aus der
   Perspektive eines Kommissars, eines Reporters, eines der Diebe, eines Museumswärters,
   eines Detektivs, eines Kunstliebhabers, … Finden Sie dann einen Partner / eine Partnerin mit
   der gleichen Perspektive.

b Notieren Sie zu zweit wichtige Inhalte zu den einzelnen Phasen Ihres Krimis.
   1. Planung der Tat
   2. Ablauf der Tat
   3. Nach der Tat (Verstecken der Beute, Untertauchen der Diebe, Spurensuche bei der Polizei)
   4. Die Aufklärung (Welche Hinweise gibt es? Wie kommt die Polizei den Tätern auf die Spur? Wie
      findet sie die Beute? Wer wird verdächtigt?)
   5. Das Ende (Wie findet die Polizei die Täter? Wie sind die Reaktionen? Was passiert mit den
      Tätern?)

c Überlegen Sie gemeinsam, welche Informationen Sie Ihren Lesern erst am Schluss geben
   möchten und wie Sie in Ihrer Geschichte Spannung aufbauen können. Markieren Sie
   Redemittel im Kasten, die Sie übernehmen möchten.

Spannung aufbauen
Schlagartig wurde ihm/ihr klar/bewusst, …   Ihm/ihr blieb vor Schreck der Atem stehen.
Ihm/Ihr schlug das Herz bis zum Hals.   Wie aus dem Nichts stand plötzlich …   Was war hier los?
Warum war es auf einmal so …?   Ohne Vorwarnung war … da / stand … vor ihm/ihr.
Was war das?   Eigentlich wollte … gerade …, als aus heiterem Himmel …
Damit hatte er/sie nicht im Traum gerechnet: …   Was soll er/sie jetzt nur machen?   …

d Der erste Satz entscheidet, ob die Leser weiterlesen möchten oder nicht. Finden Sie einen
   Anfang für Ihre Geschichte.

e Geben Sie Ihrem Krimi einen Titel. Schreiben Sie nun die Geschichte zu zweit und hängen Sie
   Ihren Text in der Klasse aus.

▶ Ü 4

Sprachensterben

► Ü 1

1 Welche Sprachen werden von vielen Menschen gesprochen? Kennen Sie Sprachen, die nur wenige Leute sprechen oder die heute nicht mehr gesprochen werden?

2a Lesen Sie den Text über Sprachensterben. Welche Überschrift passt zu welchem Absatz? Notieren Sie die Nummer.

____ Sich anpassen oder sterben ____ Gefühle sind nicht übersetzbar

____ Globale Sprachen auf dem Vormarsch ____ Ein Beispiel für das Sprachensterben

Alle zwei Wochen stirbt eine Sprache

1 Am 01. August 1996 starb der US-Indianer Samuel Taylor Blue. Als letzter Catawba-Indianer, dessen Stamm zu den Sioux zählte und am Catawba-River lebte, beherrschte er das ursprüngliche Catawba. Mit ihm starb auch die Sprache. Dies ist bei weitem kein Einzelfall.

2 Weltweit gibt es nach Angaben der UNESCO etwa 6.000 verschiedene Sprachen. Davon ist gut die Hälfte vom Aussterben bedroht. Der international führende Sprachforscher David Crystal nimmt an, dass alle zwei Wochen eine Sprache stirbt. Das Todesurteil fällt z.B. immer dann, wenn ein Volk beschließt, seinen Kindern die eigene Sprache nicht weiterzuvererben, sondern ihnen lieber eine Sprache zu vermitteln, die von mehr Menschen gesprochen und verstanden wird. Zu den globalen Sprachen, deren Verbreitung oft auch auf Kosten der kleinen erfolgt, zählen das chinesische Mandarin, Spanisch und Englisch, wovon Mandarin die meistgesprochene Sprache ist. 885 Millionen Menschen weltweit haben es als Muttersprache. Platz zwei belegt Spanisch mit 332, Platz drei Englisch mit 322 Millionen.

3 Sprachen sind etwas Lebendiges, und sie müssen sich, ebenso wie Tiere, Pflanzen, Menschen und andere lebende Organismen ihren Lebensräumen anpassen. Passt sich eine Sprache nicht an die Veränderungen des Umfeldes an, stirbt sie. Sprachforscher nehmen an, dass es in der Evolution der Menschheit bisher etwa 150.000 Sprachen gab. Die meisten davon verschwanden, ohne eine Spur zu hinterlassen. Einige aber haben noch heute eine wichtige Funktion, wie zum Beispiel Latein, Sanskrit, Koptisch und Altgriechisch. Sie spielen in religiösen Zusammenhängen eine Rolle. Andere Sprachen veränderten sich so sehr, dass man sie nicht mehr wiedererkennen kann. So verstehen wir die Sprache des Mittelalters, deren Klang ganz anders war, heute nicht mehr. Und umgekehrt wüsste ein Mensch aus dem Mittelalter nicht nur wegen der vielen neuen Wörter wie Gasheizung, Homepage oder Roboter kaum etwas mit uns anzufangen.

4 Wenn eine Muttersprache nicht an die nächste Generation weitergegeben wird, sterben Sprache und oft ein großer Teil der Kultur aus. Von den aussterbenden Sprachen werden viele überwiegend mündlich vermittelt, das heißt, es sind keine sogenannten Schriftsprachen. Geschichten und Fantasiewelten, die mit der jeweiligen Kultur verbunden sind, gehen dann mit dieser Sprache verloren. Wer zweisprachig ist, weiß, wie schwer die genaue Übertragung in eine andere Sprache und das Ausdrücken von Gedanken und Gefühlen in einer fremden Sprache ist. Wie schwierig es ist, genau zu übersetzen, zeigt ein Beispiel aus den Eskimo-Sprachen, in denen es für das Wort „Schnee" viele verschiedene Ausdrücke gibt, mit unterschiedlichen Bedeutungen. Sie beschreiben, ob man im Schnee fahren, davon Häuser bauen oder darin Tierspuren lesen kann. Ohne Bedeutungsverlust lassen sich diese Worte kaum in andere Sprachen übertragen. Mit dem Sprachensterben, dessen Voranschreiten die globale kulturelle und geistige Vielfalt bedroht, geht konkretes Wissen verloren, weil die Kenntnisse vieler Völker über Tiere und Pflanzen nur in ihrer eigenen Sprache weitergegeben werden können.

b Welche Gründe werden im Text für das Sprachensterben genannt?   ▶ Ü 2

3a Ergänzen Sie die Präpositionen *trotz*, *infolge* und *aufgrund*. Mit welchem Kasus werden sie gebraucht?

In dem Text geht es darum, dass die Hälfte der 6.000 lebenden Sprachen (1) _____ des

Sprachensterbens bedroht ist. (2) _____ des Verschwindens von etwa 150.000

Sprachen haben einige, wie zum Beispiel Latein, überlebt. (3) _____ der Tatsache,

dass aussterbende Sprachen meist keine Schriftsprachen sind, gehen mit ihnen viele Geschichten

und Fantasiewelten verloren.   ▶ Ü 3

b Lesen Sie weitere Beispiele für Präpositionen mit Genitiv. Was bedeuten die Präpositionen? Ordnen Sie sie in die Tabelle ein. Das Wörterbuch hilft.

innerhalb eines Jahres – inmitten eines Landes – aufgrund der Globalisierung – anlässlich des

Tages der Sprachen – unweit der Landesgrenze – angesichts dieser Tatsachen – entlang des

Flusses – außerhalb des Sprachgebietes – während der letzten Jahre – dank der Vielfalt

Zeit	Ort	Grund	Gegengrund
während, …		dank, infolge, …	trotz, …

▶ Ü 4–5

4a Markieren Sie im Beispielsatz das Relativpronomen und das Bezugswort. In welchem Kasus steht das Relativpronomen?

So verstehen wir die Sprache des Mittelalters, deren Klang ganz anders war, heute nicht mehr.

b Finden Sie im Text weitere Relativsätze im Genitiv. Notieren Sie die Formen des Relativpronomens im Genitiv.

Singular: Maskulin _____, Neutrum _____, Feminin _____; **Plural:** _____

c Ergänzen Sie die Regel.

(G)

Substantiv – Bezugswort – nach

Das Relativpronomen im Genitiv richtet sich im Genus und im Numerus nach dem

_____. _____ dem Relativpronomen im Genitiv folgt ein

_____ ohne Artikel.

▶ Ü 6

5 Welche Sprachen oder Dialekte werden in Ihrem Land gesprochen? Werden sie von allen verstanden? Berichten Sie.

Bücherwelten

1 Was war Ihr Lieblings-Kinder-/Jugendbuch oder Lieblings-Kinder-/Jugendfilm? Erzählen Sie im Kurs, worum es darin geht, wer die Helden sind und was Ihnen daran so gut gefallen hat.

Ich habe als Kind alle Bücher von „Die drei Fragezeichen" gelesen. „Die drei Fragezeichen" waren drei Freunde – alles Jungs –, die gemeinsam rätselhafte Fälle lösten und bei ihrer Detektivarbeit große Abenteuer erlebten. Mir haben die Bücher so gut gefallen, weil sie immer sehr spannend und die Lösungen nicht offensichtlich waren. Man konnte beim Lesen in die Rolle eines Detektivs schlüpfen und ich habe immer versucht, selber herauszufinden, wer der Täter war, bevor ich das Buch zu Ende gelesen hatte.

Ich habe als Kind eigentlich keine Bücher gelesen, aber ich hatte einen Lieblingsfilm. Ich weiß nicht mehr, wie der Film hieß, aber darin ging es um ...

 2a Hören Sie den ersten Teil eins Radio-Specials über Cornelia Funke und beantworten Sie die Fragen.
1.3

1. Auf welcher Liste wird die Autorin genannt?

2. Wer liest ihre Bücher?

3. Was ist eines ihrer bekanntesten Werke?

4. Wo lebt die Autorin seit 2004?

5. Wo lebte sie davor?

b Hören Sie den zweiten Teil des Specials und kreuzen Sie an, ob die Aussagen richtig (r) oder
1.4 **falsch (f) sind.**

		r	f
1.	Der Radio-Moderator befindet sich in einem Bücher-Bus der Stadtbücherei Würzburg.	☐	☐
2.	Das erste Buch der Tinten-Trilogie heißt „Tintenblut".	☐	☐
3.	Hauptperson in dem Buch „Tintenherz" ist Meggie, die Tochter von Mo, der Bücher restauriert.	☐	☐
4.	Mo flüchtet mit Meggie vor Staubfinger zu Meggies Tante und will dort ein Buch verstecken.	☐	☐
5.	Die Bücher sind deshalb so beliebt, weil sie spannend sind und man beim Lesen in eine andere Welt eintaucht.	☐	☐
6.	Die junge Leserin erzählt, dass sie von ihren Freundinnen genervt war, weil diese nur von dem Buch „Tintenherz" geredet haben.	☐	☐
7.	Die Frau, die zu dem Buch befragt wird, ist von „Tintenherz" nicht begeistert.	☐	☐
8.	Sie will das Buch nicht zu Ende lesen.	☐	☐
9.	Der befragte Mann ist ein Fan des Buches.	☐	☐
10.	Der Mann sagt, es war schwer für ihn, sich auf die Geschichte einzulassen.	☐	☐

▶ Ü 1

3 Lesen Sie die Inhaltsangabe zu dem Buch „Tintenblut": Was ist Staubfingers Wunsch, welches Problem hat Farid und wie kann Meggie ihm dabei helfen?

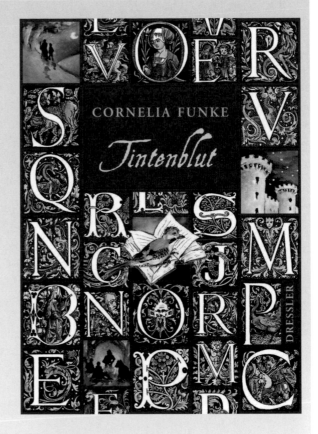

1 Der Feuerspucker namens Staubfinger ist dem ersten Buch der Trilogie, dem Titel „Tintenherz", entstiegen, aber er sehnt sich danach, in die Welt des Buches zurückkehren
5 zu können. Nachdem er mehrmals auf Betrüger hereinfiel, glaubt er, endlich jemanden gefunden zu haben, der ihn „zurücklesen" kann: Orpheus. Staubfinger war in einer öffentlichen Bibliothek auf ihn aufmerksam geworden, wo
10 Orpheus Kindern vorgelesen hatte. Danach sprach er ihn an und fragte ihn, ob er das Buch „Tintenherz" kenne.

Dass Orpheus mit dem Bösewicht Basta unter einer Decke steckt, ahnt Staubfinger
15 nicht …

Sein treuer Freund und Gehilfe Farid – ebenfalls eine Romanfigur, aber aus einem anderen Buch – sollte eigentlich von Orpheus mit Staubfinger zusammen in die „Tinten-
20 herz"-Welt zurückversetzt werden, aber er bleibt ungewollt zurück und fürchtet um das Leben seines Freundes. Deshalb sucht er Meggie auf. Meggie ist die Tochter von Mo, dem Buchbinder. Er hat Staubfinger – zusam-
25 men mit anderen Figuren – aus der Geschichte „Tintenherz" herausgelesen und erleben müssen, wie seine Frau Resa in eben diesem Buch verschwand. Seitdem hat er nie wieder etwas laut vorgelesen. Meggie kann, ebenso
30 wie ihr Vater, beim Vorlesen Figuren aus Büchern lebendig werden lassen.

Farid überredet Meggie, sich mit ihm zusammen in das Buch „Tintenwelt" hineinzuversetzen, um Staubfinger zu retten. So findet
35 das Mädchen sich alsbald in einer ihr völlig fremden mittelalterlichen Welt wieder, in der gefährliche Abenteuer warten …

4a Lesen Sie die Buchbesprechung auf der folgenden Seite und markieren Sie alle Textstellen, die eine postive Bewertung ausdrücken, mit einer Farbe und die Textstellen, die Skepsis oder eine negative Bewertung der Autorin ausdrücken, in einer anderen Farbe.

b Lesen Sie die Buchbesprechung. Stellen Sie fest, wie die Autorin des Textes folgende Fragen beurteilt: a positiv, b negativ bzw. skeptisch.
Wie beurteilt die Autorin

1. die Wirkung des Schreibstils von Cornelia Funke auf Kinder?

2. die Beschreibung der Helden Fenoglio und Farid?

3. die Zitate aus anderen Büchern zu Beginn jedes Kapitels?

4. die Beschreibung der Fabelwelt?

5. den Humor und Witz im Buch?

Bücherwelten

Tintenblut von Cornelia Funke

[...] Kinder mögen es, dass Cornelia Funke schnell „auf den Punkt kommt" und sich nicht mit langatmigen Beschreibungen aufhält. Auch die Fantasie, die sie einsetzt, um diese Welt authentisch werden zu lassen, beeindruckt. So ist Staubfinger auch in dem zweiten Teil der Trilogie noch immer ihr stärkster Charakter. Denn dieser tragische Held ist von Cornelia Funke mit den meisten Besonderheiten und einem beeindruckenden Seelenleben ausgestattet.

Wie er die Welt des Feuers beherrscht, mit dem Feuer sprechen kann und es sogar dazu bewegt, mit dem Wasser eine Allianz einzugehen, ist eines ihrer fantastischen Meisterstücke in „Tintenblut". Mehr an Präsenz hinzugewonnen hat sicherlich Fenoglio, der von seiner eigenen Skrupellosigkeit, die er seinen Helden gegenüber an den Tag legt, überrascht wird. Für die Intensivierung der anderen Charaktere bleibt kaum Platz. Aber vor allen Dingen Farid, der Junge aus „1001 Nacht" wächst uns in seiner Treue und Liebe zu Staubfinger sehr ans Herz – und das versteht Cornelia Funke dramaturgisch sehr gut auszunutzen. [...]

Zu Anfang eines Kapitels finden wir zahlreiche Zitate aus anderen berühmten Büchern, deren Inhalt oft sehr philosophisch auf den Verlauf der Geschichte in „Tintenblut" hinweist. Diese Zitate sind es auch, die eine magische, fast feierliche Stimmung aufkommen lassen – Worte, aus den Federn und Gedanken eines anderen Menschen stammend, über die uns Cornelia Funke auch ein wenig nachdenken lässt. Die Liebe zu Büchern wird hier ganz unmittelbar auf Papier gebannt und Kinder können so begreifen, dass diese Welten aus Papier und Tinte unendlich reiche Schätze offenbaren können. [...]

Wer in „Tintenblut", die ersehnte heile Welt voller Schönheit und Fabelwesen erhofft, wird hier leider enttäuscht. Die Natur stellt Cornelia Funke fraglos wunderschön und unberührt dar. Der so oft heraufbeschworene Zauber dieser Welt – bevölkert von Elfen und anderen Fabelwesen – mag aber nicht aufkommen. Sie erhalten einfach zu wenig Raum und Bedeutung. [...]

Bei diesem Feuerwerk an guten Ideen und Fantasie hätte aber etwas mehr Humor und starke positive Momente, mit ebensolchen Charakteren, die Geschichte noch greifbarer, ihre Botschaften noch tiefer werden lassen. [...]

Auf jeden Fall macht es Spaß, dieses spannende und sehr flüssig geschriebene Buch zu lesen. Und auf jeden Fall möchte man selbst unbedingt wissen, wie es weitergeht. [...]

▶ Ü 2

1.5 **5a** Hören Sie den ersten Teil eines Auszugs aus dem Hörbuch „Tintenblut": Staubfinger und sein Freund Farid treffen sich mit Orpheus, auch Käsekopf genannt. Was soll Orpheus tun?

1.6 **b** Hören Sie den zweiten Teil des Auszugs und beschreiben Sie, was passiert und was am Ende das Problem ist.

c Berichten Sie, wie Ihnen der Auszug aus dem Hörbuch gefällt.

eine Geschichte bewerten		
… macht mich neugierig.	… finde ich verwirrend.	… finde ich komisch/seltsam.
… ist gut/schlecht erzählt.	Die Stimme des Sprechers ist …	Ich bin gespannt, …
… finde ich langweilig.	… kann ich gut/schlecht verstehen.	… ist chaotisch.

6a Welches Buch haben Sie zuletzt gelesen oder welchen Film haben Sie zuletzt gesehen? Welches ist Ihr Lieblingsbuch/-film? Oder wollen Sie lieber von einer Reise, einem Sportereignis oder einem Konzert berichten? Wählen Sie ein Thema und machen Sie entsprechende Notizen.

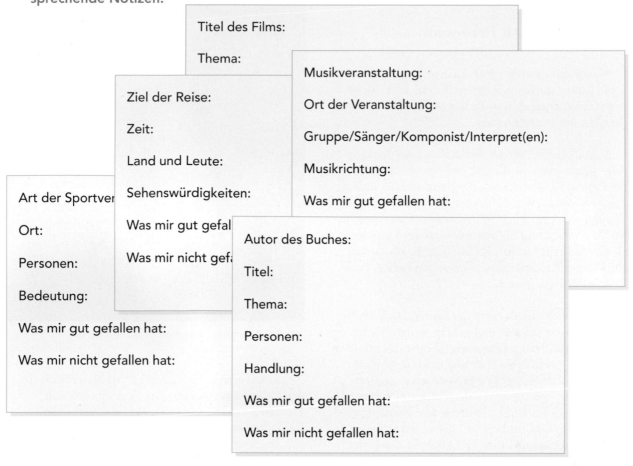

Titel des Films:

Thema:

Ziel der Reise:

Zeit:

Land und Leute:

Sehenswürdigkeiten:

Was mir gut gefal...

Was mir nicht gef...

Musikveranstaltung:

Ort der Veranstaltung:

Gruppe/Sänger/Komponist/Interpret(en):

Musikrichtung:

Was mir gut gefallen hat:

Art der Sportver...

Ort:

Personen:

Bedeutung:

Was mir gut gefallen hat:

Was mir nicht gefallen hat:

Autor des Buches:

Titel:

Thema:

Personen:

Handlung:

Was mir gut gefallen hat:

Was mir nicht gefallen hat:

TELC

b Präsentieren Sie kurz Ihrem Partner / Ihrer Partnerin eines der folgenden Themen (die Stichpunkte in Klammern können Ihnen dabei helfen). Sie haben dazu ca. zwei Minuten Zeit. Nach Ihrer Präsentation beantworten Sie Fragen Ihres Partners / Ihrer Partnerin.
Nachdem Ihr Partner / Ihre Partnerin ebenfalls sein/ihr Thema präsentiert hat, stellen Sie ihm/ihr einige Fragen, die Sie interessieren.
Während der Präsentation unterbrechen Sie Ihren Partner / Ihre Partnerin möglichst nicht.

– Ein Buch, das Sie gelesen haben (Thema, Autor, Ihre Meinung usw.) oder
– einen Film, den Sie gesehen haben (Thema und Handlung, Schauspieler, Ihre Meinung usw.) oder
– eine Reise, die Sie unternommen haben (Ziel, Zeit, Land und Leute, Sehenswürdigkeiten usw.) oder
– eine Musikveranstaltung, die Sie besucht haben (Musikrichtung, Musiker, Ort, persönliche Vorlieben usw.) oder
– ein Sportereignis, das Sie besucht haben (Sportart, Ort, Personen, Ereignis usw.)

7 Recherchieren Sie Informationen über eine Sie interessierende Person aus den angesprochenen Bereichen. Sie können z.B. Informationen über einen Autor / eine Autorin, einen Musiker / eine Musikerin oder einen Sportler / eine Sportlerin suchen. Verfassen Sie dann zu „Ihrer Person" ein Porträt.

Porträt

Neo Rauch

(* 1960 in Leipzig)

Kunstikone und Professor

Neo Rauch wurde 1960 in Leipzig geboren. Seine Eltern starben bei einem Zugunglück, als er erst vier Wochen alt war. Er wuchs bei den Großeltern in Aschersleben auf.

Von 1981 bis 1986 studierte Rauch an der Leipziger Hochschule für Grafik und Buchkunst bei Prof. Arno Rink und Prof. Bernhard Heisig, dessen Meisterschüler er von 1986 bis 1990 war. Nach der Wende, von 1993 bis 1998, arbeitete er als Assistent von Arno Rink und Sighard Gille an der Leipziger Hochschule für Grafik und Buchkunst. Im August 2005 folgte Rauch seinem ehemaligen Lehrer Arno Rink als Professor nach.

Neo Rauch gilt als einer der führenden Vertreter der „Leipziger Schule" und gehört zu den erfolgreichsten Malern der Gegenwart. Sogar das Museum of Modern Art in New York und das Guggenheim Museum Berlin haben Werke von ihm angekauft. Seine Bilder sind schon vor der Fertigstellung verkauft – für sechsstellige Summen. Die Wartezeiten für ein neues Bild sind enorm, deswegen schlagen vor allem nordamerikanische Einkäufer, fasziniert vom Mythos des Labels „New Leipzig School", bereits zu, bevor auch nur ein Tropfen Farbe die Leinwand berührt hat. Verkaufs-Ausstellungen seines Galeristen und Entdeckers Gerd Harry Lybke sind grundsätzlich nach wenigen Minuten leer gekauft.

Neo Rauch trug den Namen der „Neuen Leipziger Schule" in die Welt hinaus. Die „Neue Leipziger Schule" bezeichnet eine Strömung der modernen gegenständlichen Malerei. Sie entstand in den 90er-Jahren in Leipzig. Die „Leipziger Schule" geht auf große Maler wie Werner Tübke, Wolfgang Mattheuer und Bernhard Heisig zurück. Deren Schüler, die Leipziger Malereiprofessoren Sighard Gille und Arno Rink, können als die zweite Generation der Leipziger Schule angesehen werden. Die dritte Generation wird als „Neue Leipziger Schule" bezeichnet. Ihre Arbeiten sind ebenfalls gegenständlich, vermitteln aber keine Botschaften, zumindest keine vordergründigen, wie das noch für die beiden vorangegangenen Leipziger Maler-Generationen charakteristisch ist.

Neo Rauch, Vertreter der „Neuen Leipziger Schule"

Hauptvertreter der „Neuen" ist Neo Rauch. In den Gemälden von Neo Rauch verbinden sich Elemente der Werbegrafik, des Sozialistischen Realismus und des Comics. Seine Motive kann man der Tradition des Surrealismus zuordnen. Rauchs zumeist großformatigen Werke sind surreal erstarrte Alltagsszenen. Die Fülle der Motive zwingt den Betrachter zu genauer Wahrnehmung. In seiner gebrochenen Farbigkeit (fahle, kalkige Farben) mit schrägen Farbkontrasten sind seine Bilder verführerisch und anregend.

Mehr zu Neo Rauch

Sammeln Sie Informationen über Persönlichkeiten aus dem In- und Ausland, die für das Thema „Kunst und Kultur" interessant sind, und stellen Sie sie im Kurs vor. Sie können dazu die Vorlage „Porträt" im Anhang verwenden.
Beispiele aus dem deutschsprachigen Bereich: Max Pechstein – Christine Nöstlinger – Andreas Gursky – Meret Oppenheim – Peter Zumthor – Sasha Waltz

1 Textzusammenhang

Textzusammenhang	Beispiele
1. **Artikelwörter** machen deutlich, ob ein Wort im Text bereits genannt wurde. Possessivartikel verweisen auf andere Substantive.	bestimmter Artikel: *der, das, die* Demonstrativartikel: *dieser, dieses, diese* Possessivartikel: *sein, sein, seine, …*
2. **Pronomen** verweisen auf Substantive, Satzteile oder ganze Sätze.	Personalpronomen: *er, es, sie, …* Possessivpronomen: *seiner, seines, seine, …* Relativpronomen: *der, das, die, …* Indefinitpronomen: *man, niemand, jemand, …* Demonstrativpronomen: *dieser, dieses, diese, …*
3. **Orts- und Zeitangaben** Sie machen Zeitbezüge deutlich und ordnen die Ereignisse räumlich ein.	Temporaladverbien: *damals, …* Verbindungsadverbien: *zuerst, dann, …* andere Zeitangaben: *in diesem Moment, …* Lokaladverbien: *hier, dort, …*
4. **Konnektoren** Sie geben Gründe, Gegengründe Bedingungen, Folgen usw. wieder.	*weil, denn, deshalb, obwohl, trotzdem, nachdem, …*
5. **Pronominaladverbien mit *da(r)-* und *wo(r)-*** Sie stehen für Sätze und Satzteile.	*darüber, daran, darauf, …* *woran, worauf, …*
6. **Synonyme und Umschreibungen** Sie vermeiden Monotonie und machen den Text interessanter.	*Schloss Schönbrunn – Hauptattraktion der Stadt Wien – das imposante Bauwerk – Palast*

2 Präpositionen mit Genitiv

Zeit	Ort	Grund	Gegengrund
während, außerhalb, innerhalb	*inmitten, unweit, entlang, außerhalb, innerhalb*	*dank, infolge, wegen, aufgrund, angesichts, anlässlich*	*trotz*

Die Präpositionen *dank, trotz, wegen* werden in der gesprochenen Sprache auch mit dem Dativ verwendet.

3 Relativpronomen im Genitiv

Singular			Plural
Maskulin	Neutrum	Feminin	
dessen	**dessen**	**deren**	**deren**

So verstehen wir die Sprache des Mittelalters, deren Klang ganz anders war, heute nicht mehr.
= So verstehen wir die Sprache des Mittelalters nicht mehr. Der Klang dieser Sprache war ganz anders.

Das Relativpronomen im Genitiv richtet sich im Genus (der/das/die) und im Numerus (Singular/Plural) nach dem Bezugswort. Nach dem Relativpronomen im Genitiv folgt ein Substantiv ohne Artikel. Tritt im Relativsatz ein Verb mit fester Präposition auf, dann steht die Präposition vor dem Relativpronomen.

Wie Geschichten entstehen

---

1 Sehen Sie sich die Bilder an. Was machen die Personen? Um welche Art von Kunst könnte es im Film gehen? Sprechen Sie im Kurs.

2 Sehen Sie den Film. Wer sind die Künstler? Was proben sie gerade?

3a Entscheiden Sie, ob die folgenden Aussagen zum Film richtig oder falsch sind.

		r	f
1	Bei dem Projekt machen 25 Jugendliche mit.	☐	☐
2	In dem Stück geht es um eine Liebesgeschichte in einem Zug.	☐	☐
3	Die Leiterin erklärt den Tänzern ihren Plan für die einzelnen Szenen und sagt ihnen ganz genau, was sie machen sollen.	☐	☐
4	Oskar hat mehrere Talente: Z. B. tanzt er und spielt ein Instrument.	☐	☐
5	In dem Stück spielt Oskar Schlagzeug.	☐	☐
6	Oskars Mutter meint, dass es viele Freizeitmöglichkeiten für behinderte Jugendliche gibt.	☐	☐

b Sehen Sie den Film noch einmal und kontrollieren Sie Ihre Lösungen in Aufgabe 3a.

---

4 Haben Sie schon einmal Tanztheater gesehen, auf der Bühne oder im Fernsehen? Worum ging es in dem Stück? Was hat Ihnen besonders gefallen? Erzählen Sie.

1 🔊 **5** Sehen Sie die erste Filmsequenz. Wie entstehen die Geschichten für das Stück?

2 🔊 **6** Sehen Sie die zweite Filmsequenz und beantworten Sie die beiden Fragen.

   a Welche Erfahrungen machen die Teilnehmer bei der Arbeit an dem Stück?

   b Warum funktioniert in diesem Projekt die Integration von Menschen mit unterschiedlichen Begabungen so gut? Nennen Sie Gründe.

7 Kennen Sie künstlerische Projekte, die verschiedene Menschen miteinander verbinden, die im Alltag meist wenig Kontakt haben (Alte – Junge, Profis – Amateure, Arme – Reiche, verschiedene Nationalitäten, ...)? Berichten Sie. Sagen Sie auch, was das Projekt bei den Teilnehmern (vielleicht) verändern kann.

Fit für...

1a Wie fit sind Sie? Wie gut können Sie kombinieren, erkennen, logisch denken und sich konzentrieren? Machen Sie den Test. Für jede richtige Antwort gibt es einen Punkt.

A Kurioses

1. Ein paar Monate haben 31 Tage. Wie viele Monate haben 28 Tage?

2. Der Vater von Monika hat genau fünf Töchter: Lala, Lele, Lili, Lolo. Wie heißt die fünfte Tochter?

3. Wenn hier drei Äpfel liegen und Sie nehmen sich zwei weg: Wie viele haben Sie dann?

4. Drei Katzen fressen drei Mäuse in drei Minuten. Hundert Katzen fressen hundert Mäuse in wie vielen Minuten?

5. Ein Bauer hat 17 Schafe. Alle bis auf neun sterben. Wie viele Schafe hat der Bauer?

B Verwandte finden

1. Sie ist nicht meine Schwester, aber die Tochter der Schwester meiner Mutter. Wer ist sie?

   ☐ Tante   ☐ Mutter   ☐ Nichte   ☐ Cousine

2. Die Tochter meiner Tante ist die ___?___ meiner Schwester.

   ☐ Nichte   ☐ Schwester   ☐ Cousine   ☐ Schwägerin

3. Die Mutter dieses Mannes ist die Schwiegermutter meiner Mutter. Wer ist der Mann?

   ☐ Bruder   ☐ Vater   ☐ Onkel   ☐ Cousin

4. Ein Vater hat sieben Söhne. Jeder Sohn hat eine Schwester. Wie viele Kinder hat der Vater?

   ☐ 12   ☐ 14   ☐ 18   ☐ 8

C Gemeinsamkeiten finden

Unterstreichen Sie in jeder Reihe die zwei Wörter, für die es einen gemeinsamen Oberbegriff gibt.

1. Joghurt, Eier, Fleisch, Quark, Brot
2. New York, Madrid, Sydney, Berlin, Kapstadt
3. Sport, Geschichte, Englisch, Physik, Biologie
4. Eisen, Gold, Schmuck, Silber, Diamanten

Sie lernen

Über Zahlungsmöglichkeiten sprechen . . . . . Modul 1

Telefondialoge erfolgreich bewältigen . . . . . . Modul 2

Einen Zeitungsbericht über Firmenerfolg und Fitness verstehen . . . . Modul 3

Informationen aus einem Text weitergeben . . . . Modul 4

Einem Freund in einer E-Mail Tipps gegen Prüfungsangst geben . . . . Modul 4

Grammatik

Passiv mit *sein* . . . . Modul 1

Vergleichssätze mit *als / als ob / als wenn* im Konjunktiv II . . . . Modul 3

D Buchstabenreihen ergänzen

Die folgenden Buchstabenreihen sind nach einer bestimmten Regel aufgebaut.
Ihre Aufgabe ist es, diese Reihe zu erkennen und durch einen weiteren Buchstaben sinnvoll zu ergänzen.

1. Z A Y B X ____   3. C E G I K ____

2. E F L M G ____   4. M N O O N ____

E Analogien bilden

Finden Sie ein passendes Wort.

1. lang : kurz = dick : _____

2. finden : verlieren = erinnern : _____

3. Gebirge : Stein = Ozean : _____

4. Wind : Sturm = reden : _____

F Den richtigen Tag finden

1. Übermorgen ist Dienstag. Welcher Tag war vorgestern? _____

2. Vor einer Woche war es einen Tag vor Sonntag.
   Welcher Tag ist heute? _____

3. Vorgestern war Heiliger Abend.
   Welches Datum ist übermorgen? _____

4. In 16 Tagen werde ich meinen 25. Geburtstag feiern.
   An welchem Tag findet die Feier statt,
   wenn vorgestern Sonntag war? _____

b Kontrollieren Sie Ihre Antworten mit der Lösung auf Seite 115 und zählen Sie Ihre Punkte zusammen. Lesen Sie dann die Auswertung.

c Wie sind Sie auf die Lösungen gekommen?

Fit für Finanzen

1a Welche Zahlungsmöglichkeiten hat man beim Einkaufen? Benennen Sie die abgebildeten Möglichkeiten und erklären Sie sie kurz.

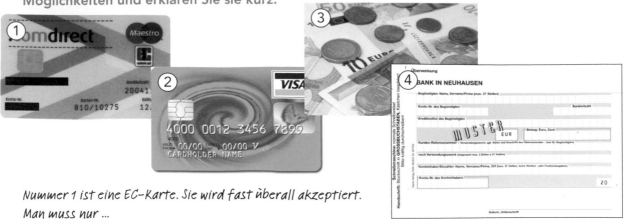

Nummer 1 ist eine EC-Karte. Sie wird fast überall akzeptiert.
Man muss nur ...

 Ü 1 **b** Welche Zahlungsmittel verwenden Sie in Ihrem Land in welchen Situationen?

2a Lesen Sie die Texte aus einem Ratgeber über den Einsatz der EC-Karte. Erklären Sie, worin sich die beiden Zahlungsweisen unterscheiden.

Zahlen mit EC-Karte und Unterschrift
Das ist die einfachste und sicherste Art der Zahlung. Mit Ihrer Unterschrift erklären Sie sich gegenüber dem Geschäft einverstanden, dass der Betrag von Ihrem Konto abgebucht werden darf. Sie können eine Abbuchung später rückgängig machen, weil sie erst rechtlich verbindlich ist, wenn Sie sie gegenüber dem Bankinstitut genehmigen.

Zahlung mit EC-Karte und Geheimzahl
Bei dieser Zahlungsart greift nicht das Geschäft auf Ihr Konto zu, sondern Sie selbst heben das Geld ab. Für Sie ist das nachteilig. Denn anders als bei der Zahlung mit Unterschrift können Sie den Vorgang später nicht widerrufen. Es wird so getan, als wenn Sie bar abgehobenes Geld an den Verkäufer weitergereicht hätten. Für den Verkäufer ist dieses Verfahren sicherer, weil er keinen späteren Widerruf befürchten muss.

b Welche Vor- bzw. Nachteile haben die beiden Zahlungsweisen?

3a Hören Sie das folgende Gespräch. Wo ruft Max Mustermann an und warum? Welche Angaben muss er machen? Notieren Sie.

1.7

b Was ist passiert? Erzählen Sie die Geschichte.

▶ Ü 2–3

26

4 Das Passiv mit *werden*. Formen Sie die Sätze um.

(G)

Aktiv (Wer macht was?)	Passiv (Was geschieht?)
Herr Mustermann bezahlte den Mantel mit EC-Karte.	Der Mantel wurde mit EC-Karte _bezahlt_____.
Ein Dieb entwendete die EC-Karte.	Die EC-Karte _____.
Die Bank sperrte die EC-Karte.	Die EC-Karte _____.
Die Polizei fasste den Dieb.	Der Dieb _____.

5a Passiv mit *sein*. Vergleichen Sie die Sätze. Was ist anders? Markieren Sie die Unterschiede und ergänzen Sie die Sätze.

(G)

Vorgang	Ergebnis des Vorgangs: neuer Zustand
Der Mantel wurde mit EC-Karte bezahlt.	Der Mantel ist bezahlt.
Die EC-Karte wurde entwendet.	_____
Die EC-Karte ist gesperrt worden.	Die EC-Karte ist _____
Der Dieb ist gefasst worden.	_____

b Ergänzen Sie die Regel.

(G)

	Passiv mit *werden*	Passiv mit *sein*
Bildung	*werden* + Partizip II	_____
Bedeutung	_____	_____

▶ Ü 4

c Markieren Sie die Verbformen und bestimmen Sie sie wie im Beispiel.

1. Die EC-Karte wird gesperrt. → _Passiv mit werden, Präsens: Vorgang_____

2. Die Karte ist gestohlen. → _____

3. Die Karte wurde wieder gefunden. → _____

4. Die Karte war gestern noch gesperrt. → _____ ▶ Ü 5–6

6 Sammeln Sie im Kurs Sätze aus dem Alltag, in denen ein Passiv mit *sein* benutzt wird.

Die Schwimmhalle ist heute geschlossen. *Dieser Tisch ist leider ...*

Fit am Telefon

1 Telefonieren Sie gern? Vor welchen Telefongesprächen sind Sie ein bisschen nervös?

2a Hören Sie zwei Dialoge am Telefon. Was macht der Anrufer im ersten Dialog nicht so gut, was fällt Ihnen im Gegensatz dazu im zweiten Dialog positiv auf?

Dialog 1:   **Dialog 2:**
klingt unfreundlich   ...

b Hören Sie, was Sie beim Telefonieren beachten sollten. Notieren Sie die Ratschläge in Stichwörtern.

▶ Ü 1   c Kennen Sie noch weitere Tipps?

3 In der Tabelle auf der folgenden Seite finden Sie wichtige Redemittel zum Telefonieren. Ordnen Sie sie den Aktivitäten im Diagramm zu.

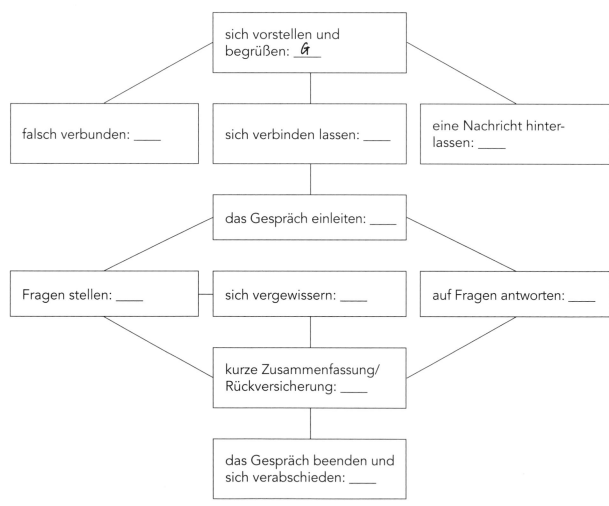

sich vorstellen und begrüßen: _G_

falsch verbunden: ____

sich verbinden lassen: ____

eine Nachricht hinterlassen: ____

das Gespräch einleiten: ____

Fragen stellen: ____

sich vergewissern: ____

auf Fragen antworten: ____

kurze Zusammenfassung/ Rückversicherung: ____

das Gespräch beenden und sich verabschieden: ____

Am Telefon

A Das war's auch schon. Vielen Dank. Gut, vielen Dank für die Auskunft. Das hat mir sehr geholfen, vielen Dank. Ich melde mich dann noch mal. Auf Wiederhören!	**F** Könnte ich eine Nachricht für ... hinter- lassen? Könnten Sie Herrn/Frau ... bitte Folgendes ausrichten: ...
B Ich würde gern wissen, ... Mich würde auch interessieren, ... Wie ist das denn, wenn ... Ich wollte auch noch fragen, ...	**G** Ja, guten Tag, mein Name ist ... Guten Tag, hier spricht ... Guten Tag, ... am Apparat. ..., mein Name.
C Ich rufe an wegen ... Ich rufe aus folgendem Grund an: ... Ich hätte gern Informationen zu ...	**H** Ja, also, das ist so: ... Dazu kann ich Ihnen Folgendes sagen: ... Das wird folgendermaßen gehandhabt: ...
D Entschuldigung, mit wem spreche ich? Oh, da habe ich mich verwählt, Verzeihung. Ich glaube, ich bin falsch verbunden, ent- schuldigen Sie.	**I** Könnten Sie das bitte wiederholen? Wie war das noch mal? Habe ich Sie richtig verstanden: ... Ich bin mir nicht ganz sicher, ob ich Sie richtig verstanden habe. Sie meinen also, ... / Kann man also sagen, dass, ...
E Gut, können wir Folgendes festhalten: ... Wir verbleiben also so: ...	**J** Könnten Sie mich bitte mit Herrn/Frau ... verbinden? Ich würde gern mit ... sprechen. Könnten Sie mir vielleicht die Durchwahl geben?

▶ Ü 2

4 Üben Sie zu zweit verschiedene Dialoge am Telefon. Denken Sie an die Tipps und verwenden
   Sie die Redemittel.

   – Wählen Sie drei Situationen aus.
   – Notieren Sie, was Sie fragen könnten und was Ihr Partner / Ihre Partnerin antworten könnte.
   – Üben Sie die Dialoge und spielen Sie einen Dialog im Kurs vor.

Sie möchten ein Praktikum in einem Hotel/
Kindergarten/Theater machen. Rufen Sie
dort an und fragen Sie nach Bewerbungs-
modalitäten, Aufgaben, Zeitraum und
Bezahlung.

Sie rufen bei einem Fitnessstudio an und
erkundigen sich nach Mitgliedschaft,
Preisen, Trainer, Öffnungszeiten.

Sie machen für einen Monat ein Praktikum
in einer anderen Stadt und rufen bei einer
Mitwohnzentrale an. Fragen Sie nach frei-
en Zimmern, Miete, Kaution und Vermitt-
lungsgebühr.

Sie möchten eine Fernreise buchen und
telefonieren mit dem Reisebüro, um
Informationen über Flüge, Hotels, Klima
und Visabestimmungen zu erhalten.

Sie rufen bei einer Sprachschule an und informieren sich über Kursprogramm, Kurs-
zeiten, Kursort und Preise.

Sie rufen bei der Stadtbibliothek an und
möchten wissen, wie man einen Ausweis
bekommt und wie lange man Bücher aus-
leihen kann. Fragen Sie auch nach den
Preisen und Öffnungszeiten.

▶ Ü 3–4

Fit für die Firma _____

1a Lesen Sie die Überschrift des Textes. Worüber könnte der Text berichten?

Fitte Mitarbeiter – fette Gewinne

1   Ein gefüllter Obstkorb für die Pause, gesundes Essen in der Kantine, Fitness-Tipps per E-Mail oder Entspannungsmassagen im Betrieb sind wichtige Beiträge zu einem gesunden Lebensstil. Er-
5 folgreiche Unternehmen setzen auf ein gesundes Team.

   Fünf Faktoren bestimmen laut eines EU-Sozialberichtes maßgeblich den Gesundheitszustand der Arbeitnehmer: Erblichkeit, Lebensstil, soziale
10 Kontakte, Umwelt und Kultur sowie Arbeitsbedingungen.

   Wenig Motivation, schlechte Stimmung, Stress und Frust im Büro gefährden nicht nur die Gesundheit der Mitarbeiter, sondern auch das Unter-
15 nehmensergebnis. Frustrierte Dienstnehmer kosteten beispielsweise wegen krankheitsbedingter Ausfälle und weniger Produktivität allein die deutsche Wirtschaft im vergangenen Jahr mehr als 220 Mrd. Euro, zeigt eine Studie des Marktforschungsinsti-
20 tutes Gallup.

   Anlass genug für immer mehr heimische Unternehmen, ihren Mitarbeitern gesundheitsfördernde Maßnahmen anzubieten. „Der Büroalltag hält zwar den Geist, weniger den Körper in Bewegung
25 – Erfolg und körperliche Fitness spielen aber eng zusammen", ist Rainer Reichl von der Werbeagentur Reichl und Partner überzeugt. Seit drei Jahren setzt beispielsweise auch UPC Telekabel verstärkt auf gesundheitsfördernde Maßnahmen.
30 Neben Rabatten bei Wellness-Urlauben und Mit-

gliedschaften in Fitnesscentern werden den Mitarbeitern mobile Massagen, Gesundheitschecks, tägliche Obstkörbe und Betriebsausflüge mit sportlichem Schwerpunkt geboten. Das Engagement zahlt
35 sich aus: „Die Krankenstände haben sich um 15% verringert", sagt Gustav Soucek von der UPC Telekabel.

   Zweifellos ist die körperliche Fitness jedes Einzelnen wichtig. Aber wenn das Arbeitsumfeld nicht
40 stimmt und Mitarbeiter an klassischen psychosomatischen Symptomen wie chronischen Kopfschmerzen oder Schlafstörungen leiden, lösen Fitnesscenter auch nicht die Probleme.

   „Um Krankenstände dann tatsächlich zu sen-
45 ken und langfristige Erfolge zu erzielen, reicht es nicht, hin und wieder einen Rückenkurs, eine mobile Massage oder Arbeitsplatz-Beratung anzubieten. Das Übel muss an der Wurzel gepackt werden und eine konkrete Veränderung im Betrieb erfol-
50 gen", rät Personalexperte Landgrebe.

b Was erfahren Sie im Text über diese Teilthemen?

Krankheiten, die durch Arbeitsdruck und Überforderung entstehen	gesundheitsfördernde Maßnahmen am Arbeitsplatz	Zusammenhang zwischen Erfolg der Firma und Gesundheit der Mitarbeiter

▶ Ü 1

 2 Hören Sie zwei Stellungnahmen zum Thema „Mehr Erfolg durch Fitness". Ordnen Sie die
1.11   Aussagen den beiden Personen zu.

	Michael Berger	Carolina Reitner
1. Ohne Sport wäre ich bei der Arbeit unaufmerksam.		
2. Das Leben ist für mich unkomplizierter geworden.		
3. Sport spielt auch im Job eine wichtige Rolle.		
4. Ich hatte lange Bedenken, ins Sportstudio zu gehen.		
5. Ich treffe mich wieder mit Leuten.		

3a Hören Sie den Text von Herrn Berger noch einmal und ergänzen Sie.

1.13

Mein Chef tut immer so, _____ _____ das völlig normal wäre.

Es sieht so aus, _____ _____ mir Judo wirklich was gebracht hätte.

Unser Chef redet dann vorher immer so, _____ wäre er der beste Skifahrer.

Die Sekretärin überholte ihn problemlos, _____ wäre sie schon ihr Leben lang Ski gefahren.

b Unterstreichen Sie in den Sätzen mit *als / als ob / als wenn* die Verben. Wo stehen sie?

c In den Sätzen wird der Konjunktiv II verwendet. Was drückt er hier aus?

☐ Höflichkeit   ☐ Vermutung   ☐ Irreales

d Ergänzen Sie die Regel.

G

am Ende – irrealen – Konjunktiv II – Position 2

Der Vergleichssatz mit *als / als ob / als wenn* drückt einen _____ Vergleich aus. Deswegen

wird der _____ benutzt. Nach *als* steht das konjugierte Verb auf _____,

nach *als ob / als wenn* _____.

e Lesen Sie die Sätze aus Aufgabe 3a. Wie bildet man den Konjunktiv II der Gegenwart und Vergangenheit?

G

Konjunktiv II der Gegenwart	Konjunktiv II der Vergangenheit
würde + Infinitiv	
haben → *hätte* sein → _____	
brauchen → _____ müssen → _____	*hätte/wäre* + _____
können → _____ dürfen → _____	

▶ Ü 2–5

4a Hören Sie den Beginn des Textes von Carolina Reitner noch einmal. Welche Ratschläge

1.14   musste sie oft hören? Ergänzen Sie.

Sie _____ mal besser auf Ihre Ernährung _____ _____.

Sie _____ schon längst eine ernsthafte Diät _____ _____.

b Konjunktiv II der Vergangenheit mit Modalverben. Ergänzen Sie die Regel.

G

Bildung	*hätten* + _____ + _____
Bedeutung	Eine Handlung in der Vergangenheit wurde **nicht** realisiert.

▶ Ü 6

5 Welche Ratschläge müssen Sie / Ihre Freunde / Ihre Kollegen sich oft anhören?

Fit für die Prüfung

1a Die nächste Aufgabe ist eine typische Prüfungsaufgabe. Lesen Sie die Arbeitsanweisung und erklären Sie, was dort gemacht werden soll.

> **Sie hören fünf kurze Texte. Sie hören diese Ansagen nur einmal. Entscheiden Sie beim Hören, ob die Aussagen richtig oder falsch sind.**
>
> | | r | f |
> |---|---|---|
> | 1. Für den Theoriekurs kann man sich jeden Montag um 18 Uhr anmelden. | ☐ | ☐ |
> | 2. Der Mittelaltermarkt dauert noch eine Woche. | ☐ | ☐ |
> | 3. Karten können auch über das Internet gekauft werden. | ☐ | ☐ |
> | 4. Das neue Programm wird ausschließlich von Afrikanern gestaltet. | ☐ | ☐ |
> | 5. Die Studienberatung ist von Montag bis Freitag ganztägig geöffnet. | ☐ | ☐ |

TELC 1.15

b Machen Sie jetzt die Aufgabe.

c Was war schwierig an der Aufgabe?

2a In der letzten Ansage ging es um eine Studienberatungsstelle. In welchen Fällen kann so eine Beratungsstelle vielleicht helfen?

b Lesen Sie den Text. Kennen Sie den beschriebenen Zustand? Wenn ja, wann haben Sie das letzte Mal unter Prüfungsangst gelitten?

Nur noch ein Tag. Heiß-kalte Schauer lassen den ganzen Körper zittern. Das Herz pocht rasend schnell – und so heftig, dass man meint, jeder könnte es unter dem Pullover klopfen sehen. Schweißperlen auf der Stirn, feuchte Hände, Übelkeit und dann noch dieses schlimme Gefühl: die Angst, die das Atmen fast unmöglich macht, das Denken blockiert – und einfach nicht verschwindet. Morgen soll die Prüfung stattfinden, die einen seit Wochen nicht mehr ruhig schlafen lässt.

„Was, wenn ich plötzlich nichts mehr weiß? Ich schaff das bestimmt nicht. Am besten, ich geh gleich gar nicht hin." Laut einer Studie der Freien Universität Berlin quälen solche Gedanken 40 Prozent aller Studierenden. Genauso sind aber auch Schüler, Auszubildende und Berufstätige betroffen. Die Angst quält bei Führerscheinprüfung, Vorstellungsgespräch, Vorträgen oder Wettkämpfen.

Doch das Gute daran: Unter Prüfungsangst zu leiden ist kein Schicksal. Man kann etwas dagegen tun.

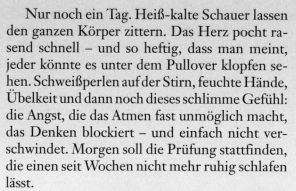

▶ Ü 1–2   **c** Was kann man gegen Prüfungsangst tun? Sammeln Sie gemeinsam im Kurs.

3a Arbeiten Sie zu zweit. Jeder entscheidet sich für einen der Texte auf Seite 33. Lesen Sie Ihren Text und notieren Sie die wichtigsten Informationen in Stichwörtern.

b Tauschen Sie sich mit Ihrem Partner / Ihrer Partnerin aus. Informieren Sie ihn/sie über die wichtigen Aussagen Ihres Textes.

Fit für die Prüfung

A: Vor Lernbeginn: Schnell verliert man in der Vorbereitungsphase den Überblick. Viele fürchten auch, kurz vor der Prüfung, zu wenig gelernt zu haben oder den Stoff nicht richtig zu beherrschen. Dabei ist eine gründliche Vorbereitung gar nicht so schwer. Der Trick: Ein genauer Plan und Häppchen für Häppchen. Begrenzen Sie den zu lernenden Stoff, indem Sie sich genau über die Prüfung informieren. Verschaffen Sie sich ein vollständiges Bild vom gesamten Prüfungsstoff. Listen Sie alle Themen auf, die vorbereitet werden müssen. Arbeiten Sie mit klarem Konzept: Stellen Sie die jeweils erforderlichen Arbeitsschritte auf und schätzen Sie den dafür notwendigen Zeitaufwand realistisch ab. Denken Sie auch an Puffertage und Wiederholungsphasen. Die letzten Tage gehören auf jeden Fall der Gesamtwiederholung oder Musterklausuren. Vernachlässigen Sie aber Ihre Hobbys nicht. Gehen Sie ruhig weiterhin zum Joggen oder zum Tanzkurs und treffen Sie sich regelmäßig mit Freunden. Andernfalls wird sich Ihr Organismus mit Arbeitsunlust oder sogar Krankheit rächen.

Richtig Lernen: Stundenlanges Dauerpauken bringt gar nichts: Beim konzentrierten Lernen nimmt die Leistungskurve nach ungefähr einer Stunde ab. Gönnen Sie sich deshalb spätestens nach eineinhalb Stunden intensiven Lernens eine zehnminütige Verschnaufpause. Gerade in der Mittagspause benötigt man eine längere Pause, um den Leistungsabfall auszugleichen. Ein Spaziergang an der frischen Luft macht müde Krieger munter. Gönnen Sie sich zwei oder drei Tage vor dem wichtigen Termin noch einen Tag Auszeit, damit Sie ruhig und entspannt in die Prüfung gehen können. Lernen Sie möglichst nicht mehr viel Neues, sondern vertiefen Sie den gelernten Prüfungsstoff.

Realistisch bleiben: Meiden Sie Kollegen, die mit Ihnen zur Prüfung antreten und ebenfalls unter Prüfungsangst leiden. Denen fallen vielleicht Horrorszenarien ein, an die Sie nicht im Traum gedacht hätten. Gehen Sie auch denen aus dem Weg, die stets versuchen, mit Gelerntem zu protzen. Das würde Sie nur unnötig verunsichern. Vertrauen Sie auf sich selbst und Ihre bisherige Vorbereitung.

Machen Sie sich klar, was im schlimmsten Fall passieren könnte: Sollten Sie die Prüfung – warum auch immer – nicht bestehen, wird die Welt nicht zusammenbrechen! Ihr Leben wird weitergehen und es werden sich neue Lösungen finden. Freunde und Familie werden Sie weder verachten noch verlassen. Durch eine Prüfung kann jeder fallen, ein Versager ist er deshalb bestimmt nicht.

B: Fit für die schriftliche Prüfung: In der Prüfung selbst heißt es vor allem: Ruhe bewahren. Wer sich die Fragen aufmerksam durchliest und sich von den leichten zu den schweren hangelt, kommt ohne großes Schwitzen durch. Sich die Zeit richtig einzuteilen, ist ebenfalls nicht schwer.

Kurz vor der Prüfung: Treten Sie nicht ohne Frühstück an: Blutzuckermangel kann zu Konzentrationsschwierigkeiten führen. Nehmen Sie deshalb auch in die Prüfung Getränke oder kleine Snacks mit. Schokoriegel und Traubenzucker halten Ihren Blutzuckerspiegel auf optimalem Niveau. Planen Sie für die Anreise genügend Zeit ein. Aber auch nicht zu viel: Langes Ausharren vor dem Prüfungsraum macht nur unnötig nervös. Sehen Sie dem Test positiv entgegen: Freuen Sie sich darauf, dass Sie Ihr Wissen endlich präsentieren können. Denken Sie auch an die angenehmen Dinge, die Sie danach erwarten: Urlaub, ein besserer Job oder eine Riesenpizza beim Lieblingsitaliener.

In der Prüfung: Fangen Sie nicht sofort an zu schreiben: Lesen Sie die Aufgaben mehrmals durch. Schreiben Sie ordentlich. Eine „Sauklaue" beeinflusst den Korrektor negativ. Nutzen Sie verbleibende Zeit, um Ihre Antworten noch einmal in Ruhe durchzulesen. Prüfen Sie auch, ob Sie wirklich alle Fragen und Teilfragen beantwortet haben.

Fit für die mündliche Prüfung: Vor mündlichen Prüfungen ist die Angst oft am größten. Doch der Prüfer ist weder ein Monster noch sind Sie ihm hilflos ausgeliefert. Die Kunst besteht darin, ein lockeres Gespräch zu führen, von Schwächen abzulenken und geschickt zu kontern. Machen Sie sich klar, dass der Prüfer auch nur ein Mensch ist und erkennen Sie auch die Vorteile einer mündlichen Prüfung: Sie ist nicht nur wesentlich kürzer als eine schriftliche. In der Gesprächssituation können Missverständnisse sofort aus dem Weg geräumt und Antworten korrigiert werden.

Den ersten Pluspunkt erreichen Sie durch Ihr persönliches Auftreten: Kleiden Sie sich angemessen, seien Sie pünktlich und höflich. Blicken Sie dem Prüfer bei der Begrüßung selbstbewusst in die Augen. Fehlt nur noch der feste Händedruck. Falls Sie sich nicht sicher sind, ob Sie eine Frage richtig verstanden haben: Haken Sie direkt nach, bitten Sie um eine andere Formulierung oder wiederholen Sie die Frage mit eigenen Worten. Fällt Ihnen nichts ein, bitten Sie um ein Stichwort oder stellen Sie eine Rückfrage wie: „Ich bin mir nicht sicher, worauf Ihre Frage abzielt." Hilft nicht? Dann geben Sie das offen zu und bitten um eine Ersatzfrage. Achten Sie auf die Reaktion Ihres Gegenübers: Ein leichtes Nicken oder Lächeln verrät, dass Sie auf dem richtigen Weg sind.

▶ Ü 3

Fit für die Prüfung

4a Sie haben von einem Freund eine E-Mail bekommen. Was ist sein Problem?

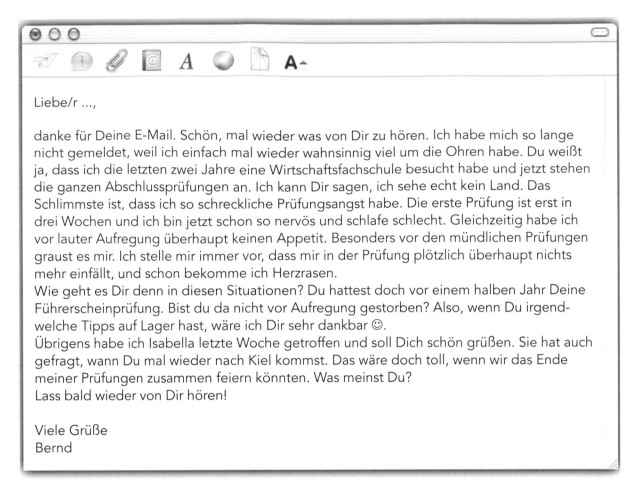

Liebe/r ...,

danke für Deine E-Mail. Schön, mal wieder was von Dir zu hören. Ich habe mich so lange nicht gemeldet, weil ich einfach mal wieder wahnsinnig viel um die Ohren habe. Du weißt ja, dass ich die letzten zwei Jahre eine Wirtschaftsfachschule besucht habe und jetzt stehen die ganzen Abschlussprüfungen an. Ich kann Dir sagen, ich sehe echt kein Land. Das Schlimmste ist, dass ich so schreckliche Prüfungsangst habe. Die erste Prüfung ist erst in drei Wochen und ich bin jetzt schon so nervös und schlafe schlecht. Gleichzeitig habe ich vor lauter Aufregung überhaupt keinen Appetit. Besonders vor den mündlichen Prüfungen graust es mir. Ich stelle mir immer vor, dass mir in der Prüfung plötzlich überhaupt nichts mehr einfällt, und schon bekomme ich Herzrasen.
Wie geht es Dir denn in diesen Situationen? Du hattest doch vor einem halben Jahr Deine Führerscheinprüfung. Bist du da nicht vor Aufregung gestorben? Also, wenn Du irgendwelche Tipps auf Lager hast, wäre ich Dir sehr dankbar ☺.
Übrigens habe ich Isabella letzte Woche getroffen und soll Dich schön grüßen. Sie hat auch gefragt, wann Du mal wieder nach Kiel kommst. Das wäre doch toll, wenn wir das Ende meiner Prüfungen zusammen feiern könnten. Was meinst Du?
Lass bald wieder von Dir hören!

Viele Grüße
Bernd

b Schreiben Sie eine Antwort an Bernd. Arbeiten Sie in folgenden Schritten.

– **Nummerieren Sie zunächst die Reihenfolge, in der Sie schreiben wollen:**

☐ Bernd viel Glück wünschen

☐ Verständnis für Bernds Situation äußern

☐ ein baldiges Treffen mit Bernd vorschlagen

☐ für die E-Mail bedanken

☐ Tipps gegen Prüfungsangst geben

☐ über eigene Erfahrungen berichten

– **Notieren Sie zu den einzelnen Punkten Stichwörter.**

– **Überlegen Sie, welche Redemittel Sie verwenden wollen.**

– **Formulieren Sie Ihre E-Mail aus und achten Sie darauf, dass die Sätze sinnvoll miteinander verbunden sind.**

▶ Ü 4

5a Bereiten Sie sich auf die folgende Prüfungsaufgabe vor. Lesen Sie die Aufgabe und sammeln Sie für jedes Bild Pro- und Contra-Argumente.

b Machen Sie jetzt zu zweit die Aufgabe und reagieren Sie auf den Vorschlag Ihres Partners / Ihrer Partnerin.

Für einen Beitrag in der Uni-Zeitung über Prüfungsangst und was man dagegen tun kann, sollen Sie eines der beiden Fotos auswählen.

– **Machen Sie einen Vorschlag und begründen Sie ihn.**

– **Widersprechen Sie Ihrem Gesprächspartner / Ihrer Gesprächspartnerin.**

– **Kommen Sie am Ende zu einer Entscheidung.**

Birgit Prinz

(* 25. Oktober 1977 in Frankfurt a.M.)

Fußballspielerin

Birgit Prinz im Spiel gegen Brasilien

„Ich war nicht besser als die Jungs. Aber eben auch nicht schlechter", hat Birgit Prinz, Deutschlands berühmteste Stürmerin, einmal gesagt. Rückblickend auf eine Zeit, als sie mit acht Jahren in einer Jungenmannschaft kickte. Mit 15 Jahren spielte sie dann zum ersten Mal in einer reinen Frauenmannschaft, mit 16 war sie die jüngste Spielerin im deutschen Nationalteam. Der Rest ist Geschichte: Weltfußballerin der Jahre 2003, 2004 und 2005, fünffache Fußballerin des Jahres, mit der Nationalmannschaft Weltmeisterin 2003 und 2007 und mit ihrem Verein 1. FFC Frankfurt immer wieder Nummer Eins in der Bundesliga. Bei der Frauen-Fußball-WM 2007 wurde sie durch ihren 14. Treffer im Spiel gegen Japan alleinige Rekordtorschützin bei Weltmeisterschaften. Birgit Prinz hat das Talent, immer zur richtigen Zeit vor dem Tor aufzutauchen. Sie spielt uneigennützig und will unbedingt gewinnen. Spielt sie mal einen Fehlpass, wird sie wütend. Schon als junges Mädchen geriet sie außer sich, wenn sie beim Spielen verlor.

Außerdem zeichnet sich die 1,79 Meter große Sportlerin durch eine ihr eigene Schnelligkeit, einen fantastischen Instinkt und eine ungeheure Präzision auf dem Spielfeld aus. Wäre sie ein Mann, würde man sie in einem Atemzug mit Zidane oder Ballack nennen.

Ein ungewöhnliches Angebot erhielt Birgit Prinz im Dezember 2003 vom Präsidenten des italienischen AC Perugia, Luciano Gaucci: Er wollte sie in seine Mannschaft holen. Damit wäre sie die erste Frau gewesen, die in einem Männerteam spielen würde, und das gleich in der italienischen Serie A. Birgit Prinz lehnte nach einem Treffen und zweiwöchiger Bedenkzeit aus sportlichen Gründen ab. Als Begründung gab sie an, sie wolle Fußball spielen und nicht nur auf der Bank sitzen.

Birgit Prinz bei der Preisverleihung

Wenn es ihr Terminplan zwischen Nationalmannschaft und Verein zulässt, arbeitet sie in ihrem gelernten Beruf als Physiotherapeutin. Doch der Fußball hat ihr ein gutes Zusatzeinkommen verschafft. Sie hat einige Sponsoren: einen Sportartikelhersteller, ein Auto- und ein Möbelhaus sowie verschiedene andere Partner. Neben dem Fußballspielen sind ihre Hobbys Lesen, Spazierengehen und ihr Hund. Als Ausgleichssport betreibt sie Inlineskaten, Squash, Badminton oder geht joggen. Im August 2005 übernahm sie außerdem eine Patenschaft für das Kinderhilfsprojekt „Learn and Play" des Internationalen Fußballverbandes und der Afghanistan-Hilfe.

In Interviews gibt sich Birgit Prinz meist ziemlich wortkarg, der Rummel um ihre Person ist ihr eher unangenehm. Aber natürlich freut sie sich darüber, dass Frauenfußball populärer geworden ist – auch dank ihrer Erfolge.

Mehr Informationen zu Birgit Prinz

Sammeln Sie Informationen über Persönlichkeiten aus dem In- und Ausland, die für das Thema „Fit für ..." interessant sind, und stellen Sie sie im Kurs vor. Sie können dazu die Vorlage „Porträt" im Anhang verwenden. Beispiele aus dem deutschsprachigen Bereich: Roland Berger – Günther Jauch – Michael Schuhmacher

1 Passiv mit *sein*

Passiv mit **werden**	Passiv mit **sein**
Der Mantel **wurde** *mit EC-Karte bezahlt.*	*Der Mantel* **ist** *bezahlt.*
Die EC-Karte **ist** *gesperrt worden.*	*Die EC-Karte* **ist** *gesperrt.*

werden + Partizip II	**sein** + Partizip II
Vorgang, Prozess	neuer Zustand, Resultat eines Vorgangs

Tempusformen: **Passiv mit *sein***	Präsens	***sein* im Präsens** + Partizip II: Die Karte ist gesperrt.
	Präteritum	***sein* im Präteritum** + Partizip II: Die Karte war gesperrt.

2 Vergleichssätze mit *als / als ob / als wenn*

Mein Chef tut immer so, **als ob** *das völlig normal* **wäre**. *Es sieht so aus,* **als wenn** *Judo mir wirklich etwas gebracht* **hätte**. *Unser Chef macht den Eindruck,* **als wäre** *er der beste Skifahrer der Welt.*

Der Vergleichssatz mit *als / als ob / als wenn* drückt einen irrealen Vergleich aus. Deswegen wird der Konjunktiv II benutzt. Nach *als* steht das konjugierte Verb auf Position 2, nach *als ob / als wenn* am Ende.

3 Konjunktiv II Gegenwart und Vergangenheit

Konjunktiv II Gegenwart				Konjunktiv II Vergangenheit
würde + Infinitiv				
haben	→ hätte	sein	→ wäre	hätte/wäre + Partizip II
brauchen	→ bräuchte	müssen	→ müsste	
können	→ könnte	dürfen	→ dürfte	

4 Konjunktiv II Vergangenheit mit Modalverben

Sie	*hätten*	*mal besser auf Ihre Ernährung*	*achten*	*sollen.*
Sie	*hätten*	*schon längst eine ernsthafte Diät*	*machen*	*müssen.*
Bildung	*hätten*	+	Infinitiv +	Modalverb im Infinitiv

Bedeutung Eine Handlung in der Vergangenheit wurde **nicht** realisiert.

Wortstellung *Er sagte, dass ich besser auf meine Ernährung* **hätte** <u>achten</u> <u>sollen</u>.
Das Verb *hätte(n)* steht **vor** den Infinitiven, das Modalverb steht am Ende.

Artisten der Großstadt

1 a Welche Sportarten für junge Leute, vor allem aus den Städten, kennen Sie? Welche Ausrüstung, Geräte oder Anlagen braucht man dafür?

b Welche dieser Sportarten gelten als gefährlich? Warum suchen einige Jugendliche die Herausforderung? Diskutieren Sie im Kurs.

1 ▒ 2 a Sehen Sie die erste Filmsequenz. Beschreiben Sie die sportlichen Aktivitäten der Leute.

b Kennen Sie diesen Sport? Wie heißt er? Wenn Sie es nicht wissen – wie würden Sie ihn nennen?

▒ 3 Sehen Sie nun den ganzen Film und beantworten Sie die Fragen.

a Wie heißt die Sportart? Woher kommt sie? Wie nennen sich die Akteure?

b Welche Stichwörter charakterisieren diese Sportart? Kreuzen Sie an.

1 Ästhetik und Balance; flüssige Bewegungen	☐
2 Hindernisse möglichst vermeiden	☐
3 eine Form des Protestes gegen olympische Sportarten	☐
4 eine neue Jugendbewegung	☐
5 eine sozialpädagogische Maßnahme gegen Kriminalität	☐
6 kindliches Spiel	☐
7 Kontakte zu anderen Traceuren aufbauen	☐
8 Kontrolle über den eigenen Körper haben	☐
9 möglichst gefährliche Sprünge machen	☐
10 sich selbst nahe kommen; eigene Grenzen erkennen	☐
11 sich um Bäume kümmern	☐
12 Verbindung von Computer und Sport	☐

2 ▶ **4** Sehen Sie die zweite Filmsequenz. Die drei Traceure äußern sich zu ihrer großstädtischen Umwelt und zu ihrer Selbsterfahrung. Fassen Sie ihre Aussagen zusammen.

3 ▶ **5** Sehen Sie die dritte Filmsequenz. Der französische Traceur Rudy nennt Parkour eine „Schule für den Alltag". Wie meint er das? Welche persönlichen Erfahrungen hat er gemacht?

6 Wie würden Sie reagieren, wenn Ihr Freund / Ihre Freundin oder Ihre eigenen Kinder in ihrer Freizeit Parkour machen? Was würden Sie raten?

Das macht(e) Geschichte

 1 Hören Sie. Zu welchen Bildern passen die Texte?
2.1

Sie lernen

Grammatik

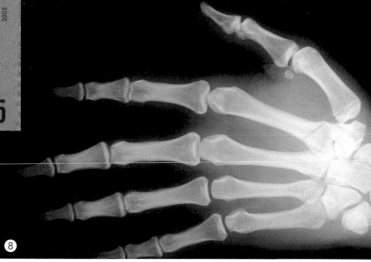

2   Welche Themen machen Geschichte? Sammeln Sie im Kurs Themen und wichtigen Wortschatz.

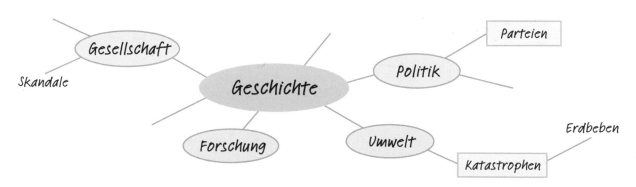

3   Nennen Sie ein wichtiges Ereignis aus Ihrem Land oder aus der Weltgeschichte.

Gelebte Geschichte

1a Wo finden Sie Informationen über Geschichte?

b Lesen Sie den Text bis Zeile 21. Wie vermitteln Medien Ereignisse aus früheren Zeiten?

c Lesen Sie jetzt den ganzen Text. Welche Vorbereitungen für die Sendung mussten die Produzenten und Teilnehmer treffen?

Gelebte Geschichte

1 Geschichte ist momentan ein Kassenschlager. Romane, die auf historischen Ereignissen basieren, landen auf den Bestseller-Listen ganz weit vorn.

Der Boom begann spätestens in den 80er-Jahren mit Titeln wie „Der Name der Rose" von Umberto Eco oder „Das Parfum" von Patrick Süskind.

In letzter Zeit findet man aber auch im Fernsehen Sendeformate, die beim Publikum sehr beliebt sind: Geschichtsdokumentationen, die Aussagen von Experten und Zeitzeugen mit nachgestellten Filmszenen zum Thema verbinden und so einen unterhaltsamen Zugang zum Thema bieten. Dieses Phänomen nennt man „Historytainment".

15 Populär sind bei den Fernsehzuschauern aber auch Dokumentationen von Personen, die sich auf eine Zeitreise begeben, um in eine frühere Epoche einzutauchen und in vom Drehbuch definierte Rollen zu schlüpfen. Besonders beliebt sind z.B. Zeiten, wie das Leben zwischen 1850 und 1910, das Mittelalter oder die Steinzeit.

Die Produzenten solcher Sendungen können sich vor Bewerbern kaum retten. So haben sich z.B. für die Sendung „Windstärke 8" rund 5.500 Personen für gerade mal 43 Plätze auf einem Auswandererschiff beworben, um eine zeitgetreue Überfahrt auf einem Segelschiff von Bremen nach New York im Jahr 1855 nachzustellen. Voraussetzungen für den Start waren neben dem Umbau des Schiffes und der Suche nach Pökelfleisch oder Schiffszwieback vor allem Recherchen, die alle historischen Details berücksichtigten. Eine harte Arbeit für Historiker und Rechercheure.

Die Reise: In 69 Tagen wird der Atlantik auf dem umgebauten Segelschiff „Bremen" über die historische Südroute überquert. Die 25 ausgesuchten Passagiere im Alter von 13 Monaten bis 65 Jahren und die 18-köpfige Mannschaft müssen zunächst durch eine Zeitschleuse und hierbei von der Kleidung, über das heiß geliebte Spielzeug, die alltäglichen Hygieneartikel bis hin zum Handy alles zurücklassen, was es 1855 nicht gab.

Alle Personen und das Schiff werden neu ausgestattet. Wer die steife und kratzende Kleidung noch interessant findet, der staunt spätestens bei den antik aussehenden Zahnbürsten aus Holz oder bei den Läusekämmen.

Was allen gemeinsam ist, ist die Herausforderung, als Gruppe auf engem Raum unbekannte Rollen wahrzunehmen und Vergangenheit lebendig und spürbar zu machen. Und so müssen die Passagiere aufkommenden Stürmen und der Seekrankheit trotzen. Sie müssen die anfallenden Arbeiten gerecht aufteilen und Streit schlichten. Sie können ihre individuellen Talente nutzen und gemeinsam ein lange geplantes Bordfest feiern. Alles mit den Mitteln und Möglichkeiten von 1855 und mit Millionen von Zuschauern, die an den Bildschirmen mitfiebern. Sie langweilen sich mit, wenn kein Wind geht. Sie leiden mit bei einem gnadenlos tobenden Sturm und sie ergreifen Partei bei den heftigen Diskussionen an Bord. Nachgelebte Geschichte, so das Selbstverständnis von „Windstärke 8", kann immer nur ein Experiment sein, da die „Zeitreisenden" stets ein Stück ihrer eigenen Gegenwart mitbringen. Doch die persönliche Erfahrung, die die Passagiere mit den Zuschauern teilen, machen die Lebensumstände von damals transparent und nachvollziehbar. Das ist die Idee hinter „Windstärke 8".

d Können Sie sich vorstellen, an einem Projekt wie „Windstärke 8" teilzunehmen? Diskutieren Sie im Kurs.

2a Lesen Sie die Sätze a–d. Welche Funktionen haben die orange markierten Satzteile?

   a Die Zeitreisenden schlüpfen in vom Drehbuch definierte Rollen.

   b Die Passagiere müssen die anfallenden Arbeiten gerecht aufteilen.

   c Alle feiern gemeinsam ein lange geplantes Bordfest.

   d Die Zuschauer leiden mit bei einem gnadenlos tobenden Sturm.

☐ sie geben weitere Informationen   ☐ sie ergänzen das Verb   ☐ sie beschreiben ein Nomen

b Wie werden die unterstrichenen Wörter in den Sätzen a–d gebildet? Ordnen Sie zu. Ⓖ

A Partizip I + Adjektivendung	**B** Partizip II + Adjektivendung
die *lesenden* Menschen	die *gelesenen* Geschichten

c Suchen und markieren Sie weitere Beispiele im Text und ergänzen Sie die Liste. ▶ Ü 1

3 Partizip I und II als Adjektiv. Lesen Sie die Sätze in 2a noch einmal und ergänzen Sie die Regel. Ⓖ

Adjektiv	~~beschreiben~~	Substantiv	Adverb

Partizipien als Adjektive ___beschreiben___ ein Substantiv genauer. Manchmal stehen sie auch zusammen mit einer Erweiterung. Diese kann z.B. ein _____ oder ein _____ sein. Die Partizipien stehen immer direkt vor dem _____.

4a Partizipien als Adjektive verkürzen Informationen, die oft in einem Relativsatz stehen. Welche Relativsätze drücken Gleichzeitigkeit (G), welche Vorzeitigkeit (V) aus? Welche Relativsätze stehen im Aktiv (A)? Welche im Passiv (P)? Ⓖ

	G	V	A	P
Zeitreisende schlüpfen in Rollen, die vom Drehbuch definiert worden sind.				
Sie müssen die Arbeiten, die anfallen, gerecht aufteilen.				
Alle feiern gemeinsam ein Bordfest, das lange geplant worden ist.				
Die Zuschauer leiden mit bei einem Sturm, der gnadenlos tobt.				

b Vergleichen Sie die Partizipien in Aufgabe 2a mit den Relativsätzen in Aufgabe 4a. Wann wird Partizip I und wann Partizip II verwendet? Ⓖ

Passiv	Das Partizip I wird benutzt, wenn die Handlung im Hauptsatz und die Handlung
beendet	im Relativsatz _____ passiert. Der Relativsatz steht dabei im _____.
Aktiv	Partizip II wird verwendet, wenn die Handlung des Relativsatzes bereits
gleichzeitig	_____ ist. Im Relativsatz wird in den meisten Fällen das _____ verwendet.

▶ Ü 2–4

c Wählen Sie drei weitere Beispiele aus dem Text und formen Sie die Sätze in Hauptsätze mit Relativsätzen um. Tauschen Sie mit Ihrem Nachbarn / Ihrer Nachbarin und formen Sie die Relativsätze wieder in Partizipien um.

26.10. – Ein Tag in der Geschichte

1a Was passierte am 26. Oktober? Lesen Sie die verschiedenen Meldungen und Informationen. Ordnen Sie die Überschriften zu.

Gemeinsam gegen das Leid – Tunnel-Inferno in der Schweiz – Ausgezeichnete Beatles – Republik feiert Jubiläum – Durchbruch in der Kommunikation

①

Airolo – Nach dem Feuerinferno im Gotthard-Tunnel haben Retter am Donnerstag unter den Trümmern in Dutzenden ausgebrannten Autos noch weitere Opfer vermutet. Der Polizei lagen 80 Meldungen über Vermisste vor. Bisher wurden zehn Leichen geborgen.

„Der Brand ist unter Kontrolle", sagt am Donnerstagmittag ein Feuerwehrsprecher am Südportal des Gotthard-Tunnels. Die Schwelbrände sollten bis zum Abend gelöscht sein.

Erst 24 Stunden nach dem Unglück war es der Feuerwehr gelungen, zum Brandherd vorzudringen. Die hohe Zahl der Vermissten muss nicht bedeuten, dass alle tot sind.

③ **Wien** – Heute jährt sich zum fünfzigsten Mal ein denkwürdiges Datum der österreichischen Geschichte. Am 26. Oktober 1955 fasst der Nationalrat den Beschluss zur „Immerwährenden Neutralität" der Republik Österreich. Im gleichen Jahr wurde der Staatsvertrag bereits mit den Alliierten Staaten festgelegt und die volle Souveränität beschlossen. Nun ist Österreich zehn Jahre nach Ende des Zweiten Weltkrieges wieder eine unabhängige Republik. Noch am Abend des 26.10.1955 verlassen die Alliierten das Land. Der 26. Oktober wird zum Nationalfeiertag.

④ Am 26. Oktober 1863 beginnt die internationale Konferenz der „Gesellschaften zur Milderung der Leiden des Krieges" und anderer sozial engagierter Gruppen in Genf. Henri Dunant initiiert die Gründung einer internationalen Hilfsorganisation, die später die Basis für das Rote Kreuz und den Roten Halbmond bilden wird.

② Am Physikalischen Verein zu Frankfurt am Main stellte Johann Philipp Reis vor zahlreichem Publikum am heutigen 26. Oktober ein Fernsprechgerät vor. Dieses „Telefon" ermögliche es, über weite Entfernungen Gespräche zu führen, so der Physiker, der am Institut Garnier in Friedrichsdorf lehrt. Die Fachwelt ist begeistert. Eine Sensation!

⑤

Home	Aktuelles	The Beatles	Lieder	Filme	Sites	Register

Ein großer Tag in der Geschichte der populären Musik. Im feierlichen Rahmen zeichnet Königin Elisabeth II. die Beatles am 26.10.1965 mit dem Orden „Member of the British Empire" aus.

Jahre später gibt John Lennon den Orden jedoch wieder zurück. Mit dieser Protestaktion will sich Lennon von der Beteiligung Großbritanniens am Biafra-Krieg distanzieren.

b Lesen Sie die Texte noch einmal. Über welche Ereignisse wird berichtet? Notieren Sie Informationen und fassen Sie eine Meldung zusammen.

Wann?	Wo?	Wer?	Was?
1955	Österreich/Wien	der Nationalrat	beschließt „Immerwährende Neutralität"
		die Alliierten	verlassen Österreich

2.9

TELC

2 Sie hören nun eine Nachrichtensendung. Dazu sollen Sie fünf Aufgaben lösen. Sie hören die Nachrichtensendung nur einmal. Entscheiden Sie beim Hören, ob die Aussagen 1–5 richtig oder falsch sind.

         r   f

1. Die Lokführer der Deutschen Bahn AG haben nach 30 Stunden Streik ihre Arbeit wieder aufgenommen. ☐ ☐
2. Der Bundestag diskutiert über Fragen zu Veränderungen im Gesundheitssystem. ☐ ☐
3. EU und afrikanische Länder beraten über die Einfuhrbestimmungen von Getreide und Textilien. ☐ ☐
4. Japan verlangt von Ausländern ein Visum und eine offizielle Einladung bei der Einreise. ☐ ☐
5. Die kalifornische Regierung evakuiert Menschen aus Regionen, die von Hochwasser betroffen sind. ☐ ☐

3a Hören Sie eine kurze Präsentation zu Ereignissen vom 26. Oktober. Welche Informationen sind neu?

2.10

b Was passierte an einem für Sie wichtigen Tag, z.B. Ihrem Geburtstag? Recherchieren Sie im Internet, Zeitungen etc.

c Wählen Sie ein oder zwei interessante Ereignisse aus und bereiten Sie eine Präsentation vor (Dauer: maximal drei Minuten). Verwenden Sie die Redemittel aus dem Kasten.

recherchierte Ereignisse vorstellen	historische Daten nennen
Ich werde von … berichten	Im Jahr …
Ich habe … ausgesucht, weil …	Am …
Ich fand … besonders interessant.	Vor 50, 100, … Jahren …
Eigentlich finde ich Geschichte nicht so interessant, aber …	… Jahre früher/davor …
	… Jahre später/danach …
Das erste/zweite Ereignis passierte …	… begann/endete/ereignete sich …

d Üben Sie mit einem Partner / einer Partnerin. Arbeiten Sie gemeinsam an Verständlichkeit, Tempo und Lautstärke.

e Tragen Sie Ihre Kurzpräsentation vor. ▶ Ü 1

Irrtümer der Geschichte

1a Lesen Sie die Äußerungen zur Geschichte – fünf von ihnen enthalten Irrtümer. Was stimmt nicht?

„Graf Ferdinand von Zeppelin hat das erste Luftschiff gebaut."

„Nach dem Zweiten Weltkrieg war die Kölner Innenstadt bis auf den Dom fast komplett zerstört."

„Der berühmte Salzburger Musiker Mozart heißt mit Vornamen Wolfgang Amadeus."

„Johannes Gutenberg ist der Erfinder des Buchdrucks."

„Im Mittelalter war man mit 40 Jahren ein sehr alter Mensch."

„Das erste Kaffeehaus Europas stand in Wien."

„Freiherr von Drais erfand ein Laufrad, aus dem später das Fahrrad entwickelt wurde."

b Lesen Sie den Text über Irrtümer in der Geschichte. Haben Sie's gewusst? Was überrascht Sie besonders?

1   Bei einer Umfrage darüber, wie Mozart mit Vornamen hieß, würden wohl weit über 90% der Befragten antworten, das wisse doch jedes Kind: natürlich Wolfgang Amadeus. Weit gefehlt, das wohl berühmteste Salzburger Musikgenie wurde auf den Namen Johannes Chrysostomus Wolfgangus Theophilus getauft. Der Vorname Wolfgang Amadeus setzte sich erst im 20. Jahrhundert durch,
5   nachdem Rundfunkanstalten und Plattenfirmen ihn ständig verwendeten.

   Die meisten Menschen sind auch der Überzeugung, dass die Lebenserwartung im Mittelalter nicht sehr hoch gewesen und man bereits mit 40 Jahren ein alter Mensch gewesen sei. Es ist zwar richtig, dass die durchschnittliche Lebenserwartung in dieser Zeit ca. 35 Jahre betrug, das bedeutet aber nicht, dass das biologisch mögliche Alter niedriger war als heute. Die statistischen Zahlen er-
10   geben sich zum einen aus einer deutlich höheren Säuglingssterblichkeit und zum anderen daraus, dass z.B. in Zeiten der Pest viele Menschen starben. Wer aber gesund blieb, hatte ebenso gute Chancen, alt zu werden, wie die Menschen heute.

   Auch was berühmte Erfinder angeht, so finden wir selbst in einigen Schulbüchern häufig zwei bekannte Irrtümer, da liest man zum einen, Johannes Gutenberg habe den Buchdruck erfunden und
15   zum anderen, dass Graf Ferdinand von Zeppelin das erste Luftschiff gebaut habe. Beides ist so nicht korrekt: Gutenberg war im europäischen Raum zwar der Erste, der auf die Idee kam, nicht für jede Buchseite eine komplette Holzplatte zu schnitzen, sondern einzelne Buchstaben für den Druck zu-sammenzusetzen – die man dann natürlich wieder verwenden konnte –, in China aber waren zu diesem Zeitpunkt einzelne Drucktafeln für jedes Schriftzeichen bereits seit langem bekannt. Graf
20   von Zeppelin hingegen war zwar der Mann, der die Luftschiffe bekannt machte, aber bereits vor ihm hatten französische Ingenieure und ein Ungar steuerbare Luftschiffe konstruiert.

   Schließlich sind nicht nur viele Wiener davon überzeugt, dass das erste europäische Kaffeehaus in Wien stehe – aber auch hier irrt die Geschichte: Bereits 1647 konnte man in Venedig Kaffee ge-nießen, der durch die Handelsbeziehungen zum Orient dort bekannt geworden war.

2a Mit welchen Worten werden im Text die Aussagen aus 1a eingeleitet? Markieren Sie und sammeln Sie weitere Verben und Ausdrücke, mit denen man eine Aussage einleiten kann.

▶ Ü 1   *antworten, meinen, …*

b Wie werden die Sätze aus der direkten Rede im Text in indirekter Rede wiedergegeben? Ergänzen Sie und vergleichen Sie die Verbformen.

direkte Rede	indirekte Rede
Das weiß doch jedes Kind.	_Das wisse doch jedes Kind._
Die Lebenserwartung ist nicht hoch gewesen.	_____
Mit 40 ist man alt gewesen.	_____
Gutenberg hat den Buchdruck erfunden.	_____
In Wien steht das erste Kaffeehaus Europas.	_____

c Ergänzen Sie die Regel zur Bildung des Konjunktiv I in der 3. Person Singular.

G

Konjunktiv I (Gegenwart)	Infinitiv-Stamm + _____
	3. Person Singular von *sein* _____
	3. Person Singular von *haben* _____
Konjunktiv I (Vergangenheit)	Konjunktiv I von _____ oder _____ + _____

d Indirekte Rede: Ergänzen Sie die Regel.

G

Konjunktiv I   indirekten Rede   anderen   Indikativ

In der _____ gebraucht man den _____, um deutlich zu machen, dass

man die Worte eines _____ wiedergibt. Sie wird vor allem in der Wissenschaftssprache,

in Zeitungen und in Nachrichtensendungen verwendet. In der gesprochenen Sprache benutzt

man in der indirekten Rede häufig den _____.

3 Lesen Sie die Beispielsätze und erklären Sie, wann man in der indirekten Rede den Konjunktiv II oder *würde* + Infinitiv verwendet.

G

direkte Rede Indikativ	indirekte Rede Konjunktiv I	Konjunktiv II
	(Er sagte, sie **haben** die ersten Kaffeehäuser, sie **stehen** in Venedig.)	Er sagte, sie **hätten** die ersten Kaffeehäuser, sie **würden** in Venedig **stehen**.
„Sie **haben** die ersten Kaffeehäuser." „Sie **stehen** in Venedig."		

▶ Ü 2–3

4 Geben Sie folgende Irrtümer in der indirekten Rede wieder – nutzen Sie dazu auch die Redemittel aus Aufgabe 2a. Wissen Sie, wie/wer es wirklich war? Vergleichen Sie mit der Lösung im Anhang auf Seite 116.

„Wilhelm Tell ist der wichtigste Freiheitskämpfer der Schweiz."

„Charles Lindbergh flog als erster Mensch über den Atlantik."

„Der Treibstoff ‚Benzin' ist nach Carl Benz, dem Pionier der Autoindustrie, benannt."

Grenzen überwinden _____

1 Foto A zeigt die Grenze zwischen der Bundesrepublik Deutschland (BRD) und der Deutschen Demokratischen Republik (DDR) in Berlin im Jahr 1989. Bild B zeigt denselben Ort heute. Vergleichen Sie die beiden Fotos. Was hat sich verändert?

2 Solange es die DDR und die BRD gab, konnten Bürger aus der DDR nur mit einer Sondergenehmigung der Behörden und nur zu ganz besonderen Anlässen (allerdings nie die ganze Familie gemeinsam) in die Bundesrepublik oder andere westliche Länder reisen. Wenn sich Familien aus Ost und West besuchen wollten, so reisten meistens die Familien aus dem Westen zu ihren Verwandten in den Osten. Und auch dies ging nicht so ohne Weiteres und nur mit einer Einladung.

a Lesen Sie einen Auszug aus dem Roman „Ostsucht" (1993) von Hans Pleschinski. Erklären Sie in ein bis zwei Sätzen, worum es geht.

1   Die Räume, die man in westlicher, südlicher, nördlicher Richtung vom Kreis Gifhorn[1] aus erreichen konnte, waren auch flach und grün, waren gleichfalls von gut geteerten Landstraßen mit Kurvenspiegeln durchzogen, wirkten am Sonntagnachmittag auch verschlafen.

5   Aber im Osten lag der Bezirk Magdeburg, weit hinter diesem Areal, hinter der Magdeburger Börde – bereits vom Namen her eine dunklere, unheimlichere Gegend als der Rheingau – lag Berlin.

    „Habt ihr alle Pakete mit? Die Pfirsiche dürfen nicht matschig werden. Grüßt auch Tante Hedwig! – Sind Tüten da, wenn den Kindern schlecht
10 wird? Fahrt vorsichtig. Tankt vor der Grenze! – Habt ihr die Pässe?" [...] Die Reisepässe, die Tage zuvor zusammengesucht, auf ihr Gültigkeitsdatum hin geprüft wurden, waren das Wichtigste und lagen als westdeutsche Rettungsringe gegen ostdeutsche Bedrohlichkeiten ab Fahrtbeginn griffbereit im Handschuhfach. Man reiste nicht nur als Verwandter zu
15 Verwandten, als Mensch zu Menschen, sondern – wie es die Weltgeschichte bewirkt hatte – als Klassenfeind durch das Land des Klassenfeindes.

    Da es noch kein Transitabkommen[2] gab, reisten wir gen Berlin im frühesten Morgengrauen ab. Es war nie abzuschätzen, was einem am Kontrollpunkt Marienborn oder dann an Dreilinden in Berlin widerfahren konnte. Es waren nie erfreuliche Abenteuer, in die man auf den Kontrollpisten
20 Mitteleuropas hineingeraten konnte.

    Meinem Vater am Steuer rann bereits im Westen der Schweiß.

    Wir Kinder harrten gespannt der grünen Grenzmänner, die sich eine knappe Stunde nach unserer Abfahrt aus der Heide mit grauen Kunstpelzmützen zum Autofenster herunterbeugen würden. [...]

dtv
Hans Pleschinski
Ostsucht
Eine Jugend
im deutsch-deutschen
Grenzland

[1] Gifhorn = Wohnort des Erzählers im Norden Deutlands nahe der ehemaligen Grenze zur DDR
[2] Transitabkommen = Abkommen zwischen der BRD und der DDR über den Durchreiseverkehr durch die DDR von Personen aus der BRD auf dem Weg nach Berlin (West)

Dunkler Asphalt, plötzlich abgelöst von alten
25 Betonplatten. Die Natur, das Gebüsch links und
rechts bleibt sich gleich, wechselt nur scheinbar
vom kapitalistischen Grün ins mattere sozialistische Grün über.

Hammer und Zirkel[3], die Einheit von Faust-
30 arbeit und Geistarbeit, wehen überm Straßenrand.

Die Beton-Fahrbahn verbreitert sich. Holz-
Schilder fordern zum Einordnen für den *Reise-
verkehr* in die *Deutsche Demokratische Republik*,
35 zur *Hauptstadt der* DDR auf, zeigen sogar die
Richtung *Warszawa*/VR *Polen*. Die gewaltigen,

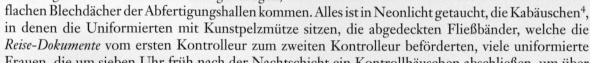

flachen Blechdächer der Abfertigungshallen kommen. Alles ist in Neonlicht getaucht, die Kabäuschen[4],
in denen die Uniformierten mit Kunstpelzmütze sitzen, die abgedeckten Fließbänder, welche die
Reise-Dokumente vom ersten Kontrolleur zum zweiten Kontrolleur beförderten, viele uniformierte
40 Frauen, die um sieben Uhr früh nach der Nachtschicht ein Kontrollhäuschen abschließen, um über

Fahrspuren zu einem DDR-Personalraum zu gehen.
[...]

Dann ging es in der Autoschlange im Schritttempo
mit kurzem Halt am letzten Kontrollposten vorbei
45 und bald mit einem Aufatmen vorbei an roten Spruch-
bändern und auf die Betonplatten der Autobahn.

[...] Einmal wurde mein Vater nachts auf der
Rückreise wegen der nicht gestatteten *Ausfuhr* eines
Bettvorlegers zum Aussteigen aufgefordert und muss-
50 te sich vor den Augen seiner Kinder, bei vorgehalte-
ner Maschinenpistole, mit erhobenen Händen im
Neonlicht an die Wand stellen. Ein anderes Mal –
eine Lappalie[5] der 60er-Jahre, als in Liverpool *All
You Need is Love* gedichtet und gesungen wurde –
55 hatte die zoll-technische Zerlegung unseres Autos
zwischen Magdeburg und Braunschweig zur Folge,
dass noch bis zu seiner Verschrottung die Rücken-
lehnen unverstellbar blieben. Kleine deutsche Nach-
kriegstribute.

[3] Hammer und Zirkel = Symbole in der Fahne der DDR
[4] Kabäuschen = kleine Häuschen
[5] Lappalie = Belanglosigkeit; etwas, das nicht wichtig ist

▶ Ü 1

b „Meinem Vater am Steuer rann bereits im Westen der Schweiß." Warum schwitzt der Vater?

c Wie beschreibt der Erzähler seine Eindrücke beim Grenzübergang? Was ist nach dem Grenz-
übertritt anders?

d Welche Erfahrungen mit der Einreise in andere Länder haben Sie gemacht? Welche Doku-
mente haben Sie benötigt, wie war die Atmosphäre am Grenzübergang und wie lange haben
die Einreiseformalitäten gedauert?

Ich bin einmal nach ... geflogen und bei der Einreise ...

Grenzen überwinden

3a Was wissen Sie über den Fall der Berliner
Mauer und die Öffnung der Grenze?

b Lesen Sie den Auszug aus einem Lexikon-
artikel zur Wiedervereinigung. Welche
Ereignisse trugen dazu bei, dass die DDR die
Grenze zur Bundesrepublik öffnete?

> Im Sommer 1989 wurden die Botschaften der Bundesrepublik Deutschland in Prag, Budapest,
> Warschau und die Ständige Vertretung in Ost-Berlin von DDR-Flüchtlingen besetzt, die so ihre
> Ausreise aus der DDR erzwingen wollten. Die vom sowjetischen Partei- und Staatsführer Michail
> Gorbatschow ausgehende Politik der Öffnung und die dadurch möglichen politischen
> Veränderungen in Ungarn führten dazu, dass Ungarn für die DDR-Flüchtlinge die Grenze nach
> Österreich öffnete. Die Öffnung führte zu einer Massenflucht in die Bundesrepublik. Nach einem
> Einlenken der DDR konnten auch die Flüchtlinge aus den Botschaften in Prag und Warschau in den
> Westen ausreisen. Noch im September 1989 reisten 15.000 DDR-Bürger in die Bundesrepublik ein.
> Anfang Oktober 1989 setzten die Massenproteste auf den Straßen in der ganzen DDR ein. Die fried-
> liche Revolution begann. Besonders bekannt wurden die Montagsdemonstrationen in Leipzig. Die
> politische Führung sah keinen anderen Ausweg, als die Grenzen zu öffnen. […]

2.11

c Der Tag des Mauerfalls: Hören Sie, was an diesem Tag passierte. Ergänzen Sie dann die
Lücken.

sofort	Mauer	Reisen	feiern	Westen	Zukunft	Genehmigungen

– Der Verteidigungsminister meldet dem Staatschef der DDR

Egon Krenz: 1.800 Soldaten stehen bereit.

– Ostberlin, früher Nachmittag: Der Nordrheinwestfälische

Ministerpräsident Johannes Rau ist zu Besuch bei Egon Krenz.

Krenz plant für die _____ der DDR.

– Berlin, 17:00 Uhr: Günter Schabowski sagt um 18:58 Uhr im

DDR Fernsehen: „_____ nach dem Ausland können

ohne Vorliegen von Voraussetzungen, Reiseanlässen und

Verwandtschaftsverhältnissen beantragt werden.

_____ werden kurzfristig erteilt."

Diese Regelung gilt ab _____.

– Nach einiger Zeit wird klar, was das bedeutet: Die _____ ist nach 28 Jahren offen.

– Berlin, 21:30 Uhr: Erste DDR-Bürger stürmen in den _____; Menschen aus Ost und

West _____ am Brandenburger Tor.

d Hören Sie zur Kontrolle die Chronik zum 9. November 1989 noch einmal.

4a Hören Sie die Aussagen von Zeitzeugen des Mauerfalls und
machen Sie Notizen. Wo haben die Leute von der Neuigkeit
erfahren, was waren ihre Gefühle und Gedanken? Sagen sie
etwas dazu, was sie heute darüber denken?

2.12

▶ Ü 2

b Wann und wie haben Sie von diesem Ereignis erfahren?

Ich bin jetzt 20 Jahre alt, als die Mauer fiel war ich noch ein Kind.
Ich habe davon zum ersten Mal in der Schule gehört.

5a Ordnen Sie alle Informationen, die Sie bisher in den Texten
von Aufgabe 1 bis Aufgabe 4 erhalten haben.

Reisemöglichkeiten von der BRD in die DDR und umgekehrt	Mauerfall und Grenzöffnung
Reisen von der DDR in die BRD nur mit Genehmigung zu bestimmten Anlässen, keine Möglichkeit für Familien, gemeinsam auszureisen;	

b Wählen Sie aus Aufgabe 5a die für Sie wichtigsten Informationen und fassen Sie sie in einem
Text zusammen. Kommentieren Sie auch, wie interessant oder wichtig Sie persönlich die
Ereignisse um den 9. November 1989 finden.

über vergangene Zeiten berichten	von einem historischen Ereignis berichten	ein Ereignis kommentieren
Damals war es so, dass …	Es begann damit, dass …	Meines Erachtens war besonders erstaunlich/überraschend, dass …
Anders als heute, war es damals nicht möglich …	Die Ereignisse führten dazu, dass …	Ich denke, … ist auch für andere Länder interessant/wichtig, weil …
Wenn man früher … wollte, musste man …	Die Meldung / Das Ereignis … hatte zur Folge, dass …	Die Ereignisse zeigen, dass/wie …
Häufig/meistens war es normal, dass …	Nachdem … bekannt gegeben worden war, …	Für mich persönlich hat … keine besondere Bedeutung, denn …
In dieser Zeit …	Dank … kam es (nicht) zu …	
	Zunächst meldete … noch, dass …, aber …	

Deutschland war lange ein geteiltes Land: Im Westen war die Bundesrepublik Deutschland (BRD) und im Osten
die Deutsche Demokratische Republik (DDR). Es war nicht einfach, vom einen Deutschland in das andere zu
reisen. …

▶ Ü 3–4

Porträt

Angela Merkel
(* 17. Juli 1954)

Physikerin – Politikerin

Angela Merkel, erste deutsche Bundeskanzlerin

Angela Merkel wird am 17. Juli 1954 als Angela Dorothea Kasner in Hamburg als erstes Kind des Theologiestudenten Horst Kasner und der Lehrerin Herlind Kasner geboren. Im gleichen Jahr zieht die Familie nach Brandenburg, wo ihr Vater seine erste Pfarrstelle antritt.

Über ihr Privatleben spricht Angela Merkel nur selten. Aus der Jugend ist aber zum Beispiel bekannt, dass sie als Schülerin zwar oft Klassenbeste war, aber ausgerechnet in Physik auch einmal eine Fünf kassierte.

In ihrer Jugendzeit tritt sie den DDR-treuen Organisationen Junge Pioniere ebenso bei wie später der FDJ.

Als Teenager in der DDR hört Angela die Beatles, reist nach Moskau und trägt gerne auch einmal West-Kleidung. Bei der Großmutter in Ost-Berlin sieht sie im Westfernsehen heimlich politische Sendungen.

1973 legt Angela in Templin ihr Abitur ab und beginnt ein Physikstudium an der Universität Leipzig, das sie 1978 erfolgreich beendet.

Mit 23 heiratet sie zum ersten Mal: den Physik-Studenten Ulrich Merkel. Aber die Ehe währt nur vier Jahre.

1986 promoviert sie zum Dr. rer. nat.

Den Mauerfall erlebt Angela Merkel vor dem Fernseher. Sie ruft zunächst ihre Mutter an, rechnet jedoch noch nicht mit der Öffnung der Grenzen am gleichen Tag.

Im Wendejahr 1989 tritt Angela Merkel in die Partei Demokratischer Aufbruch (DA) ein. Schon 1990 wird sie Pressesprecherin des DA, der später mit der CDU fusioniert.

Am 18. März wird die CDU stärkste Partei bei den ersten freien Volkskammerwahlen der DDR. Merkel wird stellvertretende Regierungssprecherin in der Regierung unter Lothar de Maizière. Bereits im September wird Merkel als Direktkandidatin der gesamtdeutschen CDU nominiert und am 02. Dezember 1990 bei der Bundestagswahl in den Bundestag gewählt. Am 18. Januar 1991 wird sie zur Bundesministerin für Frauen und Jugend in der Regierung Kohl ernannt. Im Dezember 1991 wird Merkel zur stellvertretenden Parteivorsitzenden der CDU gewählt, neun Jahre später übernimmt sie den Parteivorsitz.

2002 wird sie Vorsitzende der CDU/CSU-Bundestagsfraktion und somit Oppositionsführerin. Im Laufe der nächsten zwei Jahre stellt Merkel Reformvorschläge u.a. zum Thema Steuern und soziale Sicherheit vor und tritt 2005 als Kanzlerkandidatin in den vorgezogenen Bundestagswahlen an. Sie erreicht zwar keine absolute Mehrheit, kann aber in einer Koalition mit SPD und CDU/CSU mit 397 von 611 Stimmen vom Bundestag zur Kanzlerin gewählt werden. Angela Merkel ist die erste Bundeskanzlerin Deutschlands und mit 51 die bis dahin jüngste Amtsinhaberin.

Als viel beschäftigte Politikerin ist ihre Zeit knapp. Selbst an Samstagen und Sonntagen hat Angela Merkel oft wichtige Sitzungen, muss Entscheidungen treffen und Termine vorbereiten. Doch den Samstagabend versucht sie sich möglichst immer freizuhalten. Häufig kocht die CDU-Chefin dann für ihren Mann, den Berliner Chemieprofessor Joachim Sauer, mit dem sie seit 1998 verheiratet ist. Das Essen soll am liebsten rustikal sein: Kartoffelsuppe, Schnitzel oder Forelle. Hin und wieder gehen Angela Merkel und ihr Mann mit Freunden ins Konzert. Zu den kulturellen Höhepunkten zählt jedes Jahr der Besuch der Bayreuther Festspiele. Ein ausgesprochener Stadtmensch ist Angela Merkel jedoch nicht: „Nur in der Stadt leben, das könnte ich nicht." Sobald der Terminkalender es zulässt, geht es hinaus ins Grüne.

Mehr Informationen zu Angela Merkel

Sammeln Sie Informationen über Persönlichkeiten aus dem In- und Ausland, die für das Thema „Geschichte" interessant sind, und stellen Sie sie im Kurs vor. Sie können dazu die Vorlage „Porträt" im Anhang verwenden. Beispiele aus dem deutschsprachigen Bereich: Willi Brandt – Sophie Scholl – Joschka Fischer – Ruth Dreifuss – Hannah Ahrendt

1 Partizipien als Adjektive

Partizipien als Adjektive geben nähere Informationen zu Substantiven. Sie stehen zwischen Artikelwort und Substantiv. Die Partizipien können zusammen mit anderen Erweiterungen stehen (z.B. Adverbien oder Adjektiven). Partizipien als Adjektiv kann man meist alternativ mit einem Relativsatz umschreiben.

Partizip als Adjektiv	Relativsatz
*Die Passagiere müssen die **anfallenden** Arbeiten gerecht aufteilen.*	*Die Passagiere müssen die Arbeiten, **die anfallen**, gerecht aufteilen.*

Bildung: Partizip als Adjektiv

Beschreibung von Gleichzeitigem **Partizip I + Adjektivendung** *Die Zuschauer leiden mit bei einem gnadenlos **tobenden** Sturm.*	bei Umformung in einen Relativsatz: **Relativsatz im Aktiv** *Die Zuschauer leiden mit bei einem Sturm, der gnadenlos **tobt**.*
Beschreibung von Vorzeitigem **Partizip II + Adjektivendung** *Alle feiern gemeinsam ein lange **geplantes** Bordfest.*	bei Umformung in einen Relativsatz: **Relativsatz im Passiv** *Alle feiern gemeinsam ein Bordfest, **das lange geplant worden ist**.*

2 Indirekte Rede

Verwendung des Konjunktiv I

In der indirekten Rede verwendet man den Konjunktiv I, um deutlich zu machen, dass man die Worte eines anderen wiedergibt. Die indirekte Rede mit Konjunktiv wird vor allem in der Wissenschaftssprache, in Zeitungen und in Nachrichtensendungen verwendet. In der gesprochenen Sprache wird in der indirekten Rede auch häufig der Indikativ gebraucht.

Konjunktiv I: Infinitivstamm + Endung

	sein	haben	Modalverben	andere Verben
ich	sei	habe > hätte	könne	sehe > würde sehen
du*	sei(e)st	habest	könnest	sehest
er/es/sie	sei	habe	könne	sehe
wir	seien	haben > hätten	können > könnten	sehen > würden sehen
ihr*	sei(e)t	habet	könnet	sehet
sie/Sie	seien	haben > hätten	können > könnten	sehen > würden sehen

* Der Konjunktiv I wird meistens in der 3. Person verwendet – die Formen in der 2. Person sind sehr ungebräuchlich – hier wird meist der Konjunktiv II verwendet.

Konjunktiv I entspricht den Formen des Indikativs ➔ Verwendung des Konjunktiv II / *würde* + Infinitiv.

*(Er sagt, die Leute **haben** keine Zeit.)* ➔ *Er sagt, die Leute **hätten** keine Zeit.*

Konjunktiv I der Vergangenheit

Im Konjunktiv I gibt es nur eine Vergangenheitsform. Sie wird mit dem Konjunktiv I von *haben* oder *sein* und dem Partizip II gebildet.
*Man sagt, Gutenberg **habe** den Buchdruck **erfunden** und Zeppelin **sei** der Erfinder der Luftschifffahrt **gewesen**.*

Ein Traum wird wahr

1a Deutsche Nachkriegsgeschichte: Notieren Sie die Jahreszahlen aus dem Kasten.

Mai 1949 _____ Gründung der Bundesrepublik Deutschland

_____ Bau der Berliner Mauer

_____ Vereinigung von DDR und BRD

_____ Gründung der Deutschen Demokratischen Republik

_____ Öffnung der Berliner Mauer für alle DDR-Bürger

| Oktober 1949 |
| August 1961 |
| November 1989 |
| Oktober 1990 |

b Warum gab es in Berlin eigentlich eine Grenze? Erklären Sie es mithilfe der Karte und des Textes.

Auf der Konferenz von Jalta im Februar 1945 beschlossen die Alliierten (Großbritannien, Frankreich, die USA und die Sowjetunion), Deutschland in vier Besatzungszonen und Berlin in vier Sektoren aufzuteilen. Jeder Alliierte konnte seinen Sektor kontrollieren. Bald nach 1945 begann der Kalte Krieg zwischen dem Westen und dem Ostblock.

Aufteilung Berlins in Sektoren

2a Sehen Sie eine Reportage über den Bau der Berliner Mauer 1961. Machen Sie Notizen zu den Ereignissen des Tages und berichten Sie darüber im Kurs.

b Wie kann man die Atmosphäre charakterisieren? Was haben die Menschen damals wohl gedacht und gefühlt?

3 Sehen Sie nun eine Reportage aus dem Jahr 1989, als die Berliner Mauer geöffnet wurde. Lesen Sie vorher die Sätze auf dieser und der nächsten Seite. Wer sagt was im Film? Notieren Sie die Buchstaben.

Person _____ : Das muss alles weg hier, alles! Die Leute sollen hin und her gehen, dann ist es gut.

Person _____ : Ich geh auf jeden Fall zurück, weil ich an dieses Land glaube.

Person _____ : Ich habe erlebt, wie die Mauer gebaut worden ist, und will sehen, wie sie wieder abkommt.

A

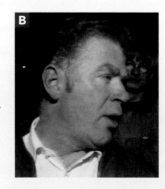

B

C

Person _____: In zwei Jahren haben wir die Wiedervereinigung.

Person _____: Wer jetzt schläft, der ist tot.

Person _____: Wir sind so tief bewegt gewesen, dass wir wieder aus dem Bett aufgestanden und hierher gekommen sind.

4a Welche Stimmung war am 9. November 1989 auf den Straßen?
Was haben die Menschen gemacht? Was hat sie bewegt?
4b Was finden Sie besonders beeindruckend, merkwürdig, schockierend ...?

5 Am 3. Oktober 1990 kam es zur Wiedervereinigung der beiden deutschen Staaten. Sehen und hören Sie noch einmal einige Äußerungen der Leute am Tag der Maueröffnung. Was haben diese in jenem Moment über die Wiedervereinigung gedacht?

6 Der Reporter sagt: „Hammer und Meißel – etwas macht sich Luft, was seit Jahrzehnten verschüttet zu sein schien."
Wie erklären Sie sich diesen Satz?

7 Welches historische Ereignis der letzten Jahrzehnte war für Sie besonders beeindruckend oder hatte Ihrer Meinung nach eine große Bedeutung für die Entwicklung Ihres/ eines Landes, einer Region oder sogar für die ganze Welt?

Mit viel Gefühl ...

1a Welche Gefühle oder Themen werden in den einzelnen Texten ausgedrückt?

b Welcher Text gefällt Ihnen am besten? Begründen Sie Ihre Meinung.

Ⓐ Glück ist wie ein Sonnenblick;
niemand kann's erjagen,
niemand von sich sagen,
dass er heut und alle Frist
ohne Wunsch und glücklich ist.

Glück ist wie ein Sonnenblick.
Erst wenn es vergangen,
erst in Leid und Bangen
denkt ein Herz und fühlt es klar,
dass es einmal glücklich war.

Martin Greif, 1839–1911

Ⓑ *Dieses Gefühl*

*Kennst du dieses Gefühl
wenn niemand nach dir fragt*

*Kennst du dieses Gefühl
wenn niemand deinen Namen ruft*

*Kennst du dieses Gefühl
wenn sich niemand zu dir setzt*

*Kennst du dieses Gefühl
wenn alles an dir vorbeiläuft*

*Kennst du dieses Gefühl
wenn alle auch ohne dich glücklich sind*

ich kenne es

Autor: unbekannt

Ⓒ *Dem Vogel ist ein einfacher Zweig
lieber als ein goldener Käfig.*

Sprichwort

Ⓓ *Im wunderschönen Monat Mai*

*Im wunderschönen Monat Mai
Als alle Knospen sprangen,
Da ist in meinem Herzen
Die Liebe aufgegangen.*

*Im wunderschönen Monat Mai,
Als alle Vögel sangen,
Da hab ich ihr gestanden
Mein Sehnen und Verlangen.*

Heinrich Heine, 1797–1856

Ⓔ *Die Zeit ist hin*

Die Zeit ist hin; du löst dich unbewusst
Und leise mehr und mehr von meiner Brust;
Ich suche dich mit sanftem Druck zu fassen,
Doch fühl ich wohl, ich muss dich gehen lassen.

So lass mich denn, bevor du weit von mir
Im Leben gehst, noch einmal danken dir;
Und magst du nie, was rettungslos vergangen,
In schlummerlosen Nächten heimverlangen.

Hier steh ich nun und schaue bang zurück;
Vorüber rinnt auch dieser Augenblick,
Und wie viel Stunden dir und mir gegeben,
Wir werden keine mehr zusammenleben.

Theodor Storm, 1817–1888

Ⓕ *Ein Leben ohne Freude*
ist wie eine weite Reise
ohne Gasthaus.

Demokrit, antiker Philosoph

Ⓖ *Angst und Zweifel*

Zweifle nicht
an dem
der dir sagt
er hat Angst
aber hab Angst
vor dem
der dir sagt
er kennt keinen Zweifel

Erich Fried, 1921–1988

2   Kennen Sie Lieder, Gedichte, Sprüche aus Ihrem Land, die das Thema „Gefühle" zum Inhalt
haben? Stellen Sie sie im Kurs vor.

Farbenfroh

1a Welche Farbe ist Ihre Lieblingsfarbe? Warum gerade diese Farbe?

b Mit welchen Begriffen im Kasten verbinden Sie eine Farbe?

Wut – Hoffnung – Gesundheit – Ärger – Ruhe – Ehrlichkeit – Krankheit – Reinheit – Tod

Angst – Schmutz – Feigheit – Lüge – Trauer – Liebe – Lebenskraft – Hass – Pessimismus

c Vergleichen Sie Ihre Ergebnisse im Kurs. Welche Unterschiede und Gemeinsamkeiten gibt es?

2a Lesen Sie die drei Texte. Jeder Text beschreibt die Bedeutung und Wirkung einer Farbe. Um welche Farbe handelt es sich? Was hat Ihnen bei der Lösung geholfen?

1 In der Frühgeschichte war diese Farbe die bedeutendste Farbe der Jagdvölker. Man schrieb ihr lebenserhaltende Kräfte zu. Der Glaube, dass die Farbe vor bösen
5 Einflüssen schütze, war weit verbreitet. Gegenstände, Bäume und Tiere wurden deshalb damit bestrichen. Die Krieger färbten ihre Waffen mit dieser Farbe, um ihnen magische Zauberkräfte zu verleihen.
10 Die Wirkung dieser Farbe wurde in der Vergangenheit immer wieder für politische Zwecke eingesetzt. Sie ist die häufigste Farbe der Flaggen, da sie von weitem am besten gesehen wird.
15 Aufgrund ihrer wohltuenden und wärmenden Wirkung wird diese Farbe zu Heilzwecken eingesetzt. Allgemein wirkt sie anregend und appetitfördernd. Menschen, die sich nur schwer konzentrie-
20 ren können, beeinflusst sie positiv. Ein Schreibtischlicht in dieser Farbe kann beim Lernen helfen.
Doch diese Farbe darf man nicht übermäßig gebrauchen, denn sie steht für Ge-
25 fühlsausbrüche und Streit mit anderen: Vor Ärger über einen Nachbarn oder vor Wut auf einen Kollegen nimmt das Gesicht meist diese Farbe an.
Im Straßenverkehr signalisiert diese Farbe
30 Gefahr oder Verbot.

2 Diese Farbe versetzt in einen Zustand des Träumens, sie stimmt sehnsüchtig, sie wirkt beruhigend und führt zu einer ernsthaften Sicht der Dinge nach innen.
5 Ihre Ausstrahlungskraft erzeugt mehr Vertrauen auf eigene Fähigkeiten.
Diese Farbe gilt als Farbe des Gemüts und stimmt positiv. Aus diesem Grunde wurden unangenehme Dinge wie Briefe,
10 die ankündigen, dass ein Schüler nicht in die nächste Klasse versetzt wird, früher in dieser Farbe verschickt. Die Farbe bewirkt nämlich, dass schlechte Botschaften leichter akzeptiert und Sorgen um be-
15 stimmte Dinge gemildert werden.
Diese Farbe ist neben Rot bei den meisten Menschen die beliebteste Farbe. Wegen ihrer positiv stimmenden Wirkung auf Zuschauer wird sie sehr häufig in der
20 Werbung verwendet. Auch viele Firmen benutzen sie in ihrem Firmensymbol.
Diese Farbe gilt als kühlste, reinste und tiefste Farbe. Sie entspannt und wirkt der Abhängigkeit von negativen Gewohnheiten
25 entgegen. Ihr wird die Fähigkeit zur Stärkung des Gleichgewichts nachgesagt.
Diese Farbe wird bei Fieber eingesetzt und soll sogar den Blutdruck senken.

1 **3** Diese Farbe war auch die Lieblingsfarbe von Vincent van Gogh. In seinen berühmten Sonnenblumenbildern kann man das deutlich erkennen. Das Licht seiner Landschaften wurde bei van Gogh zur Farbe. Licht symbolisierte für ihn die Sonne des Südens, Heiterkeit, aber auch Freundschaft und Liebe.

5 Wo im Mittelalter eine Flagge in dieser Farbe wehte, wütete die Pest. Nach altem Glauben wurzelte jeglicher Ärger in der Galle. Eine solche Färbung der Haut symbolisierte Neid auf andere und Eifersucht auf den Partner / die Partnerin, aber auch Geiz. Im Straßenverkehr hat diese Farbe die beste Fernwirkung. Aus diesem Grund sind umschaltende Ampeln und Postautos in dieser Farbe. International warnt sie vor gefährlichen Stoffen und Chemikalien.

10 Im Fußball verwarnt der Schiedsrichter die Spieler bei einem Foul mit einer Karte in dieser Farbe.

b Notieren Sie für jede der drei Farben aus den Texten, welche Bedeutungen und Wirkungen sie hat. Fassen Sie anschließend Ihre Notizen mündlich zusammen.

▶ Ü 1

3a Substantive mit Präpositionen. Suchen Sie in den drei Texten Substantive mit Präpositionen und tragen Sie sie in die Tabelle ein. Sammeln Sie dann im Kurs weitere Substantive mit Präpositionen.

(G)

Substantiv	Präposition
der Streit	mit + D

(G)

Substantiv	Präposition
die Wirkung	...

▶ Ü 2

b Bilden Sie, wenn möglich, zu den Substantiven in Aufgabe 3a Verben. Werden diese Verben auch mit Präpositionen verwendet? Was stellen Sie fest?

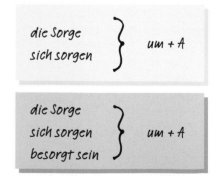

die Sorge
sich sorgen } um + A

c Schreiben Sie Kärtchen wie im Beispiel. Arbeiten Sie dann zu zweit und fragen Sie sich gegenseitig ab.

die Sorge
sich sorgen
besorgt sein } um + A

4a Welche Substantive aus den drei Lesetexten haben ein passendes Adjektiv?

b Die Adjektive haben oft dieselbe Präposition wie das Substantiv. Welche Adjektive aus Aufgabe 4a werden mit einer Präposition gebraucht? Ergänzen Sie Ihre Kärtchen.

▶ Ü 3–5

5 Recherchieren Sie im Internet nach der Bedeutung und Wirkung anderer Farben. Stellen Sie diese im Kurs vor.

Mit Musik geht alles besser

1 Welche Rolle spielt Musik in Ihrem Leben? Stimmt es, dass mit Musik alles besser geht? Begründen Sie Ihre Meinung.

▶ Ü 1–2

2a Lesen Sie die Überschrift des Textes. Notieren Sie, welche Teilthemen dieser Text behandeln könnte.

Musik und Gesundheit, ...

b Lesen Sie den Text. Haben sich Ihre Erwartungen aus Aufgabe 2a bestätigt? Welche der von Ihnen vermuteten Teilthemen werden im Text genannt, welche nicht? Welche Themen im Text haben Sie überrascht?

Die Macht der Musik

1 Musik ist viel mehr als nur ein schöner Zeitvertreib. Musik kann Balsam für die Seele sein, aber auch die geistige und soziale Entwicklung von Kindern fördern. Selbst Erwachsene können
5 vom Musizieren profitieren – es mobilisiert das Gehirn und produziert Glückshormone. Kein Wunder, dass Musik heute von vielen Experten nicht nur als schönes Hobby angesehen, sondern in der Medizin auch als therapeutisches Hilfs-
10 mittel eingesetzt wird.

1 Tatsächlich verändert Musik den Herzschlag, den Blutdruck, die Atemfrequenz und die Muskelspannung des Menschen. Und sie beeinflusst den Hormonhaushalt. Je nach Musikart wer-
15 den verschiedene Hormone abgegeben. Ruhige Klänge zum Beispiel können die Ausschüttung von Stresshormonen verringern und die Konzentration von Schmerz kontrollierenden Hormonen im Körper erhöhen. Musik kann so tatsächlich
20 Schmerzen dämpfen. Folgerichtig wird sie deshalb heute schon in der Medizin in den verschiedensten Bereichen therapeutisch eingesetzt. Vor allem in der Psychiatrie und in der Schmerztherapie leistet sie nützliche Dienste. Aber auch in der
25 Rehabilitation von Schlaganfallpatienten und in der Altersheilkunde kann sie ein wertvolles Hilfsmittel sein. Denn Musizieren kann wie ein Jungbrunnen für das Gehirn sein, weil dabei neue Nervenverschaltungen gebildet werden.

30 **2** Fast unbestritten ist die pädagogische Bedeutung des Musikunterrichts. Fächer wie Deutsch oder Mathematik werden zwar in den Lehrplänen bevorzugt, weil man sie für wichtiger hält, um die Schüler ins Erwerbsleben zu integrieren. Aber
35 Modellversuche haben gezeigt, dass Musikunter-
richt auch einen Beitrag zur sozialen Entwicklung der Kinder leistet. In einer Langzeitstudie an mehreren Berliner Grundschulen (nach ihrem Initiator Prof. Dr. Hans Günther Bastian
40 „Bastian-Studie" genannt), hat sich die soziale Kompetenz der beteiligten Kinder deutlich gesteigert. Die Zahl der Schüler, die ausgegrenzt wurden, hatte abgenommen, während der Anteil der Kinder, die keine einzige Ablehnung durch
45 ihre Klassenkameraden erhielten, doppelt so hoch wie an konventionellen Schulen war.

Außerdem herrschte an diesen Schulen ein merklich ruhigeres, aggressionsfreieres Klima.

Wie ist das zu erklären? Gemeinsames Musi-
50 zieren erfordert fein abgestimmtes Aufeinander-Hören. Musik schult so auch die Wahrnehmung des anderen. Und so lernen die Kinder auch, zum Beispiel auf den Stimmklang der anderen zu hören und so die Stimmung eines Menschen zu be-
55 urteilen.

3 Man nimmt an, dass Musik den Abbau im Gehirn alter Menschen verhindern kann, weil alle Neuverschaltungen, die zwischen den Nervenzellen im Gehirn durch Musik entstehen, dem
60 Menschen auch erhalten bleiben. Auf jeden Fall aber hat Musik einen Trainingseffekt für das Gedächtnis. Alle am Hören und am Lautebilden beteiligten Hirnpartien werden durch Musik trainiert und stimuliert. Für sogenannte tonale Spra-
65 chen, also Sprachen, deren Verständnis sehr stark von akustischen Feinheiten abhängt, wie zum Beispiel beim Chinesischen, ist das auch schon belegt worden. Außerdem wirkt Musik als Gedächtnisstütze. Aus diesem Grund werden auch
70 Kirchenlieder gesungen: damit man ihren Inhalt besser im Gedächtnis behält. Mit Anatomiestu-

denten wurde versucht, diese Erkenntnis nachzuvollziehen. Man ließ die Studenten ihren Stoff singen, und diese haben ihn tatsächlich besser
75 behalten!

4 Musik kann Emotionen auslösen, sie kann beim Zuhörer regelrechte „Gänsehaut" verursachen. Außerdem verbindet sich Musik manchmal mit persönlichen Ereignissen. Wird sie
80 wieder gehört, dann kommen auch die Erinne-

rungen an erlebte Situationen wieder, genauso wie dabei empfundene Gefühle. So reicht ein Weihnachtslied oft aus, um jemanden in „Weihnachtsstimmung" zu versetzen. In diesem Zu-
85 sammenhang funktioniert Musik wie eine Art Sprache, in der bestimmte Ereignisse kodiert sind. Das zeigt sich besonders deutlich bei Filmmusik, zum Beispiel Horror- oder Spannungsmusik. Auf diese Weise kann Musik auch
90 zielgerichtet eingesetzt werden.

c Finden Sie für die Abschnitte 1–4 eine passende Überschrift.

Abschnitt 1: _____

Abschnitt 2: _____

Abschnitt 3: _____

Abschnitt 4: _____   ▶ Ü 3

3a Lesen Sie Abschnitt 1 noch einmal. Unterstreichen Sie dabei die Hauptinformationen und notieren Sie sie in Stichpunkten.

Die Macht der Musik

Abschnitt 1

1. *Einfluss auf den Körper* ⟶ 1. *Herzschlag, 2. …*

2. *Folgen* ⟶ …

3. *Einsatz* ⟶ …

---

b Notieren Sie jetzt die Hauptinformationen zu den Abschnitten 2–4. Eine Hilfe zum zweiten Abschnitt finden Sie im Arbeitsbuch auf Seite 159.   ▶ Ü 4

4 Schreiben Sie für den Text „Die Macht der Musik" anhand Ihrer Notizen eine Zusammenfassung. Nutzen Sie den Redemittelkasten.

Zusammenfassungen einleiten	Informationen wiedergeben	Zusammenfassungen abschließen
In dem Text geht es um … Der Text handelt von … Das Thema des Textes ist … Der Text behandelt die Frage, …	Im ersten/zweiten/nächsten Abschnitt geht es um … Anschließend/Danach/ Im Anschluss daran wird beschrieben/dargestellt/ darauf eingegangen, dass … Eine wesentliche Aussage ist … Der Text nennt folgende Beispiele: …	Zusammenfassend kann man sagen, dass … Als Hauptaussage lässt sich festhalten, dass …

Sprache und Gefühl

1a Kleine Wörter – große Wirkung: Hören Sie den Beginn eines Dialogs in fünf Varianten. Worin unterscheiden sich die Dialoge?

b Hören Sie noch einmal und ergänzen Sie die Lücken in den Varianten 1–5.

○ Wollen wir heute den neuen Film mit Johnny Depp sehen?

● Kino? Das ist eine tolle Idee.

1. Kino? Das ist _____ eine tolle Idee.   4. Kino? Das ist _____ eine tolle Idee.

2. Kino? Das ist _____ eine tolle Idee.   5. Kino? Das ist _____ eine tolle Idee.

3. Kino? Das ist _____ eine tolle Idee.

c Welche Variante passt zu welchem Bild? Ordnen Sie zu und begründen Sie.

2a Hören Sie die Fortsetzung des Dialoges und ergänzen Sie den Text mit Modalpartikeln aus dem Kasten.

<table>
<tr><td>

Ja

also

denn

eben

doch

einfach

mal

schon

ruhig

</td><td>

● Kino? Das ist eigentlich eine tolle Idee. Aber ich bin so müde. Können wir _____ nicht zu Hause fernsehen?

○ Das darf _____ nicht wahr sein! Immer, wenn ich _____ ausgehen möchte, bist du zu kaputt. Dann gehe ich _____ mit Elke aus. Bleib du _____ zu Hause.

● Das ist _____ nicht fair! Ich möchte _____ mit dir ausgehen. Aber _____ lieber am Wochenende.

○ Ist _____ gut. Dann gehe ich heute mit Elke _____ nur einen Wein trinken und wir gehen am Samstag ins Kino.

● Äh, Samstag? Du weißt doch, dass …

</td></tr>
</table>

b Wie geht der Dialog weiter? Schreiben und spielen Sie eine Fortsetzung.

2.21

3a Lesen und hören Sie die Sätze. Welche Begriffe aus dem Kasten passen?

Überraschung	Bitte	Ärger	Freude	Bestätigung	Aufforderung	Vermutung	
Bedauern	Resignation	Begeisterung	Vorwurf	Enttäuschung	Aufmunterung	…	

1. Kannst du mir mal zehn Euro leihen? _____

2. Wenn du mir nicht hilfst, dann muss ich es _____

   eben alleine machen.

3. Sie wird den neuen Job wohl annehmen. _____

4. Harry? Den kennt doch jeder. _____

5. Was ist denn das? _____

6. Das ist ja super! _____

7. Ich habe eigentlich schon etwas vor. _____

8. Sie können ruhig reinkommen. _____

b Ergänzen Sie die Regel.

Ⓖ

Äußerungen – Emotionen – gesprochenen – verstärken

Modalpartikeln werden vor allem in der _____ Sprache gebraucht.

Sie können in _____ je nach Bedeutung _____

und Einstellungen _____ .

c Wählen Sie zwei Äußerungen aus Aufgabe 3a aus und verändern Sie die Bedeutung, indem Sie die Modalpartikeln und/oder die Intonation verändern. ▶ Ü 1

4 Manche Modalpartikeln können kombiniert werden. Lesen Sie die Sätze laut. Was verändert sich?

Das ist nicht wahr!   Was habe ich falsch gemacht?

Das ist doch nicht wahr!   Was habe ich eigentlich falsch gemacht?

Das ist doch wohl nicht wahr!   Was habe ich denn eigentlich falsch gemacht? ▶ Ü 2

5 Schreiben Sie einfache Sätze und Fragen auf Zettel, die Sie einsammeln und neu verteilen. Lesen Sie erst ohne, dann mit Modalpartikeln vor. Welche passen? Wie verändern sich die Bedeutung und die Betonung?

Mach das Fenster zu.

Mach doch das Fenster zu.

Mach mal das Fenster zu.

Mach ruhig das Fenster zu.

Gefühle und Emotionen _____

1a Liebe – ein großes Gefühl. Was kann man alles lieben? Sammeln Sie im Kurs.

2.22 b Hören Sie ein Lied der Gruppe Rosenstolz und ergänzen Sie die Wörter im Text.
Nacht – Gesicht – Farben – Wort – Frage – Blick – Liebe

1 Hast du nur ein _____ zu sagen
   nur einen Gedanken
   dann lass es _____ sein
   Kannst du mir ein Bild beschreiben
   mit deinen _____
   dann lass es Liebe sein

2 Wenn du gehst
   Wieder gehst
   Schau mir noch mal ins _____
   sag's mir oder sag es nicht
   Dreh dich bitte nochmal um
   und ich seh's in deinem _____
   Lass es Liebe sein
   lass es Liebe sein

3 Hast du nur noch einen Tag
   nur eine _____
   dann lass es Liebe sein
   Hast du nur noch eine _____
   die ich nie zu fragen wage
   dann lass es Liebe sein

4 Wenn du gehst
   Wieder gehst
   Schau mir noch mal ins Gesicht
   sag's mir oder sag es nicht
   Dreh dich bitte nochmal um
   und ich seh's in deinem Blick
   Lass es Liebe sein
   lass es Liebe sein

5 Das ist alles was wir brauchen
   noch viel mehr als große Worte
   Lass das alles hinter dir
   fang nochmal von vorne an

   Denn Liebe ist alles
   Liebe ist alles
   Liebe ist alles
   Alles was wir brauchen

   Liebe ist alles …

   Lass es Liebe sein

   Das ist alles was wir brauchen …

c Wie könnte das Lied heißen? Machen Sie Vorschläge.

d Welche Strophen passen zu den Aussagen? Manchmal passen mehrere.

	Wir verraten unsere Gefühle, wenn wir uns in die Augen sehen.		Liebe leben ist wichtiger als leere Versprechungen.
	Wenn wir lieben, können wir alles ändern.		Die Liebe sollte immer unser Handeln bestimmen.

▶ Ü 1–2

2a Nicht nur die Liebe, auch die Angst ist ein großes Gefühl.
Was wissen Sie über die Angst?
Sammeln Sie Informationen zu:

Situationen   körperliche Reaktionen   Verhalten

2.23

b Ein Vortrag zum Thema Emotionen. Hören Sie den ersten
Beitrag zum Thema Angst. Welche Ihrer Informationen
aus Aufgabe 2a wurden genannt?

c Hören Sie den Beitrag noch einmal und beantworten Sie
die Fragen zu zweit.

A Angst und Gefahr

1. Wie reagiert der Körper bei Angst?

2. Wozu ist die Angst gut?

3. Was passiert, wenn wir einer Gefahr nicht ausweichen können?

B Angst und Stress

4. Wie reagieren wir, wenn Stress zum Dauerzustand wird?

5. Was passiert, wenn wir die Stresssituation beeinflussen können?

C Objekte der Angst

6. Welche Objekte können das sein? Nennen Sie mindestens vier.

7. Welchen Zusammenhang gibt es zwischen Wissen, Fantasie und Angst?

d Fassen Sie Ihre Ergebnisse im Kurs zusammen.

3a Erarbeiten Sie nun einen zweiten Beitrag selbst. Was wissen Sie über die Neugier? Notieren Sie.

2.24

b Hören Sie den Beitrag. Welche Informationen stimmen mit Ihren Notizen überein?

c Hören Sie den Beitrag noch einmal und formulieren Sie zu zweit mindestens je eine Frage
wie in Aufgabe 2c zu den folgenden Themen:

A Neugier und das menschliche Suchsystem
B Neugier bei Kindern
C Neugier und Gehirnfunktion

d Arbeiten Sie in Gruppen. Tauschen Sie Ihre Fragen mit einem anderen Paar. Hören Sie den
Text noch einmal und bearbeiten Sie die Fragen. Vergleichen Sie dann in der Gruppe die
Fragen und die Lösungen.

▶ Ü 3–5

Gefühle und Emotionen

4a Stellen Sie sich vor, Sie müssen eine wichtige Entscheidung treffen. Entscheiden Sie mehr nach Gefühl oder mit dem Verstand?

b Lesen Sie den Text „Richtig entscheiden". Markieren Sie Tipps für Unentschlossene, die im Text genannt werden.

Richtig entscheiden

Manche Menschen zögern, hadern, quälen sich durch schlaflose Nächte – und schieben Entscheidungen möglichst lange auf, bis der Lauf der Dinge uns die Wahl schon abgenommen hat. Wieso ist unsere Fähigkeit, einen Entschluss zu fassen, eigentlich so unterschiedlich ausgeprägt?

„Jeder Mensch bezieht Verstand und Gefühlsimpulse in unterschiedlichem Maße in seine Entscheidungen ein", erklärt Maja Storch, Psychologin und Leiterin des Instituts für Selbstmanagement und Motivation in Zürich. „Und die Verteilung auf diesen Waagschalen beeinflusst, wie lange wir für eine Entscheidung brauchen und ob wir überhaupt zu einem Ergebnis kommen."

Die psychologische und neurologische Forschung ist sich mittlerweile einig: Neben dem Verstand, der Fakten sammelt und logisch das Für und Wider abwägt, besitzen wir alle noch ein zweites, unbewusst arbeitendes Entscheidungssystem, das auf Gefühlen beruht.

Aber was läuft falsch bei chronischer Unentschlossenheit oder der Tendenz zu unbefriedigenden Entschlüssen? „Das haben wir davon, wenn wir unsere Emotionen nicht zu Wort kommen lassen", sagt Storch. Derartig „Verkopfte" verheddern sich meist im Abwägen unzähliger Argumente und Gegenargumente – und machen sich selbst damit entscheidungsunfähig. Einen anderen Entscheidungstyp nennt die Psychologin „den Zerrissenen": Er nimmt seine Gefühle zwar wahr, unterdrückt sie aber und bezieht sie nicht in seine Entscheidungen mit ein. Diese Menschen neigen häufig zu Depressionen oder einer Midlife-Crisis, denn sie fragen sich irgendwann: Soll das mein Leben gewesen sein? Weshalb haben meine eigenen Bedürfnisse darin kaum eine Rolle gespielt?

Doch so weit muss es erst gar nicht kommen. Denn Entscheidungsfreude können wir trainieren. „Egal, mit welcher Frage Sie sich quälen: Machen Sie eine Affektbilanz", rät die Psychologin Storch. Nehmen wir etwa an, Sie stünden vor der Entscheidung: „Soll ich das Jobangebot annehmen und in eine andere Stadt ziehen?" Dann stellen Sie sich alle Handlungsmöglichkeiten vor, die Ihnen einfallen – nacheinander, so lebendig wie möglich. Und fragen sich jeweils ganz konkret: „Welche Gefühle löst diese Vorstellung in mir aus? Wichtig ist zunächst, die persönlichen Gefühlsreaktionen überhaupt wahrzunehmen", so Storch.

Gitte Härter, Coach mit Schwerpunkt Entscheidungsfindung, setzt auch an der grundsätzlichen Lebenseinstellung an, um Unentschlossenen zu helfen. Sie empfiehlt, sich auch einmal herauszuwagen aus der persönlichen Sicherheitszone. Optimales Übungsfeld ist der Alltag. Wer zum Beispiel im Restaurant am liebsten wartet, bis die Begleitung ausgewählt hat, und dann das Gleiche bestellt, der sollte beim nächsten Mal ganz bewusst seine eigene Entscheidung vor dem anderen treffen. „Bei solchen Probeläufen geht es nicht um viel. Aber man kann daran üben, klare Entscheidungen zu treffen – und auch mit möglichen negativen Konsequenzen umzugehen."

Grundsätzlich können sich alle Unentschlossenen entspannen: Die richtige Entscheidung im Sinne einer perfekten gibt es nicht. Wir können lediglich nach bestem Wissen und Gewissen handeln – und eben auch nach bestem Gefühl. Eine Faustregel nennt Psychologin Maja Storch dennoch: „Entscheidungen, die keine positiven Empfindungen und Tatendrang hervorrufen, sind in der Regel auch keine guten."

c Welche weiteren Tipps könnte man Menschen geben, die sich nur schwer entscheiden können?

5 Lesen Sie die E-Mail. Antworten Sie Susan und geben Sie ihr einen Rat, wie sie zu einer Entscheidung kommen kann.

Liebe/r …,

ich habe Dir ja schon geschrieben, dass ich mit meinem Job nicht so zufrieden bin. Jetzt habe ich mich bei einer anderen Firma beworben und hatte auch schon ein sehr positives Vorstellungsgespräch. Die Bezahlung ist zwar nicht so gut, aber es gibt sehr interessante Projekte. Dabei wird viel Eigeninitiative und Kreativität gefordert. Die Ansprüche sind hoch, aber mir gefällt das.
Also das komplette Gegenteil von meinem momentanen Job. Die Leute hier sind zwar auch nett und das Geld stimmt, aber die Arbeit ist einfach nur Routine. Ich lerne auch nichts Neues. Natürlich wäre ein Jobwechsel nicht so leicht. Die neue Firma ist in Tübingen, das heißt also eine Wochenendbeziehung mit Tim und drei Stunden Fahrt zu Freunden und Familie.
Soll ich den Job wechseln? Was meinst Du? Du hast immer so gute Ideen!
Liebe Grüße,
Susan

Verständnis zeigen	
Ich kann gut verstehen, dass … / Es ist ganz normal, dass … / Es ist verständlich, dass …	
Tipps geben	**Situationen einschätzen**
Ich rate Dir … / Du solltest …	Welches Gefühl hast Du, wenn Du … denkst?
Ich würde Dir empfehlen, dass Du …	Was macht Dich glücklich, traurig, …?
Wie wäre es, wenn Du …	Was sagt … zu …?
Hast Du schon mal über … nachgedacht?	Wie geht es Dir bei dem Gedanken, …?
An Deiner Stelle würde ich …	Wie würde … reagieren, wenn …?

6a Arbeiten Sie zu zweit. Jeder/Jede bekommt eine Zeitungsnotiz. Lesen Sie die Zeitungsnotiz und die Fragen. Bereiten Sie Ihre Antworten alleine vor. Sie haben 15 Minuten Zeit.

GI

A

Farben fördern Emotionen

Wer eine neue Wohnung einrichtet, sollte auf Farben in den Räumen achten.
Gelb schafft eine positive Stimmung und hebt die Laune. Grün hat eine beruhigende Wirkung. Dunkle Farben sollte man sparsam verwenden, da sie leicht depressiv wirken.
Vorsicht auch mit Rot. Diese Farbe kann aktivieren, aber auch leicht aggressiv machen. Weiß ist dagegen neutral, kann aber schnell für eine kalte Atmosphäre sorgen.

– Welche Aussage enthält die Meldung?
– Welche Beispiele fallen Ihnen dazu ein?
– Welche Meinung haben Sie dazu?
  Sprechen Sie ca. 3 Minuten.

B

Haustiere gegen Einsamkeit

Die Deutschen lieben ihre Haustiere. Hunde, Katzen, aber auch Vögel und Fische haben schon Kinder gelehrt, Verantwortung zu übernehmen und bewahren viele alleinstehende Menschen vor der Einsamkeit.
Gerade der Spaziergang mit dem Hund schafft viele soziale Kontakte und hält die Besitzer fit und aktiv. Bei kranken Menschen schaffen es oft die Haustiere wieder, deren Interesse an der Umwelt zu wecken.

– Welche Aussage enthält die Meldung?
– Welche Beispiele fallen Ihnen dazu ein?
– Welche Meinung haben Sie dazu?
  Sprechen Sie ca. 3 Minuten.

---

b Präsentieren Sie Ihrem/r Gesprächspartner/in Thema und Inhalt des Artikels. Nehmen Sie kurz persönlich Stellung.

Tania Singer (* 08. Dezember 1969)

Psychologin – Forscherin

Nach dem Abitur studierte Tania Singer von 1989 bis 1996 Psychologie in Marburg und an der technischen Universität Berlin, zwischen 1993 und 1996 absolvierte sie zugleich einen Aufbaustudiengang in Medienberatung. Für ihre im Jahr 2000 abgeschlossene Promotion über Gedächtnistraining für sehr alte Menschen erhielt sie die Otto-Hahn-Medaille der Max-Planck-Gesellschaft.

Nach der Dissertation wechselte Singer 2002 zum Wellcome Department of Imaging Neuroscience in London. Seit 2006 baut die Forscherin an der Universität Zürich das Zentrum für soziale und neuronale Systeme auf.

Tania Singer, Psychologin

Tania Singer beschäftigt sich mit der Frage, wie Menschen im Miteinander ticken. Was machen Nervenzellen und Hormone, wenn wir uns in jemanden hineinversetzen, mit ihm fühlen? Und was geschieht im Hirn, wenn wir unfair behandelt werden, selbstlos verzichten oder auf Rache sinnen? „Am liebsten würd ich da reinkriechen", sagt Singer und tippt sich an die Schläfe. Was in den Köpfen ihrer Probanden vorgeht, muss sie aus Daten aus dem Kernspintomografen schließen. Die Isolation in der Röhre ist aber keine soziale Situation. Deshalb lässt Singer ihre Testpersonen im Scanner über eine Datenleitung mit anderen spielen. „Im Spiel schlagen die Emotionen schnell hoch, vor allem wenn es um Fairness und Geld geht. Man muss sich nur mal ansehen, wie die Leute bei Monopoly ausflippen."

Seit 2006 arbeitet Tania Singer im Zentrum für soziale und neuronale Systeme in Zürich. Es ist eng mit dem Institut für Empirische Wirtschaftsforschung des Ökonomen Ernst Fehr verbunden. „Vorher hatte ich überhaupt nichts mit Wirtschaft zu tun, ich war immer eher kulturell interessiert: Schauspiel, Tanz, Gesang", sagt Singer. Interessant findet die Psychologin an den Forschungsergebnissen der Neuroökonomen vor allem, dass Menschen viel mehr kooperieren als gedacht, sie handeln nicht nur egoistisch.

Die Professorin ist überzeugt: „Unser Hirn ist auf Zusammenarbeit geeicht."

Singer fand heraus, dass das Gehirn viel stärker auf faire als auf unfaire Mitspieler reagiert und sich diese auch besser merkt. Der Anblick von Fairplay-Anhängern aktiviert zudem das Belohnungszentrum. „Die Probanden hatten Spaß an der Zusammenarbeit", schließt Singer daraus. Ein möglicher Anreiz zur Kooperation könne unsere Fähigkeit sein, mit anderen zu fühlen – die Empathie. Was dabei im Kopf geschieht, zeigte sie am Beispiel Schmerz. Sie maß die Hirnaktivität von Frauen, während deren Partner mit leichten Stromstößen traktiert wurden. Es regten sich die Regionen, die auch bei der gefühlsmäßigen Verarbeitung von eigenem Schmerz anspringen: „Die Frauen fühlten mit."

Die Psychologin sagt von sich selbst, sie sei ein recht empathischer Mensch: „Ich fühle oft stark mit, was andere fühlen." Das liege vielleicht auch daran, dass sie ein Zwilling sei, ein eineiiger.

Mehr Informationen zu Tania Singer

Sammeln Sie Informationen über Persönlichkeiten aus dem In- und Ausland, die für das Thema „Emotionen und Gefühle" interessant sind, und stellen Sie sie im Kurs vor. Sie können dazu die Vorlage „Porträt" im Anhang verwenden.
Beispiele aus dem deutschsprachigen Bereich: Anna Freud – André Heller – Rosenstolz – Erich Fried – Erika Stucky

1 Adjektive, Verben und Substantive mit Präpositionen

A Das Substantiv, das Verb und das Adjektiv haben dieselbe Präposition.

Substantiv	Verb	Adjektiv	Präposition
die Abhängigkeit	abhängen	abhängig	von + D
die Aufregung	sich aufregen	aufgeregt	über + A
der Dank	danken	dankbar	für + A
die Sorge	sich sorgen	besorgt	um + A
der Vergleich	vergleichen	vergleichbar	mit + D

B Das Substantiv hat dieselbe Präposition wie das Verb.

sich ängstigen – die Angst	um + A	sich interessieren – das Interesse	für + A
antworten – die Antwort	auf + A	streiten – der Streit	mit + D
beginnen – der Beginn	mit + D	suchen – die Suche	nach + D
bitten – die Bitte	um + A	teilnehmen – die Teilnahme	an + D
denken – der Gedanke	an + A	vertrauen – das Vertrauen	auf + A
sich entschließen – der Entschluss	zu + D	verzichten – der Verzicht	auf + A
sich erinnern – die Erinnerung	an + A	wirken – die Wirkung	auf + A
sich entscheiden – die Entscheidung	für + A	zweifeln – der Zweifel	an + D

C Einige Substantive bilden nur ein Adjektiv mit derselben Präposition.

die Bekanntschaft – bekannt	mit + D	der Reichtum – reich	an + D
die Eifersucht – eifersüchtig	auf + A	die Wut – wütend	auf + A
der Neid – neidisch	auf + A	die Verwandtschaft – verwandt	mit + D

Woran erinnerst du dich gern?   – An meine Kindheit.   (Sache/Ereignis)
An wen erinnerst du dich gern?   – An meine Großmutter.   (Person)

Erinnerst du dich gern an deine Kindheit? – Ja, ich erinnere mich gern **daran**. (Sache/Ereignis)
Erinnerst du dich an deine Großmutter?   – Ja, ich erinnere mich gut **an sie**.   (Person)

2 Modalpartikeln

doch, aber, ja, eben, ruhig, einfach, mal, schon, denn, eigentlich, also, wohl
Modalpartikeln werden vor allem in der gesprochenen Sprache gebraucht. Sie können in Äußerungen je nach Betonung Emotionen und Einstellungen verstärken. In Aussagesätzen stehen die Modalpartikeln meist nach dem Verb. Die meisten Modalpartikeln können in Aussagen, Aufforderungen und Ausrufen verwendet werden. *Denn* steht nur in Fragen. *Eigentlich* und *also* in Fragen, Aussagen und Aufforderungen. Einige Partikeln können kombiniert werden, z.B. *doch wohl, einfach mal*, oder *denn eigentlich*.

Die Bedeutung der Modalpartikeln ist vom Kontext und von der Betonung abhängig.
- Das ist *doch* nicht wahr! (Ausruf/Verärgerung)
- Du kannst ihn *doch* nicht anrufen. (Mahnung/Warnung)
- Das ist *doch* eine tolle Nachricht. (Freude/Überraschung)
- Nimm es *doch* nicht so schwer! (Mitleid/Rat)

Knut ist so süß!

1 a Welche Tierarten verbinden die meisten Menschen mit positiven Gefühlen, welche lösen eher Ekel oder Angst aus? Sammeln Sie im Kurs.

b Für welches Tier haben Sie persönlich die größte Sympathie? Was genau löst bei Ihnen die positiven Emotionen aus (das Äußere, die Bewegungen, das Verhalten, ...)?

2 a Sehen Sie den Film. Welche Bezeichnungen für den Eisbären Knut werden im Film verwendet? Notieren Sie.

Geburtstagskind, Knuddel-Bär, _____

_____

_____

b Welche Wörter in Aufgabe 2a sind eher emotional, welche sachlich?

3 a Sehen Sie die erste Filmsequenz und machen Sie Notizen zu den folgenden Fragen. Sprechen Sie dann im Kurs.

- Warum wächst Knut nicht bei seiner Mutter auf?

- Was macht Knut alles in der „Kinderstube"?

- Worum kümmert sich der Pfleger?

b Würden Sie selbst auch in den Zoo gehen, um Knut zu sehen? Warum oder warum nicht?

4 Sehen Sie die zweite Filmsequenz. Wer profitiert vom großen öffentlichen Interesse an Knut?

5a Wie erklären Sie sich die „Knutomanie" – das starke Mitgefühl für Knut?

b Kennen Sie andere Beispiele für eine außergewöhnliche emotionale Aufmerksamkeit für einen Menschen, ein Tier oder ein Ereignis? Berichten Sie.

6 Die Aufzucht Knuts durch Menschen hat auch eine emotionale Diskussion über den Tierschutz und artgerechte Haltung in Zoos ausgelöst. Lesen Sie einige Meinungen dazu und diskutieren Sie im Kurs Ihre eigenen Standpunkte.

„Die Menschen sollten sich daran gewöhnen, die Tiere dieses Planeten nur noch im Zoo zu sehen. In wenigen Jahren haben wir vielleicht auch den letzten Tieren ihre natürlichen Lebensräume zerstört. Froh sollten wir sein über jeden neugeborenen Knut!"

„Die Handaufzucht ist nicht artgerecht, sondern ein grober Verstoß gegen das Tierschutzgesetz! Eigentlich müsste der Zoo das Bärenbaby töten."

„Was heißt denn schon ‚artgerecht'? Leben denn Tiere im Zoo ‚artgerecht'? Und wie ist es mit den Zirkustieren? Die sind doch alle auf Menschen fixiert. Daran sollte vielleicht auch mal einer denken."

„Ich finde diesen kleinen Knuddelbären auch süß! Andererseits tut er mir auch leid: Weil er von Pflegern aufgezogen wird, lernt er nicht, mit seinen Artgenossen zusammenzuleben. Er wird immer einzeln leben müssen, ohne Spielkameraden. Jetzt ist es zu spät!"

„Ich finde es gut, dass der Bär wohlbehütet aufwächst. Sicherlich wird es ihm nie an Futter und Liebe fehlen. Ich freue mich auch für den Zoo – das bedeutet mehr Besucher und mehr Eintrittsgelder, wovon auch die anderen Tiere des Zoos profitieren. Gut so!"

Ein Blick in die Zukunft

2.25 **1a** Hören Sie das Hörspiel und ordnen Sie die Bilder in der richtigen Reihenfolge.

(A)

(B)

Sie lernen

Grammatik

(C)

b Erzählen Sie, was in dem Hörspiel passiert.

2 Welche weiteren Bereiche im Alltag können sich in der Zukunft verändern? Sammeln Sie im Kurs Ideen.

Verkehrsmittel, Mode, ...

3 Wie sieht ein normaler Montagmorgen in der Zukunft aus? Schreiben Sie in Gruppen eine kurze Geschichte.

Alternative Energie – Chance für die Zukunft?

1a Welche Energieformen kennen Sie? Sammeln Sie im Kurs.

b Lesen Sie zuerst den Text in der Mitte und fassen Sie ihn zusammen.

c Arbeiten Sie zu zweit. Jede/r wählt zwei Texte. Lesen Sie die Texte und informieren Sie Ihren Partner / Ihre Partnerin über den Inhalt.

Energiequelle Sonne

Die Sonne liefert der Erde und ihren Bewohnern seit Millionen von Jahren lebensnotwendiges Licht. Sie ist eine nahezu endlose Energiequelle. Ob mithilfe von Sonnenkollektoren Wasser erwärmt wird oder mittels Solarzellen Strom gewonnen wird, schon heute ist der Einsatz dieser Techniken weit verbreitet. Allerdings steht bei dieser Technik außer Frage, dass sie vergleichsweise teuer ist.

Energiequelle Biomasse

Es klingt vielversprechend: Energie aus Rohstoffen gewinnen, die immer wieder nachwachsen. Die Energie, die in Pflanzen gespeichert ist, wird frei, wenn Mais, Raps, Weizen oder Gras verbrannt werden. Raps- oder Sonnenblumenöl spielen außerdem bei der Gewinnung von Bio-Diesel eine wichtige Rolle.

Ob wir wollen oder nicht, wir müssen zur Kenntnis nehmen, dass spätestens in 50 Jahren Schluss sein wird, mit Erdgas und Erdöl in großen Mengen. Was dann? Diese Prognose versetzt viele Menschen in Aufregung. Aber viele Wissenschaftler suchen nach alternativen Energieformen, um von den herkömmlichen Energiequellen unabhängig zu werden. Sonnenkraft, Wasserkraft, Erdwärme, Windenergie oder nachwachsende Rohstoffe finden große Beachtung, da sie im Prinzip unbegrenzt zur Verfügung stehen. Natürlich nicht überall gleichermaßen: Wind gibt es nun mal nicht in allen Regionen und auch die Erdwärme ist in manchen Gegenden besser zugänglich als in anderen, je nach geologischen Gegebenheiten. Um die Chancen für die Zukunft zu ergreifen, ist es sinnvoll, alle Energiequellen je nach geografischer Lage anzuzapfen und effektiv zu nutzen.

Energiequelle Bodenwärme

Unter unseren Füßen kocht es, und wenn man bedenkt, dass wir sozusagen auf einem Hexenkessel stehen, wundert es kaum, dass Wissenschaftler darauf kamen, die Wärme im Inneren der Erde als Energiequelle zu nutzen. Bis zu 4000 Grad Celsius heiß ist der flüssige Kern unseres Planeten, der die Erdkruste erwärmt. In neuester Zeit findet die Idee, mit Erdwärme zum Beispiel Häuser zu heizen, immer mehr Anhänger. Die Geothermie gilt als absolut klima- und umweltfreundliche Technologie, die ständig und fast überall verfügbar ist.

Energiequelle Wind

Wer mit Wind Strom gewinnen möchte, muss in Kauf nehmen, dass er mal weht, und mal einfach nicht. Der Wind ist eben keine konstante Größe. Dennoch haben Wissenschaftler erstaunliche Fortschritte gemacht und können ziemlich genaue Windvorhersagen geben, auf die sich dann die Kraftwerksbetreiber stützen können. In Zeiten mit geringerem Windaufkommen muss dann eben auf zusätzliche Energie aus anderen Quellen zurückgegriffen werden.

d Wählen Sie eine alternative Energieform und recherchieren Sie weitere Informationen. Berichten Sie über Ihre Ergebnisse.

2a Welche alternativen Energieformen werden in Ihrem Land genutzt?

b Wie kann man Energie sparen? Notieren Sie zu zweit drei Möglichkeiten und vergleichen Sie im Kurs.

▶ Ü 1

3a In den Texten finden Sie einige Nomen-Verb-Verbindungen. Welches Verb gehört zu welchem Nomen? Ordnen Sie in der linken Spalte zu.

nehmen	versetzen	nehmen	~~stehen~~	spielen	stehen	finden

Nomen-Verb-Verbindung

Verb (+ Adjektiv) mit gleicher Bedeutung Ⓖ

1. außer Frage _stehen_____ _(zweifellos) richtig sein_____
2. eine Rolle _____ _____
3. zur Kenntnis _____ _____
4. in Aufregung _____ _____
5. Beachtung _____ _____
6. zur Verfügung _____ _____
7. in Kauf _____ _____

b Nomen-Verb-Verbindungen haben oft die Bedeutung eines Verbs. Ordnen Sie die Verben der jeweils passenden Nomen-Verb-Verbindung aus Aufgabe 3a zu.

bemerken	vorhanden sein / für jdn. da sein	wichtig sein	aufregen
akzeptieren	~~(zweifellos) richtig sein~~	beachtet werden	

4 Ergänzen Sie die Nomen-Verb-Verbindungen in dem Text.

auf den Markt bringen – zur Folge haben – zur Verfügung stehen – einen Beitrag leisten

Öl und Gas werden uns in der Zukunft nicht mehr unbegrenzt _____.

Das _____ auch _____, dass alternative Energieformen mehr ge-

fördert werden. Aber jeder kann _____, wenn es darum geht, Energie

zu sparen. So findet man im Internet zahlreiche Seiten, auf denen man sich über die verschie-

denen Möglichkeiten informieren kann. Auch immer mehr energiesparende Geräte werden

_____. ▸ Ü 2–3

5 Arbeiten Sie zu zweit. Nennen Sie eine Nomen-Verb-Verbindung. Ihr Partner / Ihre Partnerin bildet damit einen Satz. Dann tauschen Sie. Jede/Jeder bildet mindestens drei Sätze. ▸ Ü 4

aufs Spiel setzen

Wir dürfen unsere Zukunft nicht aufs Spiel setzen.

In 50 Jahren …

1a Möchten Sie wissen, wie sich Ihr Körper in 40 oder 50 Jahren anfühlt? Wie einfach oder beschwerlich das Leben als 70-Jährige(r) sein wird? Diskutieren Sie im Kurs.

b Lesen Sie den Text und erklären Sie, wie der Age-Anzug funktioniert und was er bewirkt.

Age-Anzug – Reise in das Jahr 2050

1   **Sie sind noch jung? Wollen Sie wissen, wie Sie sich im Jahr 2050 fühlen? Vielleicht herausfinden, wie sich das anfühlt, mit 67 noch zu arbeiten? Der Age-Anzug macht's möglich.**

5   Friedrich Fontaine, Georg Schmitt und Daniel Pätzug stehen am Anfang ihres Berufslebens: „Ich bin der Friedrich, ich bin 19 Jahre alt, lerne Straßenbauer und bin im 2. Lehrjahr." – „Ich bin der Georg, bin 21 Jahre und lerne Stuckateur." –
10 „Ich bin der Daniel, bin 18 Jahre und lerne Fliesenleger im 2. Lehrjahr." Jung und dynamisch – körperliche Arbeit? Kein Problem! Noch – über vierzig knochenharte Berufsjahre liegen vor ihnen – irgendwelche Politikerpläne, die Arbeitszeit
15 bis zur Rente vielleicht sogar noch hochzusetzen, gar nicht mal mitgerechnet. Wie sich ein fast 70-Jähriger dann fühlt – wir wollen den Test machen. Ab ins Jahr 2050. Die Firma, für die Beate Baltes arbeitet, hat für so eine Schockalterung eigens
20 einen Spezialanzug entwickelt.

Zeitreise im eigenen Körper

    „Jetzt werden wir die Situation leicht verändern und aus dem jüngeren Menschen einen etwas älteren machen. In diesem Anzug sind all die
25 Elemente drin, die die Folgen des Alters simulieren", sagt Beate Baltes. Als Erstes die Manschetten. Sie versteifen die Gelenke. Die Handschuhe simulieren die im Alter typischen Beschwerden, wie Arthritis oder Rheumafinger. Der Overall ist
30 mit Gewichten gefüllt. Die Tester spüren, wie es sich anfühlt, wenn im Alter die Muskelkraft nachlässt, Arme und Beine schneller müde werden.

Und das Gehör???

    „Wie bitte?", fragt Georg. „Ach der Helm",
35 der macht Hören und Sehen deutlich schwieriger. Die Handwerker kommen in die Jahre. Alle Elemente des Anzugs sind wissenschaftlich ausgeklügelt, simulieren optimal, wie sich der Körper

im Seniorenalter anfühlt. Zum Schluss kommt die
40 Maske. Die verengt das Sichtfeld und trübt altersgerecht das Augenlicht. Friedrich ist von der Alters-Erfahrung erstaunt. „Das habe ich mir irgendwie anders vorgestellt, so halt älter, aber doch irgendwie normal." Bei der Arbeit kommt
45 Friedrich der wirkliche Alters-Realitäts-Schock: „Oje, oh, geht ja fast gar nicht."

Arbeiten mit 70? Wohl kaum!

    Fliesenleger Daniel kämpft vor allem mit den rheumageplagten Fingern: „Das fühlt sich an, wie
50 tausend Nadelstiche in der Hand, und ich kann kaum noch richtig zugreifen. Und die Knie, Gelenke tun richtig weh. Und die Fugen sind überall verschwommen." Straßenbauer Friedrich sieht keine Chance für die Arbeit im Alter: „Geht
55 echt nicht mit dem Hinknien. Das ist schlimm mit den Beinen." Und Georg unser künftiger Stuckateur bekommt nichts mehr auf die Reihe. Dahin ist das wichtige Fingerspitzengefühl. „Oh, das Rausholen geht schon schwerer. Also sonst
60 sehe ich besser, wo die Löcher sind, jetzt erkenne ich das nicht mehr so richtig."

c Was vermuten Sie, wie sehen die drei Testpersonen ihrem Älterwerden entgegen? Tauschen Sie sich mit einem Partner / einer Partnerin aus und lesen Sie dann den Text zu Ende.

Die Tester sind froh, dass sie noch jung sind

„Das geht einfach nicht, weil es in den Knien
65 wehtut und ich die Arme nicht richtig krumm machen kann. Wenn ich das mit 70 noch machen müsste, würde ich auswandern!", sagt Friedrich.

O.k., o.k. – Schluss mit dem Experiment – und nun? „Einfach Klasse, also ohne das Ding ist alles
70 einfach, ja federleicht. Also die nächsten 50 Jahre, die werde ich noch genießen, bis ich so weit bin", sagt Daniel.

d Für welche Wirtschafts- oder Industriebereiche könnte der Age-Anzug besonders interessant sein? Sammeln Sie Vorschläge.

Ich denke, der Age-Anzug ist interessant für die Planung von neuen Wohnungen. Er kann zum Beispiel helfen, die Einrichtung von Küchen oder Badezimmern so zu machen, dass es für ältere Leute komfortabel ist.

...

2.26

2a Hören Sie die Anmoderation einer Gesprächsrunde über das Thema „Unsere Zukunft – was wollen wir wirklich darüber wissen?". Welche Gäste sind als Gesprächspartner im Studio?

Frau Manuela Krämer arbeitet als ...

...

2.27

b Hören Sie nun die Gesprächsrunde und kreuzen Sie an, ob die folgenden Aussagen richtig oder falsch sind.

	r	f
1. Herr Freitag findet zwar, dass die Aussichten auf ein Leben im Alter nicht sehr positiv sind, aber dennoch ist er froh über seine Erfahrungen mit dem Age-Anzug, weil er seine Beweglichkeit jetzt mehr schätzen kann.	☐	☐
2. Frau Dr. Meissner erklärt, dass Patienten, die unter Zukunftsangst leiden, gerne jung sterben möchten.	☐	☐
3. Frau Krämer würde, wenn sie die Entscheidung noch einmal treffen könnte, den ausführlichen Gesundheitscheck auf keinen Fall noch einmal machen.	☐	☐
4. Die Teilnehmer an der Gesprächsrunde empfehlen, einen „Luxus-Gesundheitscheck" nur dann zu machen, wenn man sich gut überlegt hat, ob man auch eventuell negative Ergebnisse wissen möchte.	☐	☐

c Wählen Sie einen der genannten Punkte und hören Sie die Diskussion noch einmal. Geben Sie die zu „Ihrem Punkt" genannten Informationen wieder.

> Formen von Zukunftsängsten
>
> Was passiert beim „Luxus-Gesundheitscheck"?
>
> Wozu braucht man einen Age-Anzug in der Automobilindustrie?
>
> Was ist ein Computertomograf?

▶ Ü 1

3 Stellen Sie sich vor, Sie könnten einmal in Ihrem Leben eine Zeitreise machen. In welches Jahr würden Sie reisen? In die Zukunft oder in die Vergangenheit? Begründen Sie Ihre Entscheidung.

▶ Ü 2

Was bringt die Zukunft?

1a Was vermuten Sie, welche Berufe werden in 30 Jahren erfolgreich sein? Sammeln Sie im Kurs.

b Sehen Sie sich die Präsentationsfolien für einen Vortrag zum Thema „Berufe der Zukunft" an. Ordnen Sie die Überschriften den Folien zu.

Zukunft der Arbeit – Was ist Zukunft und ist sie vorhersagbar? – Arbeitsbedingungen der Zukunft – Wandel der Arbeitswelt

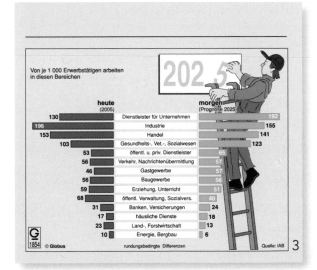

Folie 1

Zukunft ist ...
... die Fortsetzung der Gegenwart
... überraschend, unkalkulierbar
... offen

Zukunfts-Prognosen sind ...
... in 3 Jahren: 90% Fortsetzung der aktuellen Entwicklung, 10% nicht planbar
... in 30 Jahren: 40% Fortsetzung der aktuellen Entwicklung, 60% nicht planbar

Folie 2
Von je 100 Erwerbstätigen arbeiten in diesen Bereichen

	1991	2007
Dienstleistungen	60	72
Industrie	29	20
Bau	7	6
Landwirtschaft*	4	2

*einschl. Forstwirtschaft, Fischerei
Quelle: Stat. Bundesamt   © Globus 1879

Folie 3
Von je 1 000 Erwerbstätigen arbeiten in diesen Bereichen

	heute (2005)	morgen (Prognose 2025)
Dienstleister für Unternehmen	130	192
Industrie	196	155
Handel	153	141
Gesundheits-, Vet.-, Sozialwesen	103	123
öffentl. u. priv. Dienstleister	53	65
Verkehr, Nachrichtenübermittlung	56	57
Gastgewerbe	46	57
Baugewerbe	56	56
Erziehung, Unterricht	59	51
öffentl. Verwaltung, Sozialvers.	68	40
Banken, Versicherungen	31	24
häusliche Dienste	17	18
Land-, Forstwirtschaft	23	13
Energie, Bergbau	10	6

© Globus 1854   rundungsbedingte Differenzen   Quelle: IAB   202,5

Folie 4
– Zunahme der selbstständigen Tätigkeiten (nicht bei einer Firma fest angestellt)
– erfordert hohes Maß an Flexibilität, da häufig projektbezogen und Arbeitsangebote oft kurzfristig und befristet
– 60-Stunden-Wochen sind normal
– auch wochenweise Freizeit (nach Projektabschluss) nicht selten
– Privatleben zu planen wird schwierig
– hohe Investitionen in die eigene Weiterbildung

c Suchen Sie sich einen Partner / eine Partnerin. Jeder/Jede beschreibt eine Grafik.

Die Grafik auf der zweiten Folie zeigt, ...   Man kann deutlich sehen, dass ...
Zwischen den Jahren ... und ... / von ... bis ... ist ... stetig gestiegen / hat zugenommen / ist gewachsen.
Zwischen ... und ... hat die Zahl der ... abgenommen / fällt die Zahl der ... / gibt es immer weniger ...

d Formulieren Sie nun mit Ihrem Partner / Ihrer Partnerin zu jeder Folie drei bis fünf Sätze für eine kurze Präsentation. Die Redemittel im Arbeitsbuch auf Seite 171 helfen Ihnen dabei.

Mit der ersten Folie möchte ich kurz darauf eingehen, was eigentlich „Zukunft" bedeutet und wie genau daher Zukunfts-Prognosen sein können. ...

▶ Ü 1

e Halten Sie zusammen mit Ihrem Partner / Ihrer Partnerin Ihren Kurzvortrag vor einer anderen Zweiergruppe. Hören Sie dann deren Kurzpräsentation und vergleichen Sie Ihre Präsentationen.

2a Lesen Sie Aussagen über die Entwicklungen am Arbeitsmarkt. Welchen Aussagen stimmen Sie zu?

1 In meinen Augen hat die Regierung Arbeitnehmer besser zu schützen! Es kann nicht sein, dass in Zukunft die Firmen keine Verantwortung mehr für ihre Mitarbeiter übernehmen.

2 Ich kann schon verstehen, dass immer mehr Firmen Projekte an externe Anbieter vergeben. Schließlich können sie sich so nicht nur die besten Leute für ein Projekt aussuchen, sondern sie können diese externen Anbieter auch die Kosten für Weiterbildungsmaßnahmen zahlen lassen.

3 Ich denke, man braucht sich vor der Zukunft nicht zu fürchten – qualifizierte Leute waren auf dem Arbeitsmarkt schon immer gefragt und werden immer gefragt bleiben.

4 In der Firma, in der ich arbeite, lässt man die Mitarbeiter noch selber entscheiden, welche Projekte sie übernehmen wollen und welche man an Freiberufler übergibt. Das finde ich einen guten Weg.

5 Ich denke, es ist zu überlegen, wie man mit der Entwicklung umgeht. Wenn sich der Arbeitsmarkt so stark verändert, dann muss man Konzepte entwickeln, wie die Menschen gut damit leben können.

6 Ich bin der Ansicht, die Probleme der Zukunft sind gut zu bewältigen, wenn wir uns darauf vorbereiten und trotzdem flexibel bleiben.

b Markieren Sie die modalverbähnlichen Verben in 2a. Ergänzen Sie die passende Umschreibung *müssen – nicht müssen – können* in der Übersicht.

		Ⓖ
sein + *zu* + Infinitiv	_____ / _____	
haben + *zu* + Infinitiv	_____	
nicht(s) brauchen + *zu* + Infinitiv	_____	

c *lassen* + Infinitiv: Welche Umschreibung passt? Kreuzen Sie an.

Ⓖ

Sie lassen Anbieter die Kosten zahlen.	☐ ... **erlauben** Anbietern, die Kosten zu zahlen.
	☐ ... **veranlassen** Anbieter, die Kosten zu zahlen.
Man lässt die Mitarbeiter entscheiden.	☐ ... **erlaubt** den Mitarbeitern zu entscheiden.
	☐ ... **veranlasst** Mitarbeiter zu entscheiden.

▶ Ü 2–4

d Was kann man tun, um den beschriebenen Entwicklungen gerecht zu werden oder die Entwicklung zu ändern? Fassen Sie die Vorschläge entsprechend Ihrer Meinung in Sätze.

für Firmen, die Verantwortung für ihre Mitarbeiter übernehmen, werben – das positive Image einer „traditionellen" Firmenpolitik pflegen – für gute Ausbildungsmöglichkeiten sorgen – selbstständiges Arbeiten schon in der Schule fördern – sich stets weiterbilden – ...

Ich denke, der Staat und die Gemeinden haben die Schulausbildung zu verbessern.

Ich glaube, die Schulausbildung braucht nicht verbessert zu werden, weil ...

Roboter – Unsere Zukunft?

1a Beschreiben Sie die Bilder. Was stellen sie dar? Wie finden Sie das?

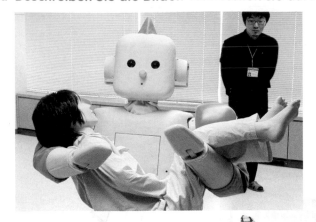

b Hören Sie den ersten Abschnitt eines Radiobeitrags und beantworten Sie die Fragen.

2.29

    1. Woher kommt das Wort „Roboter"?

    2. Wann tauchen Roboter erstmals in Literatur/Film auf?

    3. Was zeichnet einen Roboter aus?

    4. Was können Roboter, was können sie nicht so gut?

c Hören Sie den zweiten Abschnitt des Beitrags.

2.30

    5. Für welche Art von Arbeit wurden Roboter schon in den 60er-Jahren eingesetzt?

    6. Welche bekannten Beispiele für einen Robotereinsatz in der heutigen Zeit werden genannt?

▶ Ü 1   7. Welche weiteren Einsatzgebiete für Roboter gibt es?

d Kennen Sie noch andere Bereiche, in denen Roboter tätig sind?
Wo werden Ihrer Meinung nach in Zukunft verstärkt Roboter eingesetzt?

2a Lesen Sie die Meldungen und schreiben Sie zu zweit für jede Meldung eine Überschrift.
Vergleichen Sie im Kurs.

> **A** Die Überalterung der Gesellschaft und die massiven Einsparungen, die dem Gesundheitswesen auferlegt werden, werden nach Ansicht der EU dafür sorgen, dass sich künftig weniger Krankenhausmitarbeiter um noch mehr Patienten kümmern müssen. Den entstehenden Problemen will man nun mit Roboterpflegern begegnen, deren Entwicklung im Rahmen eines EU-finanzierten Projektes gefördert wird.

B Intelligente Maschinen sollen bis zum Jahr 2013 zumindest in den Industrieländern in jedem Haushalt Standard sein und die Bewohner von lästiger Haushaltsarbeit entlasten. Doch entgegen landläufiger Vorstellungen werden die Roboter nicht wie Menschen in Metallgestalt aussehen, sondern können beliebige Formen aufweisen. Das prophezeit Bill Gates in der US-amerikanischen Wissenschaftszeitschrift „Scientific American".

C Vision Robotics will die Obsternte in den USA weiter mechanisieren. Wurden bisher auf den Orangen-Plantagen noch Tausende von Erntehelfern zum Pflücken der vitaminreichen Früchte benötigt, so sollen in einigen Jahren Roboter die Arbeit erledigen. Vision Robotics arbeitet an einem Roboter-Duo, von denen der Erste die Orangenbäume nach Früchten absucht und ein dreidimensionales Modell mit der Position und Größe aller Orangen erstellt. Ein achtarmiger Pflücker soll diese anschließend schonend und schnell vom Baum holen.

D Automobil ist ein griechisch-lateinisches Mischwort und bedeutet wörtlich „selbst-beweglich". Das trifft für das Auto der Zukunft zu: Es wird sich selbst bewegen, der Mensch ist nur Passagier. Daran glaubt der Chef des amerikanischen Autobauers General Motors (GM) fest – und hat schon gleich einen Prototypen mit nach Las Vegas gebracht.

E Wissenschaftler entwickeln autonome Roboter, die autistischen Kindern helfen sollen, grundlegende Interaktionsformen und nonverbale Kommunikation zu erlernen. Autistische Kinder nehmen oft keinen Kontakt mit anderen Menschen auf, aber spielen mit einfachen Spielzeugen oder gehen gerne mit Techniken wie Computern um. Roboter gelten als Möglichkeit, die „Kluft zwischen einem vorhersagbarem Spielzeug und der unvorhersagbaren Welt menschlicher Kontakte zu überbrücken".

b Wie beurteilen Sie die jeweilige Innovation? Bilden Sie Gruppen und sammeln Sie mögliche Vor- und Nachteile. Vergleichen Sie im Kurs. Welcher Roboter wird am positivsten bewertet?

etwas beurteilen / argumentieren
Ich halte ... für gut/schlecht/..., denn ...   Für ... spricht ... / Dafür spricht ...
Gegen ... spricht ... / Dagegen spricht ...   Eine gute/schlechte Idee ist ..., da ...
Ein wichtiger/entscheidender Vorteil/Nachteil ist ...   Man muss auch bedenken, dass ...
... ist sicherlich sinnvoll / ... macht gar keinen Sinn, weil ...   Ein Argument für/gegen ... ist ...
Man darf nicht vergessen, dass ...   Besonders hervorzuheben ist auch ...

Roboter – Unsere Zukunft?

3a Sie sind Mitglied der Projektgruppe „Zukunft und Technik". Überlegen Sie mit Ihrem Partner / Ihrer Partnerin, wo und wie man Roboter im Alltag am sinnvollsten einsetzen kann.

b Besprechen Sie im Kurs: Welcher Vorschlag hat Ihnen am besten gefallen?

4a Spielen Sie die Talkshow „Ein Thema – zwei Meinungen". Arbeiten Sie zu dritt. Lesen Sie die Rollenkarten und verteilen Sie die Rollen.

> **Herbert Malin, Talkmaster**
> Sie moderieren schon lange Talkshows. Sie stellen immer wieder wichtige Zwischenfragen und achten darauf, dass beide Diskussionspartner gleichermaßen zu Wort kommen. Außerdem können Sie erhitzte Gemüter hervorragend beruhigen.

> **Antonia Schmidt**
> Ihrer Meinung nach ist nicht jeder Fortschritt positiv. Sie denken, dass es nicht gut ist, wenn in der Berufswelt Menschen durch Roboter ersetzt werden. Auch in anderen Bereichen setzen Sie lieber auf fühlende und denkende Menschen.

> **Ben Teschke**
> Sie sind begeisterter Technikfan und von allen Fortschritten auf dem Gebiet der Robotik begeistert. Sie finden, es ist ein großer Vorteil, dass Roboter den Menschen immer mehr Arbeit abnehmen können.

b Suchen Sie Argumente für Ihre Meinung.

c Sehen Sie sich den Redemittelkasten an und notieren Sie weitere Redemittel, die Sie verwenden wollen (z.B. Redemittel zur Meinungsäußerung, Argumentation, ...).

ein Gespräch leiten	um das Wort bitten	sich nicht unterbrechen lassen
Was meinen Sie dazu?	Ich möchte dazu etwas sagen/ fragen/ergänzen.	Ich möchte noch eins sagen: ...
Können Sie das näher erläutern?	Dürfte ich dazu bitte auch etwas sagen?	Lassen Sie mich bitte ausreden.
Würden Sie dem zustimmen?	Entschuldigen Sie, wenn ich Sie unterbreche, aber ...	Augenblick noch, ich bin gleich fertig.
Gut, dass Sie das ansprechen.	Ich verstehe das, aber ...	Ich bin noch nicht fertig.
Kommen wir noch einmal zurück zu der Frage / zu der These, ...	Kann ich dazu bitte auch etwas sagen?	Darf ich den Satz noch abschließen, bitte?
Sie haben vorhin gesagt, dass ...	Das mag stimmen, aber ...	
Ich nehme an, Sie sehen das anders.		

d Spielen Sie die Talkshow.

5a Lesen Sie folgende Werbeanzeige. Welche Erwartungen haben Sie an den Kurs? Notieren Sie.

> **Workshop „Wir bauen einen Roboter"**
> Die Idee für alle Hobby-Bastler: Bauen Sie Ihren eigenen Wunschroboter. Workshops jedes erste Wochenende im Monat, Samstag und Sonntag von 10–18 Uhr. Wir stellen das Material und helfen bei der Planung und Durchführung. Melden Sie sich jetzt an!
>
> Begrenzte Teilnehmerzahl: 10 Personen pro Workshop. Begleitung durch erfahrene Ingenieure. Und das alles für wenig Geld: 130 Euro alles inklusive.
> Robo – Workshops, Kurze Gasse 10, 20095 Hamburg, Tel.: 040–35849090

– *am Ende einen Roboter mit nach Hause zu nehmen*

– *gut betreut zu sein in einer kleinen Gruppe ...*

b Ordnen Sie die Überschriften den Redemitteln zu.

Forderungen stellen – Problem schildern – Erwartungen beschreiben

einen Beschwerdebrief schreiben	
	In Ihrer Anzeige beschreiben Sie ...
	Die Erwartungen, die Sie durch die Anzeige wecken, sind ...
	Durch Ihre Anzeige wird der Eindruck geweckt, dass ...
	Leider musste ich feststellen, dass ...
	Meines Erachtens ist es nicht in Ordnung, dass ...
	Ich finde es völlig unangebracht, dass ...
	Ich muss Sie daher bitten, ...
	Ich erwarte, dass ...
	Deshalb möchte ich Sie auffordern ...

TELC

c Sie haben an dem Workshop teilgenommen und waren leider gar nicht zufrieden. Der Kurs war überbelegt, statt 10 Teilnehmern waren dort 21 Teilnehmer. Es gab nicht genügend Material für alle und die Helfer waren keine erfahrenen Ingenieure, sondern Studenten.

Schreiben Sie einen Brief an den Anbieter, in dem Sie sich über die unerfreulichen Zustände beschweren. Ihr Brief sollte mindestens zwei der folgenden Punkte und einen weiteren Aspekt enthalten:
– Fordern Sie einen Teil Ihres Geldes zurück
– Ihre Erwartungen nach Lektüre der Werbeanzeige
– Grund des Schreibens
– Beispiele für die schlechten Bedingungen im Workshop

Bevor Sie den Brief schreiben, überlegen Sie sich eine passende Reihenfolge der Punkte, eine passende Einleitung und einen passenden Schluss. Vergessen Sie nicht Absender, Anschrift, Betreffzeile, Anrede und Schlussformel. Schreiben Sie 150–200 Wörter.

▶ Ü 2–3

Die Fraunhofer-Gesellschaft und Joseph von Fraunhofer

(1787–1826)

Die „Fraunhofer-Gesellschaft zur Förderung der angewandten Forschung e.V. (FhG)", ist eine der größten Organisationen für angewandte Forschungs- und Entwicklungsdienstleistungen in Europa.

Die Gesellschaft wurde 1949 gegründet und besteht aus zahlreichen Instituten, die sich alle zur Aufgabe gemacht haben, anwendungsorientierte Forschung zum direkten Nutzen für Unternehmen und zum Vorteil der Gesellschaft zu betreiben. Zahlreiche zukunftsweisende Innovationen von Produkten und Verfahren gehen auf Forschungs- und Entwicklungsarbeiten in Fraunhofer-Instituten zurück. Eine der bekanntesten Fraunhofer-Entwicklungen ist das Audiodatenkompressionsverfahren MP3.

Joseph von Fraunhofer, Physiker und Astronom

Die Gesellschaft ist nach Joseph von Fraunhofer benannt, einem zukunftsweisenden Forscher, der am 6. März 1787 in Straubing geboren wurde und in einfachen Verhältnissen aufwuchs. Seine Eltern starben sehr früh, sodass er schon mit zwölf Jahren Vollwaise war.

Von seinem Vormund wurde Joseph für eine sechs Jahre dauernde Glaserlehre nach München geschickt. Als er vierzehn Jahre alt war, stürzte in einem Aufsehen erregenden Unglück das Haus seines Lehrherren ein und insgesamt 41 Menschen wurden darunter begraben, auch Joseph. Nur er, sein Lehrmeister Weichselberger und dessen Frau konnten lebend aus den Trümmern geborgen werden. Angesichts dieser Katastrophe versammelten sich viele Menschen an der Unglücksstelle, unter ihnen auch Kurfürst Maximilian IV. (der spätere König Max Joseph I) und Joseph von Utzschneider (Mitinhaber des Mathematisch-Mechanischen Instituts). Die Geretteten wurden gefeiert und erhielten vom Kurfürsten ein großzügiges Geldgeschenk. Von Utzschneider hingegen wurde auf den jungen Joseph aufmerksam und bot ihm einen Ausbildungsplatz in seinem Institut an.

Fraunhofers Begabung zahlte sich aus und mit nur 22 Jahren wurde er Leiter der Optischen Glashütte des Mathematisch-Mechanischen Instituts in Benediktbeuern. Nur fünf Jahre später leitete er das ganze Institut und weitere fünf Jahre später erhielt er eine Professur an der Bayerischen Akademie der Wissenschaften. Mit 36 Jahren wurde er zum Professor und Konservator der Mathematisch-Physikalischen Sammlungen in München berufen.

Im Alter von nur 39 Jahren starb Joseph von Fraunhofer am 7. Juni 1826 an einer Lungenkrankheit.

Er ging mit seinen Arbeiten als Physiker, Optiker und Astronom in die Geschichte der Naturwissenschaften ein. So waren es z.B. seine Vermessungsinstrumente, die erstmals eine exakte Landvermessung möglich machten.

Mehr Informationen zu Joseph von Fraunhofer

Sammeln Sie Informationen über Persönlichkeiten aus dem In- und Ausland, die für das Thema „Zukunft" interessant sind, und stellen Sie sie im Kurs vor. Sie können dazu die Vorlage „Porträt" im Anhang verwenden.
Beispiele aus dem deutschsprachigen Bereich: Herbert W. Franke – Andreas Eschbach – Max Planck – Martina Zitterbart – Armin Binz

1 Nomen-Verb-Verbindungen

Nomen-Verb-Verbindungen sind feste Verbindungen zwischen einem Nomen und einem Verb, zu denen Artikel oder Präpositionen dazukommen können. In einer Nomen-Verb-Verbindung hat das Verb meist seine ursprüngliche Bedeutung verloren und nur noch eine grammatische Funktion. Die Hauptbedeutung liegt beim Nomen. Oft ist das Nomen von dem Verb abgeleitet, das der Bedeutung der Verbindung entspricht: *eine Frage stellen* → *fragen*.
Es gibt aber auch viele Verbindungen, die eine ganz andere Bedeutung haben: *in Kauf nehmen* → ~~*kaufen*~~ *akzeptieren*.

Nomen-Verb-Verbindungen werden häufig in der Schriftsprache verwendet.
*Wir müssen die Endlichkeit von Erdgas und Erdöl **zur Kenntnis nehmen**.*
*Viele alternative Energieformen **stehen** unbegrenzt **zur Verfügung**.*

Einige Nomen-Verb-Verbindungen sind auch in der gesprochenen Sprache häufig.
Das spielt doch keine Rolle.   *Kannst du mal schnell Bescheid sagen?*
Darf ich eine Frage stellen?   *Nimm doch bitte auch mal Rücksicht auf mich.*
Sie müssen einen Antrag stellen.   *Das kommt überhaupt nicht in Frage.*

2 Modalverbähnliche Verben

a *sein / haben / nicht(s) brauchen + zu + Infinitiv*

Einige Verben können mit *zu* + Infinitiv stehen und haben dann eine ähnlich Bedeutung wie Modalverben.

sein + zu + Infinitiv

*Der Umgang mit der Entwicklung **ist** zu **überlegen**.*	*Der Umgang mit der Entwicklung **muss** überlegt werden / **sollte** überlegt werden.*
*Die Probleme **sind** gut zu **bewältigen**.*	*Die Probleme **können** gut bewältigt werden.*

haben + zu + Infinitiv

*Die Regierung **hat** Arbeitnehmer besser **zu schützen**.*	*Die Regierung **muss** Arbeitnehmer besser schützen.*

nicht(s) brauchen + zu + Infinitiv

*Man **braucht nichts zu machen**.*	*Man **muss** nichts machen.*
*Sie **brauchen nicht anzurufen**.*	*Sie **müssen** nicht anrufen.*

Auch in Verbindung mit *nur* oder *erst* steht *brauchen* mit *zu* + Infinitiv:
*Du **brauchst nur anzurufen**. Du **brauchst erst anzurufen**, wenn du zu Hause bist.*

b lassen + Infinitiv

*Firmen **lassen** externe Anbieter die Kosten zahlen.*	*Firmen **veranlassen**, dass externe Anbieter die Kosten zahlen (müssen).*
*Man **lässt** die Mitarbeiter **entscheiden**.*	*Man **erlaubt** den Mitarbeitern zu entscheiden.*

Der Schatz im Eis

1 Wenn Sie wüssten, dass morgen eine globale Katastrophe kommt – welche fünf Pflanzen würden Sie für eine
Rettungsaktion vorschlagen? Begründen Sie Ihre Wahl.

2a Sehen Sie den Film. Worum geht es?

b Welche Nomen aus dem Film bezeichnen die neue Samenbank auf Spitzbergen?
Kreuzen Sie an.

☐ das Arktische Meer   ☐ das Samenmuster

☐ der Bunker   ☐ die Schatzkammer

☐ der Permafrost   ☐ die Sortenvielfalt

☐ das Saatgutlager   ☐ der Tresor

☐ die Lebensversicherung für die Menschheit

c Für welche Notfälle wird man die Samen später vielleicht brauchen? Nennen Sie die
Fälle, die im Film genannt werden, und ergänzen Sie eventuell noch weitere.

3a Bilden Sie drei Gruppen und lesen Sie die Fragen. Notieren Sie zuerst in Ihren Gruppen,
was Sie sich nach dem ersten Sehen gemerkt haben.

b Sehen Sie den Film noch einmal und ergänzen Sie noch weitere Informationen.

c Tauschen Sie die Ergebnisse der Gruppen im Kurs aus.

Gruppe A

a Was kann man zur Besiedlung der Inselgruppe Spitzbergen sagen?

b Wie sind die klimatischen und geologischen Bedingungen dort?

c Wie war das Wetter am Abend vor der Eröffnung der Samenbank?

Gruppe B

d Warum wurde der Samenbunker auf Spitzbergen gebaut?

e Wer hat das Projekt entwickelt und wer unterstützt es?

f Woher kommen die Samenmuster? Wie viele sind es / werden es später sein?

Gruppe C

g Wie werden die Samen verpackt?

h Wie werden sie im Bunker gelagert?

4 **Bilden Sie Gruppen oder Paare und bereiten Sie entsprechend der Gruppen-Rolle Ihre Argumente für eine Diskussion vor. Diskutieren Sie dann die verschiedenen Meinungen zur Samenbank auf Spitzbergen.**

Vertreten Sie in der Diskussion Ihren Standpunkt, aber gehen Sie auch auf die Argumente der anderen ein.

Gruppe A

Sie finden, dass die Samenbank der einzige Weg für die Menschen ist, um nach einer Katastrophe überleben zu können.

Gruppe B

Zwar halten Sie die Samenbank für notwendig, aber Sie glauben, dass nur die reichen Länder die Kontrolle darüber haben und über die Nutzung der Samen entscheiden werden.

Gruppe C

Sie sind gegen die Samenbank, denn statt so viel Geld in dieses Projekt zu stecken, sollte das Geld lieber für konkrete Umweltschutzprojekte verwendet werden.

Gruppe D

Sie wollen nicht in die natürliche Entwicklung eingreifen. Wenn der Mensch seine Umwelt zerstört, dann ist das eben so. Es passiert immer, dass bestimmte Arten aussterben – warum nicht auch der Mensch!

Redemittel _____

Hier finden Sie die Redemittel aus Aspekte 1 (Niveau B1+) und Aspekte 2 (Niveau B2) in einer Übersicht. Die Verweise geben an, in welchen Kapiteln die Redemittel behandelt wurden:

B1+K1M2 = Aspekte 1 (Niveau B1+), Kapitel 1, Modul 2
B2K10M4 = Aspekte 2 (Niveau B2), Kapitel 10, Modul 4

1. Meinungen ausdrücken / argumentieren / diskutieren

etwas beurteilen	B1+K1M2 / B1+K5M2 / B2K10M4

Ich halte … für gut/schlecht/…
Für … spricht … / Dafür spricht …
Gegen … spricht … / Dagegen spricht …
Eine gute/schlechte Idee ist …
Ein wichtiger/entscheidender Vorteil/
Nachteil ist …

… ist sicherlich sinnvoll / … macht gar keinen Sinn.
Man muss auch bedenken, dass …
Man darf nicht vergessen, dass …
Ein Argument für/gegen … ist …
Besonders hervorzuheben ist auch …

eine Geschichte positiv/negativ bewerten	B1+K7M4 / B2K6M4

etwas positiv bewerten
Die Geschichte gefällt mir sehr.
Ich finde die Geschichte sehr spannend.
Eine sehr lesenswerte Geschichte.
Die Geschichte ist gut durchdacht und überraschend.
Ich finde die Geschichte kurzweilig und sehr unterhaltsam.
Die Geschichte macht mich neugierig.
Die Geschichte ist gut erzählt.
Ich bin gespannt auf …
Ich kann die Geschichte gut verstehen.

etwas negativ bewerten
Ich finde die Geschichte unmöglich.
Die Geschichte ist voller Widersprüche.
Für mich ist die Geschichte Unsinn.
Die Geschichte ist nicht mein Geschmack.
Ich finde die Geschichte verwirrend.
Ich finde die Geschichte komisch/seltsam.
Die Geschichte ist schlecht erzählt.
Ich finde die Geschichte langweilig.
Ich kann die Geschichte schlecht verstehen.

Meinungen ausdrücken	B1+K1M2 / B1+K1M4 / B1+K2M4 / B2K1M2 / B2K1M4

Meiner Meinung nach …
Meiner Meinung nach ist das Unsinn, denn …
Ich bin der Meinung/Ansicht/Auffassung, dass …
Ich bin da geteilter Meinung. Auf der einen Seite …, auf der anderen Seite …
Ich stehe auf dem Standpunkt, dass …

Ich denke/meine/glaube/finde, dass …
Ich denke, man kann das (nicht) so sehen, denn …
Ich bin davon überzeugt, dass …
Ich finde, dass man zwar einerseits …, andererseits ist es aber auch wichtig zu sehen, dass …

Zustimmung ausdrücken
B1+K1M4 / B1+K8M2 / B1+K9M2 / B2K1M4

Der Meinung bin ich auch.
Ich bin ganz deiner/Ihrer Meinung.
Das stimmt. / Das ist richtig. / Ja, genau.
Da hast du / haben Sie völlig recht.
Ja, das kann ich mir gut vorstellen.
Ja, das ist richtig.
Ja sicher!

Selbstverständlich ist das so, weil …
Ja, das sehe ich auch so.
Ich stimme dir/Ihnen zu.
Der ersten Aussage kann ich völlig zustimmen,
da/weil …
Ich denke, diese Einstellung ist falsch, denn …
Ich finde, … hat recht, wenn er/sie sagt, dass …

Widerspruch ausdrücken
B1+K1M2 / B1+K1M4 / B2K1M4

Das stimmt meiner Meinung nach nicht.
Der Meinung bin ich auch, aber …
Das ist nicht richtig.

Das ist sicher richtig, allerdings …
Ich sehe das (etwas/völlig/ganz) anders, denn …
Da muss ich dir/Ihnen aber widersprechen.

Zweifel ausdrücken
B1+K1M4 / B1+K9M2 / B2K1M4

Also, ich weiß nicht …
Ob das wirklich so ist?
Stimmt das wirklich?
Es ist unwahrscheinlich, dass …
Ich glaube/denke kaum, dass …

Wohl kaum, denn …
Ich bezweifle, dass …
Ich habe da so meine Zweifel.
Ich sehe das (schon) anders, da …

Vermutungen ausdrücken
B1+K6M4 / B1+K7M4 / B1+K8M3

Ich kann/könnte mir gut vorstellen, dass …
Es könnte (gut) sein, dass …
Ich vermute/glaube/nehme an, dass …
Es kann sein, dass …

Es ist denkbar/möglich/vorstellbar, dass …
Vielleicht/Wahrscheinlich/Vermutlich ist …
… wird … sein.
… sieht so aus, als ob …

argumentieren

Für mich ist es wichtig, dass …
Ich finde es …
Es ist (ganz) wichtig, dass …
Dabei wird deutlich, dass …
… haben deutlich gezeigt, dass …

… spielt eine wichtige Rolle bei …
… ist ein wichtiges Argument für …
… hat deutlich gezeigt, dass …
… macht klar, dass …
Außerdem muss man bedenken, dass …

Redemittel

um das Wort bitten / das Wort ergreifen
Entschuldigen Sie, wenn ich Sie unterbreche, …
Dürfte ich dazu bitte auch etwas sagen?
Ich möchte dazu etwas sagen/fragen/ergänzen.
Kann ich dazu bitte auch einmal etwas sagen?
Ich verstehe das schon, aber …
Ja, aber …
Glauben/Meinen Sie wirklich, dass …?
Das mag stimmen, aber …

ein Gespräch leiten
Was meinen Sie dazu?
Können Sie das näher erläutern?
Würden Sie dem zustimmen?
Gut, dass Sie das ansprechen.

sich nicht unterbrechen lassen
Lassen Sie mich bitte ausreden.
Ich möchte nur noch eines sagen …
Einen Moment bitte, ich möchte nur noch …
Darf ich bitte den Satz noch abschließen?
Ich bin noch nicht fertig.
Augenblick noch bitte, ich bin gleich fertig.

Kommen wir noch einmal zurück zu der Frage /
zu der These, …
Ich nehme an, Sie sehen das anders/genauso.

2. etwas vorschlagen

einen Vorschlag machen
Wie wäre es, wenn wir …?
Wir könnten doch …
Vielleicht machen wir es so: …
Hast du nicht Lust …?
Mein Vorschlag wäre …
Ich finde, man sollte …
Was halten Sie von folgendem Vorschlag: … ?
Wenn es nach mir ginge, würde …
Um … zu … muss/müssen meiner Meinung
nach vor allem …
Könnten Sie sich vorstellen, dass …?

einen Gegenvorschlag machen
Das ist sicherlich keine schlechte Idee, aber
kann man nicht …
Gut, aber man sollte überlegen, ob es nicht
besser wäre, wenn …
Okay, aber wie wär's, wenn wir es anders
machen. Und zwar …
Ich habe einen besseren Vorschlag. Also …
Anstatt … sollte/könnte man …
Ich würde lieber … als …

einem Vorschlag zustimmen
Das hört sich gut an.
Einverstanden, das ist ein guter Vorschlag.
Ja, das könnte man so machen.
Ich finde diese Idee sehr gut.
Ich kann diesem Vorschlag nur zustimmen.

einen Vorschlag ablehnen
Das halte ich für keine gute Idee.
Ich halte diesen Vorschlag für nicht durchführbar.
Das kann man so nicht machen.
Das lässt sich nicht realisieren.
So geht das auf keinen Fall!

zu einer Entscheidung kommen
Lassen Sie uns Folgendes vereinbaren: …
Darauf könnten wir uns vielleicht einigen.
Wie wäre es mit einem Kompromiss: …
Was halten Sie von folgendem Kompromiss: …
Wären alle damit einverstanden, wenn wir …

Ratschläge und Tipps geben
B1+K2M4 / B1+K3M4 / B1+K5M3 / B1+K5M4 / B1+K7M4 / B2K9M4

Am besten ist …

Du solltest … / Du könntest … /

Du musst …

Man darf nicht …

Da sollte man am besten …

Ich kann dir/euch nur raten …

Ich würde dir raten/empfehlen …

Am besten ist/wäre es …

Auf keinen Fall solltest du …

Wenn du mich fragst, dann …

Mir hat sehr geholfen, …

Es lohnt sich, …

Empfehlenswert ist, wenn …

Überleg dir das gut.

Sag mal, wäre es nicht besser …

Verstehe mich nicht falsch, aber …

Wir schlagen vor …

Wir geben die folgenden Empfehlungen: …

Sinnvoll/hilfreich/nützlich wäre, wenn …

Dabei sollte man beachten, dass …

Es ist besser, wenn …

Wie wäre es, wenn …?

Hast du schon mal über … nachgedacht?

An deiner Stelle würde ich …

3. Gefühle, Wünsche und Ziele ausdrücken

Gefühle und Wünsche ausdrücken
B2K2M4 / B2K4M4

Ich denke, dass …

Ich würde mir wünschen, dass …

Ich freue mich, wenn …

Mir geht es …, wenn ich …

Ich glaube, dass …

Ich fühle mich …, wenn …

Für mich ist es schön/gut/leicht …

Mir ist aufgefallen, dass …

Ich frage mich, ob …

Für mich ist es schwierig, wenn …

Verständnis/Unverständnis ausdrücken
B1+K3M4 / B1+K7M4

Ich kann gut verstehen, dass …

Es ist ganz normal, dass …

Ich verstehe … nicht.

Ich würde anders reagieren.

Es ist verständlich, dass …

Situationen einschätzen
B2K9M4

Welches Gefühl hast du, wenn du an … denkst?

Was macht dich glücklich/traurig/ …?

Was sagt … zu deinen Gefühlen?

Wie geht es dir bei dem Gedanken, …?

Wie würde … reagieren, wenn …?

Was sagt … zu …?

Redemittel

Herzlichen Glückwunsch!
Ich bin sehr froh, dass …
Ich freue mich sehr/riesig für dich/euch.

Das ist eine tolle Nachricht!
Es freut mich, dass …

Ich hätte Spaß daran, …
Ich hätte Lust, …
Ich hätte Zeit, …
Ich wünsche mir, …

Ich habe vor, …
Für mich wäre es gut, …
Es ist notwendig, …
Für mich ist es wichtig, …

4. berichten und beschreiben

Ich habe ähnliche Erfahrungen gemacht, als …
Wir haben gute/schlechte Erfahrungen
gemacht mit …
Mir ging es ganz ähnlich, als …
Bei mir war das damals so: …
Wir haben oft bemerkt, dass …
Es ist ein gutes Gefühl, … zu …

… erweitert den Horizont.
Man lernt … kennen und dadurch … schätzen.
Man lernt sich selbst besser kennen.
Ich hatte Probleme mit …
Es ist schwer, … zu …
Mir fehlt …

In … gilt es als sehr unhöflich, …
Ich habe gelesen, dass man in … nicht …
Von einem Freund aus … weiß ich, dass
man dort leicht missverstanden wird, wenn
man …

Als ich einmal in … war, ist mir etwas sehr
Unangenehmes/Lustiges passiert. …
Wir hatten einmal Besuch von Freunden aus …
Wir konnten nicht verstehen, warum/dass …

Im Gegensatz zu Doris mache ich …
Während Doris …, habe ich …

Bei mir ist das ganz anders.
Während Peter abends …, mache ich …

einen Begriff erklären B2K4M2

Meiner Meinung nach bedeutet …, dass …
Unter … verstehe ich, …

Für mich ist ein Mensch …, wenn er …

recherchierte Ereignisse vorstellen B2K8M2

Ich werde von … berichten.
Ich habe … ausgesucht, weil …
Ich fand … besonders interessant.

Eigentlich finde ich … nicht so
interessant, aber …
Das erste/zweite Ereignis passierte …

historische Daten nennen B2K8M2

Im Jahr …
Am …
Vor 50, 100, … Jahren …

… Jahre davor/danach …
… begann/endete/ereignete sich …

eine Grafik beschreiben B1+K2M2 / B2K10M3

Einleitung
Die Grafik zeigt …
Die Grafik informiert über …
Die Grafik gibt Informationen über …
Die Grafik stellt … dar.
Die Angaben erfolgen in Prozent.

Hauptpunkte beschreiben
Auffällig/Bemerkenswert/Interessant ist, dass …
Die meisten … / Die wenigsten …
An erster Stelle … / An unterster/letzter Stelle
steht/stehen/sieht man …
Am wichtigsten …
… Prozent sagen/meinen …

Die Grafik unterscheidet …
Im Vergleich zu …
Verglichen mit …
Im Gegensatz zu …
Während …, zeigt sich …
Ungefähr die Hälfte …
Die Grafik auf der zweiten Folie zeigt, …
Man kann deutlich sehen, dass …
In den Jahren von … bis … ist … stetig
gestiegen / hat … zugenommen / ist …
gewachsen.
Seit … nimmt die Zahl der … ab /
fällt die Zahl der … / gibt es immer weniger …
Die Zahl der … ist wesentlich/erheblich höher
als …

Redemittel

Einleitung

Das Thema meines Vortrags/Referats / meiner Präsentation lautet/ist ...

Ich spreche heute zu dem Thema ... / zu Ihnen über ...

Ich möchte heute etwas über ... erzählen.

Ich möchte Ihnen heute neue Forschungsergebnisse zum Thema ... vorstellen.

Strukturierung

Mein Vortrag besteht aus drei Teilen: ...

Mein Vortrag ist in drei Teile gegliedert: ...

Zuerst möchte ich über ... sprechen und dann etwas zum Thema ... sagen. Im dritten Teil geht es dann um ... und zum Schluss möchte ich noch auf ... eingehen.

Ich möchte auf vier wesentliche Punkte / Punkte, die mir wesentlich erscheinen, eingehen.

Übergänge

Soweit der erste Teil. Nun möchte ich mich dem zweiten Teil zuwenden.

Nun spreche ich über ...

Ich komme jetzt zum zweiten/nächsten Teil.

auf Folien verweisen

Ich habe einige Folien/Power-Point-Folien zum Thema vorbereitet.

Auf dieser Folie sehen Sie ...

Auf dieser Folie habe ich ... für Sie ... dargestellt/zusammengefasst.

Hier erkennt man deutlich, dass ...

Wie Sie hier sehen können, ist/sind ...

Schluss

Ich komme jetzt zum Schluss.

Zusammenfassend möchte ich sagen, ...

Abschließend möchte ich noch erwähnen, ...

Ich hoffe, Sie haben einen Überblick über ... erhalten.

Lassen Sie mich zum Schluss noch sagen / noch einmal darauf hinweisen, dass ...

Das wären die wichtigsten Informationen zum Thema ... gewesen. Gibt es noch Fragen?

Vielen Dank für Ihre Aufmerksamkeit.

Wenn Sie noch Fragen haben, bin ich gerne für Sie da.

5. zusammenfassen

Zusammenfassungen einleiten

In dem Text geht es um ...

Der Text handelt von ...

Das Thema des Textes ist ...

Der Text behandelt die Frage, ...

Informationen wiedergeben

Im ersten/zweiten/nächsten Abschnitt geht es um ...

Anschließend/Danach/Im Anschluss daran wird beschrieben/dargestellt/darauf eingegangen, dass ...

Eine wesentliche Aussage ist ...

Der Text nennt folgende Beispiele: ...

Zusammenfassungen abschließen

Zusammenfassend kann man sagen, dass ...

Als Hauptaussage lässt sich festhalten, dass ...

Informationen zusammenfassen

B2K8M4

über vergangene Zeiten berichten

Damals war es so, dass …
Anders als heute, war es damals nicht möglich, …
Wenn man früher … wollte, musste man …
Häufig/Meistens war es normal, dass …
In dieser Zeit …

ein Ereignis kommentieren

Meines Erachtens war besonders erstaunlich/
überraschend, dass …
Ich denke, … ist auch für andere Länder
interessant/wichtig, weil …
Die Ereignisse zeigen, dass/wie …
Für mich persönlich hat … keine besondere
Bedeutung, denn …

von einem historischen Ereignis berichten

Es begann damit, dass …
Die Ereignisse führten dazu, dass …
Die Meldung / Das Ereignis … hatte zur Folge,
dass …
Nachdem … bekannt gegeben worden war, …
Dank … kam es (nicht) zu …
Zunächst meldete … noch, dass …, aber …

6. erzählen

Spannung aufbauen

B2K6M2

Schlagartig wurde ihm/ihr klar/bewusst …
Ihm/Ihr blieb vor Schreck der Atem stehen.
Ihm/Ihr schlug das Herz bis zum Hals.
Wie aus dem Nichts stand plötzlich …
Was war hier los?
Warum war es auf einmal so …?
Was war das?

Ohne Vorwarnung war … da / stand … vor
ihm/ihr …
Eigentlich wollte … gerade …, als aus
heiterem Himmel …
Damit hatte er/sie nicht im Traum
gerechnet: …
Was soll er/sie jetzt nur machen?

7. formelle Briefe

einen Beschwerdebrief schreiben

B2K10M4

Erwartungen beschreiben

In Ihrer Anzeige beschreiben Sie …
Die Erwartungen, die Sie durch die
Anzeige wecken, sind …
Durch Ihre Anzeige wird der Eindruck
geweckt, dass …

Problem schildern

Leider musste ich feststellen, dass …
Meines Erachtens ist es nicht in Ordnung, dass …
Ich finde es völlig unangebracht, dass …

Forderung stellen

Ich muss Sie daher bitten, …
Ich erwarte, dass …
Deshalb möchte ich Sie auffordern …

Redemittel

Einleitung

Mit großem Interesse habe ich Ihren
Artikel „ …" gelesen.
Ihr Artikel „ …" spricht ein interessantes/
wichtiges Thema an.

eigener Standpunkt / eigene Erfahrungen

Ich vertrete die Meinung / die Ansicht / den
Standpunkt, dass …
Aufgrund dieser Argumente bin ich der
Meinung, …
Meine Erfahrung hat mir gezeigt, dass …
Aus meiner Erfahrung heraus kann ich nur
unterstreichen, …

Beispiele anführen

Lassen Sie mich folgendes Beispiel anführen …
Man sieht das deutlich an folgendem Beispiel: …
Ein Beispiel dafür/dagegen ist …
An folgendem Beispiel kann man besonders
gut sehen, …

Pro-/Contra-Argumente anführen

Dafür/Dagegen spricht …
Einerseits/Andererseits …
Ein wichtiges Argument für/gegen … ist …

zusammenfassen

Insgesamt kann man sehen, …
Zusammenfassend lässt sich sagen, …
Abschließend möchte ich sagen, …

Einleitung

Sie suchen …
In Ihrer oben genannten Anzeige …
Da ich mich beruflich verändern möchte …

Vorstellung der eigenen Person

Nach erfolgreichem Abschluss meines …
In meiner jetzigen Tätigkeit als … bin ich …

Bisherige Berufserfahrung/Erfolge

Ein Praktikum bei der Firma … hat mir gezeigt,
dass …

Erwartungen an die Stelle

Mit dem Eintritt in Ihr Unternehmen verbinde
ich die Erwartung, …

Eintrittstermin

Die Tätigkeit als … könnte ich ab dem …
beginnen.

Schlusssatz und Grußformel

Über eine Einladung zu einem persönlichen
Gespräch freue ich mich sehr.
Mit freundlichen Grüßen

8. telefonieren

ein Telefongespräch führen

sich vorstellen und begrüßen
Ja, guten Tag, mein Name ist …
Guten Tag, hier spricht …
Guten Tag, … am Apparat.
…, mein Name.

falsch verbunden
Entschuldigung, mit wem spreche ich?
Oh, da habe ich mich verwählt, Verzeihung.
Ich glaube, ich bin falsch verbunden,
entschuldigen Sie.

sich verbinden lassen
Könnten Sie mich bitte mit Herrn/Frau …
verbinden?
Ich würde gern mit … sprechen.
Könnten Sie mir vielleicht die Durchwahl
geben?

eine Nachricht hinterlassen
Könnte ich eine Nachricht für … hinterlassen?
Könnten Sie Herrn/Frau … bitte Folgendes
ausrichten: …

das Gespräch einleiten
Ich rufe an wegen …
Ich rufe aus folgendem Grund an: …
Ich hätte gern Informationen zu …

Fragen stellen
Ich würde gern wissen, …
Mich würde auch interessieren, …
Wie ist das denn, wenn …
Ich wollte auch noch fragen, …

sich vergewissern
Könnten Sie das bitte wiederholen?
Ich bin mir nicht ganz sicher, ob ich Sie richtig
verstanden habe.
Wie war das noch mal?
Habe ich Sie richtig verstanden: …
Sie meinen also, … / Kann man also sagen,
dass …

auf Fragen antworten
Ja, also, das ist so: …
Dazu kann ich Ihnen Folgendes sagen: …
Das wird folgendermaßen gehandhabt: …

kurze Zusammenfassung/Rückversicherung
Gut, können wir Folgendes festhalten: …
Wir verbleiben also so: …

das Gespräch beenden und sich verabschieden
Das war's auch schon. Vielen Dank.
Gut, vielen Dank für die Auskunft.
Das hat mir sehr geholfen, vielen Dank.
Ich melde mich dann noch mal.
Auf Wiederhören.

Grammatik _____ Verb

Hier finden Sie die Grammatik aus Aspekte 1 (Niveau B1+) und Aspekte 2 (Niveau B2) in einer Übersicht. Die Verweise geben an, in welchen Kapiteln die entsprechenden Grammatikphänomene behandelt wurden: B1+ K8 = Aspekte 1 (Niveau B1+), Kapitel 8   B2 K7 = Aspekte 2 (Niveau B2), Kapitel 7

Verb

Konjunktiv II   B1+ K8

Man verwendet den Konjunktiv II, um:

Bitten höflich auszudrücken	*Könnten Sie mir das bitte genau beschreiben?*
Irreales auszudrücken	*Hätten Sie die Ware doch früher abgeschickt.*
Vermutungen auszudrücken	*Es könnte sein, dass er einen Defekt hat.*

Die meisten Verben bilden den Konjunktiv II mit den Formen von *würde* + Infinitiv.

ich **würde** anrufen	wir **würden** anrufen
du **würdest** anrufen	ihr **würdet** anrufen
er/es/sie **würde** anrufen	sie/Sie **würden** anrufen

Die Modalverben und die Verben *haben*, *sein* und *brauchen* bilden den Konjunktiv II mit den Formen des Präteritums und Umlaut. Die erste und die dritte Person Singular haben im Konjunktiv II immer die Endung **-e**.

ich wäre, hätte, müsste, …	wir wären, hätten, müssten, …
du wär(e)st, hättest, müsstest, …	ihr wär(e)t, hättet, müsstet, …
er/es/sie wäre, hätte, müsste, …	sie/Sie wären, hätten, müssten, …

Merke: ich sollte, du solltest, …; ich wollte, du wolltest, …

Viele unregelmäßige Verben können den Konjunktiv II wie die Modalverben bilden, meistens verwendet man jedoch die Umschreibung mit *würde* + Infinitiv.

Ich käme gerne zu euch. / Ich würde gerne zu euch kommen.

Konjunktiv II der Vergangenheit   B2 K7

Eine Handlung in der Vergangenheit wurde **nicht** realisiert.

Bildung   *hätte/wäre* + Partizip II
*Wenn ich das vorher **gewusst hätte, wäre** ich nicht in Urlaub **gefahren**.*

Konjunktiv II der Vergangenheit mit Modalverben

Bildung   *hätte* + Infinitiv + Modalverb im Infinitiv
*Sie **hätten** mal besser auf Ihre Ernährung **achten sollen**.*

Wortstellung im Nebensatz

*Er sagte, dass ich besser auf meine Ernährung **hätte achten sollen**.*

Das Verb *haben* im Konjunktiv steht **vor** den Infinitiven, das Modalverb steht am Ende.

Verwendung des Konjunktiv I

In der indirekten Rede verwendet man den Konjunktiv I, um deutlich zu machen, dass man die Worte eines anderen wiedergibt. Die indirekte Rede mit Konjunktiv wird vor allem in der Wissenschaftssprache, in Zeitungen und in Nachrichtensendungen verwendet. In der gesprochenen Sprache wird in der indirekten Rede auch häufig der Indikativ gebraucht.

Konjunktiv I: Infinitivstamm + Endung

	sein	*haben*	Modalverben	andere Verben
ich	sei	habe > hätte	könne	sehe > würde sehen
du*	sei(e)st	habest	könnest	sehest
er/es/sie	sei	habe	könne	sehe
wir	seien	haben > hätten	können > könnten	sehen > würden sehen
ihr*	sei(e)t	habet	könnet	sehet
sie/Sie	seien	haben > hätten	können > könnten	sehen > würden sehen

* Der Konjunktiv I wird meistens in der 3. Person verwendet – die Formen in der 2. Person sind sehr ungebräuchlich – hier wird meist der Konjunktiv II verwendet.
Konjunktiv I entspricht den Formen des Indikativs.   ➜ Verwendung des Konjunktiv II / *würde* + Infinitiv

Er sagt, die Leute **haben** *keine Zeit.*   ➜ *Er sagt, die Leute* **hätten** *keine Zeit.*

Konjunktiv I der Vergangenheit

Im Konjunktiv I gibt es nur eine Vergangenheitsform. Sie wird mit dem Konjunktiv I von *haben* oder *sein* und dem Partizip II gebildet.
Man sagt, Gutenberg **habe** *den Buchdruck* **erfunden** *und Zeppelin* **sei** *der Erfinder der Luftschifffahrt* **gewesen**.

Einige Verben können mit *zu* + Infinitiv stehen und haben dann eine ähnliche Bedeutung wie Modalverben.

sein + *zu* + Infinitiv

Der Umgang mit der Entwicklung **ist zu** *überlegen.*	*Der Umgang mit der Entwicklung* **muss** *überlegt werden /* **sollte** *überlegt werden.*
Die Probleme **sind** *gut zu* **bewältigen**.	*Die Probleme* **können** *gut bewältigt werden.*

haben + *zu* + Infinitiv

Die Regierung **hat** *Arbeitnehmer besser* **zu** *schützen.*	*Die Regierung* **muss** *Arbeitnehmer besser schützen.*

nicht(s) brauchen + zu + Infinitiv

*Man **braucht nichts zu machen**.*	*Man **muss** nichts machen.*
*Sie **brauchen nicht anzurufen**.*	*Sie **müssen** nicht anrufen.*

Auch in Verbindung mit *nur* oder *erst* steht *brauchen* mit *zu* + Infinitiv:
*Du **brauchst nur anzurufen**. Du **brauchst erst anzurufen**, wenn du zu Hause bist.*

lassen + Infinitiv   B2 K10

Auch das Verb *lassen* kann mit einem weiteren Infinitiv stehen.

Bedeutung

*Firmen **lassen** Anbieter die Kosten zahlen.*	*Firmen **veranlassen**, dass Anbieter die Kosten zahlen (müssen).*
*Man **lässt** die Mitarbeiter **entscheiden**.*	*Man **erlaubt** den Mitarbeitern zu entscheiden.*

Passiv   B1+ K10; B2 K5

Verwendung

Man verwendet das **Passiv**, wenn ein Vorgang oder eine Aktion im Vordergrund steht (und nicht eine handelnde Person).
Das **Aktiv** verwendet man, wenn wichtig ist, wer oder was etwas macht.

Bildung des Passivs *werden* + Partizip II

Präsens	*Die Begeisterung wird geweckt.*	werde/wirst/wird ... + Partizip II
Präteritum	*Die Begeisterung wurde geweckt.*	wurde/wurdest/wurde ... + Partizip II
Perfekt	*Die Begeisterung ist geweckt worden.*	bin/bist/ist ... + Partizip II + worden
Plusquamperfekt	*Die Begeisterung war geweckt worden.*	war/warst/war ... + Partizip II + worden

Die meisten Verben mit Akkusativ können das Passiv bilden. Der Akkusativ im Aktiv-Satz wird im Passiv-Satz zum Nominativ.

Aktiv-Satz   **Passiv-Satz**

Der Architekt (plant) Wohnungen.		*Wohnungen (werden) (vom Architekten) (geplant.)*	
Nominativ	Akkusativ	Nominativ	(von + Dativ)

Andere Ergänzungen bleiben im Aktiv und im Passiv im gleichen Kasus.

Er schenkt meinem Sohn eine Wohnung.			Meinem Sohn wird eine Wohnung geschenkt.	
Nominativ	Dativ	Akkusativ	Dativ	Nominativ

Handelnde Personen oder Institutionen werden mit *von* + Dativ angegeben, Umstände und Ursachen mit *durch* + Akkusativ.

Passiv mit Modalverben

Modalverb + Partizip II + *werden* im Infinitiv
*Die Wohnungen **müssen geplant werden**.*

Passiversatzformen   B1+ K10; B2 K5

man

*Hier baut **man** Häuser.*   = *Hier werden Häuser gebaut.*

Passiversatzformen mit modaler Bedeutung

sein + Adjektiv mit Endung -bar/-lich
*Das Projekt ist nicht **finanzierbar**.*   = *Das Projekt **kann** nicht finanziert werden.*

sein + zu + Infinitiv
*Die Begeisterung der Kinder für die Wissenschaft **ist** frühzeitig **zu wecken**.*
*= Die Begeisterung der Kinder **muss/kann/soll** frühzeitig geweckt werden.*

sich lassen + Infinitiv
*Das Projekt **lässt sich** nicht **finanzieren**.*   = *Das Projekt **kann** nicht finanziert werden.*

> **Zeitformen:**
> jetzt (Präsens)   *Das Projekt **lässt** sich nicht **finanzieren**.*
> früher (Präteritum)   *Das Projekt **ließ** sich nicht **finanzieren**.*
> (Perfekt)   *Das Projekt **hat** sich nicht **finanzieren lassen**.*
> in Zukunft (Futur)   *Das Projekt **wird** sich nicht **finanzieren lassen**.*

Passiv mit *sein*   B2 K7

Passiv mit *werden*	**Passiv mit *sein***
*Der Mantel **wurde** mit EC-Karte bezahlt.* *Die EC-Karte **ist** gesperrt **worden**.*	*Der Mantel **ist** bezahlt.* *Die Karte **ist** gesperrt.*
↓	↓
Vorgang, Prozess	**neuer Zustand, Resultat eines Vorgangs**

Bildung   **sein + Partizip II**

Präsens	*Die Karte ist gesperrt.*	*sein* im Präsens
Präteritum	*Die Karte war gesperrt.*	*sein* im Präteritum

Nomen-Verb-Verbindungen B2 K10

Nomen-Verb-Verbindungen sind feste Verbindungen zwischen einem Nomen und einem Verb, zu denen Artikel oder Präpositionen dazukommen können. In einer Nomen-Verb-Verbindung hat das Verb meist seine ursprüngliche Bedeutung verloren und nur noch eine grammatische Funktion. Die Hauptbedeutung liegt beim Nomen. Oft ist das Nomen von dem Verb abgeleitet, das der Bedeutung der Verbindung entspricht: *eine Frage stellen* → *fragen*.
Es gibt aber auch viele Verbindungen, die eine ganz andere Bedeutung haben:
in Kauf nehmen → *kaufen akzeptieren.*

Nomen-Verb-Verbindungen werden häufig in der Schriftsprache verwendet.
*Wir müssen die Endlichkeit von Erdgas und Erdöl **zur Kenntnis nehmen**.*
*Viele alternative Energieformen **stehen** unbegrenzt **zur Verfügung**.*

Einige Nomen-Verb-Verbindungen sind auch in der gesprochenen Sprache häufig.
Das spielt doch keine Rolle. / Darf ich eine Frage stellen? / Sie müssen einen Antrag stellen.
Kannst du mal schnell Bescheid sagen? / Nimm doch bitte auch mal Rücksicht auf mich.

→ siehe Liste der Nomen-Verb-Verbindungen im Arbeitsbuch

Adjektiv

Deklination der Adjektive B1+ K1

Typ 1: bestimmter Artikel + Adjektiv + Substantiv

	maskulin	neutrum	feminin	Plural
Nominativ	der mutig**e** Mann *der*	das mutig**e** Kind *das*	die mutig**e** Frau *die*	die mutig**en** Helfer *die*
Akkusativ	den mutig**en** Mann *den*			
Dativ	(mit) dem mutig**en** Mann *dem*	(mit) dem mutig**en** Kind *dem*	(mit) der mutig**en** Frau *der*	(mit) den mutig**en** Helfern *den*
Genitiv	(die Geschichte) des mutig**en** Mannes *des*	(die Geschichte) des mutig**en** Kindes *des*	(die Geschichte) der mutig**en** Frau *der*	(die Geschichte) der mutig**en** Helfer *der*

auch nach:
– Demonstrativartikel: *dieser, dieses, diese; jener, jenes, jene; derselbe, dasselbe, dieselbe*
– Fragewort: *welcher, welches, welche*
– Indefinitartikel: *jeder, jedes, jede; alle* (Plural!)

Typ 2: unbestimmter Artikel + Adjektiv + Substantiv

	maskulin	neutrum	feminin	Plural
Nominativ	ein mutig**er** Mann *der*	ein mutig**es** Kind *das*	eine mutig**e** Frau *die*	mutig**e** Helfer *die*
Akkusativ	einen mutig**en** Mann *den*			
Dativ	(mit) einem mutig**en** Mann *dem*	(mit) einem mutig**en** Kind *dem*	(mit) einer mutig**en** Frau *der*	(mit) mutig**en** Helfern *den*
Genitiv	(die Geschichte) eines mutig**en** Mannes *des*	(die Geschichte) eines mutig**en** Kindes *des*	(die Geschichte) einer mutig**en** Frau *der*	(die Geschichte) mutig**er** Helfer *der*

im Singular ebenso nach:
– Negationsartikel: *kein, keine, kein*
– Possessivartikel: *mein, meine, mein, …*
Im Plural nach Negationsartikel und Possessivartikel immer **-en**.

Typ 3: Nullartikel + Adjektiv + Substantiv

	maskulin	neutrum	feminin	Plural
Nominativ	mutig**er** Mann *der*	mutig**es** Kind *das*	mutig**e** Frau *die*	mutig**e** Helfer *die*
Akkusativ	mutig**en** Mann *den*			
Dativ	(mit) mutig**em** Mann *dem*	(mit) mutig**em** Kind *dem*	(mit) mutig**er** Frau *der*	(mit) mutig**en** Helfern *den*
Genitiv	(trotz) mutig**en** Mannes *des*	(trotz) mutig**en** Kindes *des*	(trotz) mutig**er** Frau *der*	(trotz) mutig**er** Helfer *der*

auch nach:
– Zahlen
– Indefinitartikel im Plural: *einige, viele, wenige, etliche, andere, manche*

– Indefinitartikel im Singular: *viel, mehr, wenig*
– Relativpronomen im Genitiv: *dessen, deren*

Graduierung der Adjektive B1+ K2

regelmäßig ohne Umlaut

Grundform	Komparativ	Superlativ
klein	kleiner	am kleinsten
hell	heller	am hellsten
billig	billiger	am billigsten

regelmäßig mit Umlaut

Grundform	Komparativ	Superlativ
warm	wärmer	am wärmsten
lang	länger	am längsten
jung	jünger	am jüngsten
klug	klüger	am klügsten
groß	größer	am größten

Adjektive auf -d, -t, -s, -ß, -sch, -st, -z

Grundform	Komparativ	Superlativ
breit	breiter	am breitesten
wild	wilder	am wildesten
heiß	heißer	am heißesten
hübsch	hübscher	am hübschesten
kurz	kürzer	am kürzesten

unregelmäßig

Grundform	Komparativ	Superlativ
gut	besser	am besten
viel	mehr	am meisten
hoch	höher	am höchsten
nah	näher	am nächsten

Merke: Auch das Adverb *gern* kann man steigern: gern – lieber – am liebsten

Vergleich B1+ K2; B2 K2

genauso/so + Grundform + *wie*	*Dein Balkon ist **genauso groß wie** meiner.* *Meine Wohnung ist nicht **so groß wie** deine.*
Komparativ + *als*	*Deine Wohnung ist viel **heller als** meine.*
anders / anderer, anderes, andere + als	*Die neue Wohung ist ganz **anders** geschnitten **als** die alte.*
je + Komparativ … *desto/umso + Komparativ*	*Je **eindeutiger** die Signale sind,* (= Nebensatz) *desto/umso **besser** verstehen wir sie.* (= Hauptsatz)

Partizipien als Adjektive B2 K8

Partizipien als Adjektive geben nähere Informationen zu Substantiven. Sie stehen zwischen Artikelwort und Substantiv. Die Partizipien können zusammen mit anderen Erweiterungen stehen (z.B. Adverbien oder Adjektiven). Partizipien als Adjektive kann man meist alternativ mit einem Relativsatz umschreiben.

Partizip als Adjektiv	Relativsatz
*Die Passagiere müssen die **anfallenden** Arbeiten gerecht aufteilen.*	*Die Passagiere müssen die Arbeiten, **die anfallen**, gerecht aufteilen.*

Bildung: Partizip als Adjektiv

Beschreibung von Gleichzeitigem **Partizip I + Adjektivendung** *Die Zuschauer leiden mit bei einem gnadenlos **tobenden** Sturm.*	bei Umformung in einen Relativsatz: **Relativsatz im Aktiv** *Die Zuschauer leiden mit bei einem Sturm, der gnadenlos **tobt**.*
Beschreibung von Vorzeitigem **Partizip II + Adjektivendung** *Alle feiern gemeinsam ein lange geplantes Bordfest.*	bei Umformung in einen Relativsatz: **Relativsatz im Passiv** *Alle feiern gemeinsam ein Bordfest, **das lange geplant worden ist**.*

Pronominaladverb *(daran, dafür, ...)* und Fragewort *(woran, wofür, ...)*

woran, wofür, worüber, ...   daran, darauf, darüber, ...   B1+ K6

***Worüber** freust du dich?*   *Ich freue mich **über die neue Stelle**.*   *Ich freue mich **darüber**.*
***Woran** nimmt er teil?*   *Er nimmt **an einer Schulung** teil.*   *Er nimmt **daran** teil.*

da.../wo... mit r, wenn die Präposition mit einem Vokal beginnt: auf → darauf/worauf

eine Sache / ein Ereignis: mit Pronominaladverb/Fragewort
○ *Erinnerst du dich **an das Gespräch**?*   ● ***Woran** soll ich mich erinnern?*
                                   ● *Natürlich erinnere ich mich **daran**.*

eine Person / eine Institution: mit Präposition + Pronomen
○ *Erinnerst du dich **an Sabine**?*   ● ***An wen** soll ich mich erinnern?*
                                   ● *Natürlich erinnere ich mich **an sie**.*

Pronominaladverb + Nebensatz / Infinitiv mit *zu*
*Ich freue mich darüber, **dass** du die neue Stelle bekommen hast.*
*Er freut sich darauf, in Urlaub **zu fahren**.*

→ siehe Liste der festen Präpositionen mit Verb/Adjektiv/Substantiv im Arbeitsbuch

Pronomen

Relativpronomen   B1+ K7; B2 K4, B2 K6

	Singular			Plural
Nominativ	der	das	die	die
Akkusativ	den	das	die	die
Dativ	dem	dem	der	**denen**
Genitiv	**dessen**	**dessen**	**deren**	**deren**

Genus und Numerus des Relativpronomens richten sich nach dem Bezugswort, der Kasus nach dem Verb im Relativsatz oder der Präposition.

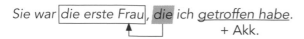

Sie war die erste Frau, *die* ich *getroffen habe*.
+ Akk.

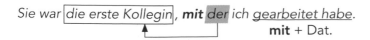

Sie war die erste Kollegin, **mit der** ich *gearbeitet habe*.
mit + Dat.

Relativpronomen im Genitiv

Wir verstehen die Sprache, deren Klang ganz anders ist, nicht.

= Wir verstehen die Sprache nicht. Der Klang dieser Sprache ist ganz anders.

Nach dem Relativpronomen im Genitiv folgt ein Substantiv ohne Artikel.

Relativpronomen *wo, wohin, woher*

Gibt ein Relativsatz einen Ort, eine Richtung oder einen Ausgangspunkt an, kann man alternativ zum Relativpronomen auch *wo, wohin, woher* verwenden.

Ich habe Anne in der englischen Kleinstadt kennengelernt,
... wo wir gearbeitet haben.   ... wohin ich gezogen bin.   ... woher mein Kollege kommt.

Bei Städte- und Ländernamen benutzt man immer *wo, wohin, woher*.
Pablo kommt aus Sao Paulo, wo auch seine Familie lebt.

Relativpronomen *was*

Bezieht sich das Relativpronomen auf einen ganzen Satz oder stehen die Pronomen *etwas, alles* und *nichts* im Hauptsatz, dann verwendet man das Relativpronomen *was*.

Meine Kinder sehen ihre Großeltern höchstens einmal im Jahr, was ich wirklich schade finde.

Mit Maja kann ich alles nachholen, was ich verpasst habe.

Es gibt eigentlich nichts, was mich an ihm stört.

Relativpronomen *wer*

Nominativ	wer	Relativsätze mit *wer* beschreiben eine unbestimmte Person
Akkusativ	wen	näher. Der Nebensatz beginnt mit dem Relativpronomen *wer*,
Dativ	wem	der Hauptsatz mit dem Demonstrativpronomen *der*. Wenn beide
Genitiv (selten)	wessen	Pronomen im gleichen Kasus stehen, kann das
		Demonstrativpronomen entfallen.

Jemand hat solche
Eintragungen.
↓
Wer solche Eintragungen hat,
(Nominativ)

Er hat sich seine Zukunft verbaut.
↓
[der] hat sich seine Zukunft verbaut.
(Nominativ)

Jemand kommt in sein Training.   *Ihn bringt er nicht zur Polizei.*

Wer in sein Training kommt,   *den bringt er nicht zur Polizei.*
(Nominativ)   (Akkusativ)

Indefinitpronomen   B2 K5

Indefinitpronomen beschreiben Personen, Orte sowie Zeiten und Dinge, die nicht genauer defi-
niert werden. So erhalten die Aussagen mit Indefinitpronomen einen allgemeinen Charakter.
Nur die Indefinitpronomen, die Personen bezeichnen, sind deklinierbar.

Nominativ	man/einer	niemand	jemand	irgendwer
Akkusativ	einen	niemanden*	jemanden*	irgendwen
Dativ	einem	niemandem*	jemandem*	irgendwem

* In der gesprochenen Sprache wird im Akkusativ und Dativ auch die Form des Nominativ benutzt:

○ Hast du *jemand* getroffen, den du kennst?   ● Nein, *niemand.*

Indefinitpronomen	**Negation**
Person: man, jemand, einer, irgendwer	→ niemand, keiner
Ort: irgendwo, irgendwoher, irgendwohin	→ nirgendwo, nirgendwoher, nirgendwohin
Zeit: irgendwann	→ nie, niemals
Dinge: irgendwas, etwas	→ nichts

Das Wort *es*   B2 K2

obligatorisches *es* steht bei:

Wetterverben	*es nieselt, es regnet, es hagelt, es schneit, es gewittert, es stürmt*
festen lexikalischen	*Wie geht es dir/Ihnen?, es geht um …, es ist gut/schlecht/schön …,*
Verbindungen mit *es*	*es gibt …, es kommt darauf an …, es handelt sich um …*

es, das durch ein Subjekt ersetzt werden kann

Es kann auch als Subjekt bei Verben stehen, wenn kein Subjekt genannt werden kann/soll. Wird
das Subjekt genannt, entfällt *es:*

Es hat geklingelt. → *Der Postbote / Jemand / … hat geklingelt.*

Wie gefällt es Ihnen? → *Wie gefällt Ihnen die Feier / der Abend / das Theater / …?*

es als Platzhalter auf Position 1

Im Aussagesatz muss die erste Position immer besetzt sein, damit das Verb auf Position 2 stehen kann. Ist die Position 1 von einem anderen Satzglied oder einem Nebensatz besetzt, entfällt *es*.

Es	ist	wirklich eine hohe Kunst, ein Gespräch zu eröffnen.	Ein Gespräch zu eröffnen,	ist	wirklich eine hohe Kunst.
Es	sind	noch nicht viele Leute da.	Viele Leute	sind	noch nicht da.

Es steht auch häufig in Sätzen mit unpersönlichem Passiv, um die Position 1 zu besetzen:
Es wurde viel gegessen. → *Gegessen wurde viel.*

es als Akkusativ-Ergänzung

In Hauptsätzen steht *es* oft auch als Akkusativ-Ergänzung und verweist dann auf einen Nebensatz mit *dass* oder Infinitiv mit *zu*. Wenn der Nebensatz vorangestellt ist, entfällt *es*.

Ich kann es kaum glauben, dass er wieder zu spät kommt. → *Dass er wieder zu spät kommt, kann ich kaum glauben.*
Er findet es ärgerlich, wieder zu spät zu kommen. → *Wieder zu spät zu kommen, findet er ärgerlich.*

Präpositionen

Präpositionen   B1+ K8, K9; B2 K6

	Zeit	Ort	Grund/ Gegengrund	Art und Weise
mit Dativ	ab, an, aus, bei, in, nach, seit, vor, von … bis, von … an, zu, zwischen	von, aus, zu, ab, nach, bei	aus, vor	mit, aus, nach, bei
mit Akkusativ	bis, für, gegen, um, über	bis, durch, gegen, um	durch	ohne
mit Dativ oder Akkusativ (Wechselpräpositionen)		in, an, auf, neben, zwischen, über, unter, vor, hinter		
mit Genitiv	während, innerhalb, außerhalb	inmitten, unweit, entlang, innerhalb außerhalb	dank, infolge, wegen, aufgrund, angesichts, anlässlich, trotz	

Die Präpositionen *dank, trotz, wegen* werden in der gesprochenen Sprache auch mit dem Dativ verwendet.

Feste Präpositionen bei Adjektiven, Substantiven und Verben → siehe Liste im Arbeitsbuch

Partikeln

Modalpartikeln
B2 K9

doch, aber, ja, eben, ruhig, einfach, mal, schon, denn, eigentlich, also, wohl

Modalpartikeln werden vor allem in der gesprochenen Sprache gebraucht. Sie können in Äußerungen je nach Betonung Emotionen oder Einstellungen verstärken.

In Aussagesätzen stehen die Modalpartikeln meist nach dem Verb.

Denn steht nur in Fragesätzen, *eigentlich* und *also* in Fragen, Aussagen oder Aufforderungen.

Einige Partikeln können kombiniert werden, z.B. *doch wohl, einfach mal,* oder *denn eigentlich.*

Die **Bedeutung** ist vom Kontext und von der Betonung abhängig.
z.B.:

> Das ist **doch** nicht wahr! (Ausruf/Verärgerung)
> Du kannst **ihn** doch nicht anrufen. (Mahnung/Warnung)
> Das ist **doch** eine tolle Nachricht. (Freude/Überraschung)
> Nimm es **doch** nicht so schwer! (Mitleid/Rat)

Negation

Negationswörter
B2 K1

etwas	↔	nichts		
jemand	↔	niemand		
irgendwo/überall	↔	nirgendwo/nirgends		
schon/bereits	↔	noch nicht		

schon/bereits einmal	↔	noch nie
immer	↔	nie
(immer) noch	↔	nicht mehr

Negation mit Wortbildung
B2 K1

miss-	verneint Verben, Substantive und Adjektive
un-, in-, des-/dis-, a-/ab-, non-	verneinen Substantive und Adjektive
-los/-frei, -leer	verneinen Adjektive

Position von *nicht*
B2 K1

Wenn *nicht* einen ganzen Satz verneint, steht es im Satz ganz hinten oder vor dem zweiten Teil der Satzklammer (z.B. Partizip, Infinitiv, trennbarer Verbteil), vor Adjektiven (*gut, schön, teuer, früh,* …) und vor Präpositional-Ergänzungen (*Ich interessiere mich nicht für* …) sowie lokalen Angaben (*Er ist heute nicht hier.*).

Wenn *nicht* einen Satzteil verneint, steht es direkt vor diesem Satzteil (*Ich habe nicht gestern angerufen, sondern heute!*).

Wortstellung im Satz

Dativ- und Akkusativ-Ergänzungen   B2 K1

Dativ vor Akkusativ   *Ich gebe dem Mann die Schlüssel.*

ABER:

Akkusativ-**Pronomen vor** Dativ   *Ich gebe sie dem Mann / ihm.*

Reihenfolge der Angaben im Mittelfeld   B2 K1

Für die Reihenfolge der Angaben im Mittelfeld gibt es keine festen Regeln, aber meistens gilt die Reihenfolge:

temporal (wann?) – **ka**usal (warum?) – **mo**dal (wie?) – **lo**kal (wo? woher? wohin?): tekamolo

		Mittelfeld				
Ich	bin	vor einigen Jahren	aus beruflichen Gründen	spontan	nach Neuseeland	gezogen.
		temporal	**kausal**	**modal**	**lokal**	

Will man eine Angabe betonen, so ändert sich die Reihenfolge. Man kann z.B. das, was man betonen möchte, auf Position 1 stellen.

***Aus beruflichen Gründen** bin ich vor einigen Jahren spontan nach Neuseeland gezogen.*

Reihenfolge von Angaben und Ergänzungen im Mittelfeld   B2 K1

Gibt es im Satz außer den Angaben auch Ergänzungen, steht die Dativ-Ergänzung vor oder nach der temporalen Angabe und die Akkusativ-Ergänzung vor der lokalen Angabe. Präpositional-Ergänzungen stehen normalerweise nach den Angaben, am Ende des Mittelfelds.

		Mittelfeld					
Ich	habe	meiner besten Freundin	jeden Tag	aus Heimweh	mehrere E-Mails	ins Büro	geschickt.
		Dativ	**temporal**	**kausal**	**Akkusativ**	**lokal**	

oder

Ich	habe	jeden Tag	meiner besten Freundin	aus Heimweh	mehrere E-Mails	ins Büro	geschickt.
		temporal	**Dativ**	**kausal**	**Akkusativ**	**lokal**	

Nebensätze

Nebensatztypen   B1+ K2; B2 K3, B2 K4, B2 K7

Kausalsätze (Grund)	da, weil	*Sie bleiben in der Wohnung, **da/weil** sie günstig ist.*
Konzessivsätze (Gegengrund)	obwohl	*Sie bleiben in der Wohnung, **obwohl** sie klein ist.*
Konsekutivsätze (Folge)	..., sodass ...	*Sie haben eine neue Wohnung gefunden, **sodass** sie bald umziehen können.*
	so..., dass ...	*Die Wohnung ist **so** klein, **dass** sie umziehen müssen.*
Finalsatz (Absicht, Zweck)	um ... zu / damit	*Ich rufe an, **um** dir die Änderungen durchzugeben.*
		*Ich rufe an, **damit** du Bescheid weißt.*
alternative oder adversative Bedeutung (Gegensatz)	anstatt ... zu / anstatt dass	*(An)statt lange zu telefonieren, könntest du mir eine Mail schicken.*
		(An)statt dass wir telefonieren, schreib ich dir lieber eine Mail.
	während	***Während** die anderen für die gleiche Arbeit gutes Geld verdienen, geht man als Praktikant meistens ohne einen Cent nach Hause.*
Einschränkung	ohne ... zu / ohne dass	*Wir haben lange telefoniert, **ohne** über die Änderungen zu sprechen.*
		*Wir haben lange telefoniert, **ohne dass** ich nach den Änderungen gefragt habe.*
Modalsatz (Art und Weise)	dadurch, dass	*Das kann zum Beispiel **dadurch** geschehen, **dass** die Menschen sich viel zu lange vor dem Computer aufhalten.*
	indem	*Materielle Dinge lassen sich erschaffen, **indem** man auf den Knopf drückt.*
irrealer Vergleichssatz mit Konjunktiv II	als ob	*Mein Chef tut immer so, **als ob** das völlig normal wäre.*
	als wenn	*Es sieht so aus, **als wenn** Judo mir wirklich etwas gebracht hätte.*

um ... zu, ohne ... zu, (an)statt ... zu: nur bei gleichem Subjekt in Haupt- und Nebensatz

Grammatik

Temporalsatz

Frage	Bedeutung	Konnektor	Beispiel
Wann?	Gleichzeitigkeit A gleichzeitig mit B	wenn, als, während	**Als** Thomas Cook 1845 die ersten Reisen organisierte (A), legte er den Grundstein für Pauschalreisen (B). **Wenn** man eine Pauschalreise bucht (A), erhält man noch heute den Hotelvoucher (B). **Während** Thomas Cook 1872 sein erstes Büro in Kairo eröffnete (A), begann in Liverpool die erste organisierte Weltreise (B).
	Vorzeitigkeit A vor B mit Zeiten-wechsel	nachdem	Das Unternehmen verkauft die ersten Flugtickets (B), **nachdem** es weltweit Marktführer geworden ist (A). **Nachdem** das Unternehmen weltweit Marktführer geworden war (A), verkaufte es ab 1919 auch die ersten Flugtickets (B).
	Nachzeitigkeit A nach B	bevor	**Bevor** Thomas Cook im Jahre 1871 das Unternehmen „Thomas Cook & Son" gründete (A), führte er den Hotelvoucher ein (B).
Seit wann?	Zeitraum vom Anfang der Handlung	seit, seitdem	**Seitdem** Thomas Cook 1869 die erste Reise auf dem Nil anbot, stieg die Nachfrage nach organisierten Schiffsreisen.
Wie lange? Bis wann?	Zeitraum bis zum Ende der Handlung	bis	Thomas Cook führte das Unternehmen erfolgreich, **bis** er es 1879 seinem Sohn übergab.

Indirekter Fragesatz

Der indirekte Fragesatz klingt oft höflicher und offizieller. Er wird häufig in schriftlichen Texten verwendet (z.B. in Anfragen).

Direkter Fragesatz	Indirekter Fragesatz
W-Frage: **Warum** spielst du Schach?	Indirekter Fragesatz eingeleitet mit W-Wort: Meine Schwester fragt, **warum** du Schach spielst.
Ja-/Nein-Frage: Spielst du Schach?	Indirekter Fragesatz eingeleitet mit ob: Mein Bruder fragt, **ob** du Schach spielst.

Zweiteilige Konnektoren B2 K3

Aufzählung:	Ich muss mich **sowohl** um Design **als auch** um die Finanzierung kümmern. Hier habe ich **nicht nur** nette Kollegen, **sondern auch** abwechslungsreiche Aufgaben.
„negative" Aufzählung:	Aber nichts hat geklappt, **weder** über die Stellenanzeigen in der Zeitung, **noch** über die Agentur für Arbeit.
Vergleich:	**Je** mehr Absagen ich bekam, **desto** frustrierter wurde ich.
Alternative:	**Entweder** man kämpft sich durch diese Praktikumszeit **oder** man findet wahrscheinlich nie eine Stelle.
Gegensatz/ Einschränkung	Da verdiene ich **zwar** nichts, **aber** ich sammle wichtige Berufserfahrung. **Einerseits** bleiben diese Kontakte oft oberflächlich, **andererseits** kann man auch wirklich wichtige berufliche Kontakte herstellen.

Textzusammenhang B2 K6

In Wien steht ein weltberühmtes Schloss, das Schloss Schönbrunn. Dieses Schloss zählt zum UNESCO Weltkulturerbe. Seine weitläufigen Parkanlagen und das Schlossgebäude sind eine viel besuchte Sehenswürdigkeit in Wien.

Eine der bekanntesten Bewohnerinnen des Schlosses war Kaiserin Elisabeth, genannt Sissi. Sie heiratete im Alter von nur 17 Jahren Kaiser Franz Joseph, hatte aber Probleme mit dem strengen Leben am Kaiserlichen Hof. Besonders ihre Schwiegermutter war nicht einfach, weil diese aus Sissi eine würdige Kaiserin machen wollte.
Sissi war es damals nicht möglich, sich durch-zusetzen, sodass ihr sogar die Erziehung ihrer eigenen Kinder untersagt wurde. Zuerst wurde sie krank, dann begann sie zu reisen, z.B. nach Kreta. Hier erholte sie sich.

Trotzdem blieb sie Zeit ihres Lebens unglück-lich und wohl auch deshalb wurde ihr Leben mehrfach sehr erfolgreich verfilmt.

Sicherlich liegt es auch mit an den berühmten Sissi-Verfilmungen, dass Schloss Schönbrunn eine der ersten Sehenswürdigkeiten ist, woran Wien-Touristen denken.

Artikelwörter machen deutlich, ob ein Wort im Text bereits genannt wurde. Possessivartikel verweisen auf andere Substantive.
bestimmter Artikel: *der, das, die*
Demonstrativartikel: *dieser, dieses, diese*
Possessivartikel: *sein, sein, seine, …*
Pronomen verweisen auf Substantive, Satzteile oder ganze Sätze.
Personalpronomen: *er, es, sie, …*
Possessivpronomen: *seiner, seines, seine, …*
Relativpronomen: *der, das, die, …*
Indefinitpronomen: *man, niemand, jemand, …*
Demonstrativpronomen: *dieser, dieses, diese …*

Orts- und Zeitangaben machen Zeitbezüge deutlich und ordnen die Ereignisse räumlich ein.
Temporaladverbien: *damals, …*
Verbindungsadverbien: *zuerst, dann, …*
Andere Zeitangaben: *in diesem Moment, …*
Lokaladverbien: *hier, dort, …*
Konnektoren geben Gründe, Gegengründe Bedingungen, Folgen usw. wieder.
weil, denn, deshalb, obwohl, trotzdem, …

Pronominaladverbien mit *da(r)-* und *wo(r)-* stehen für Sätze und Satzteile.
darüber, daran, darauf, …; woran, worauf, …
Synonyme und Umschreibungen vermeiden Monotonie und machen den Text interessanter.
Schloss Schönbrunn – Hauptattraktion der Stadt Wien – das imposante Bauwerk – Palast

113

Prüfungsvorbereitung

Prüfungsvorbereitung in Aspekte 2 Lehrbuch (LB) und Arbeitsbuch (AB)

Im Lehrbuch sowie im Arbeitsbuch finden Sie Aufgaben, die auf die Prüfungen zum B2-Niveau des Goethe-Instituts und von TELC vorbereiten.

Im Internet finden Sie unter www.langenscheidt.de/aspekte je einen kompletten Übungstest.

Niveau B2	Goethe-Zertifikat	TELC Zertifikat Deutsch Plus
Leseverstehen		
Aufgabe 1	**AB** Kapitel 3, S. 143f., Ü1	**LB** Kapitel 4, S. 60f., A2 **AB** Kapitel 8, S. 146f., Ü1
Aufgabe 2	**LB** Kapitel 3, S. 45, A2, **AB** Kapitel 9, S. 163f. Ü5a	**LB** Kapitel 3, S. 45, A2 **AB** Kapitel 9, S. 163f., Ü5a
Aufgabe 3	**LB** Kapitel 6, S.17f., A4b **AB** Kapitel 4 S. 158f., Ü2e	**AB** Kapitel 10, S. 166ff., Ü3
Aufgabe 4	**AB** Kapitel 2, S. 134, Ü3a **AB** Kapitel 7, S. 136, Ü4	–
Leseverstehen		
Sprachbausteine	–	**AB** Kapitel 1, S. 115, Ü2, (Teil 1) **AB** Kapitel 2, S. 127, Ü3, (Teil 2) **AB** Kapitel 4, S. 154, Ü4, (Teil 2) **AB** Kapitel 7, S. 140, Ü4a, (Teil 1)
Hörverstehen		
Aufgabe 1	**LB** Kapitel 3, S. 46f., A2	**LB** Kapitel 8, S. 45, A2
Aufgabe 2	**LB** Kapitel 5, S. 76f., A2b	**LB** Kapitel 2, S. 32, A2a
Aufgabe 3	–	**LB** Kapitel 7, S. 32, A1b
Schriftlicher Ausdruck		
Aufgabe 1	**LB** Kapitel 5, S. 83, A5c	**LB** Kapitel 3, S. 51, A4b (Bewerbungsschreiben) **LB** Kapitel 5, S. 83, A5c (Leserbrief) **LB** Kapitel 10, S. 83, A5c (Beschwerdebrief)
Aufgabe 2	**AB** Kapitel 1, S. 119, Ü3 **AB** Kapitel 10, S. 170, Ü2	–
Mündlicher Ausdruck		
Aufgabe 1	**LB** Kapitel 9, S. 67, A6 **AB** Kapitel 5, S. 162, Ü1c	**LB** Kapitel 6, S. 19, A6b
Aufgabe 2	**LB** Kapitel 7, S. 35, A5b	**LB** Kapitel 2, S. 29, A2e
Aufgabe 3	–	**LB** Kapitel 1, S. 19, A6 **AB** Kapitel 8, S. 152, Ü4

Übungstest *Österreichisches Sprachdiplom Deutsch (ÖSD)* auf der Langenscheidt-Homepage.

Lösungen und Auswertung zum Test Kapitel 7, S. 24/25 _____

Lösungen

A
1 alle Monate
2 Monika
3 zwei Äpfel
4 drei Minuten
5 neun Schafe

B
1 Cousine
2 Cousine
3 Vater
4 acht

C
1 Joghurt und Quark (Milchprodukte)
2 Madrid und Berlin (Hauptstädte)
3 Physik und Biologie (Naturwissenschaften)
4 Gold und Silber (Edelmetalle)

D
1 C
2 H
3 M
4 M

E
1 dünn
2 vergessen
3 Wasser
4 brüllen

F
1 Freitag
2 Samstag
3 28.12.
4 Donnerstag

Auswertung

20–25 Punkte:

Sie sind außergewöhnlich gut darin, mathematisch-logische und sprachliche Probleme zu lösen. Sie zerlegen die kompliziertesten Zusammenhänge in kleine, leicht verdauliche Häppchen. Ihre Schnelligkeit wird dabei nur von Ihrem Einfallsreichtum übertroffen. Sie lernen systematisch und verfügen über einen messerscharfen Verstand. Kurz um, Sie beherrschen die Kunst der Präzision.

15–20 Punkte:

Die Auswertung Ihrer Antworten hat gezeigt, dass Sie Talent im Erkennen und im Verarbeiten sprachlicher und mathematischer Informationen haben. Leider sind Sie dabei manchmal zu schnell und denken oft ein Problem nicht bis zum Ende durch. Konzentrieren Sie sich und vergessen Sie nicht, Ihre Lösungen zu überprüfen.

unter 15 Punkte (= unter 60%):

Versuchen Sie den Test noch einmal und machen Sie sich, eventuell mithilfe anderer, den Lösungsweg bewusst. Vielleicht hilft es, sich die Aufgabe durch eine Skizze oder eine kleine Zeichnung zu verdeutlichen. Gehen Sie ganz systematisch vor, überlegen Sie Schritt für Schritt und kommen Sie nicht vorschnell zu einer Lösung.

„Wilhelm Tell ist der wichtigste Freiheitskämpfer der Schweiz."

Der Dichter Friedrich Schiller machte mit seinem Drama „Wilhelm Tell" (1804) den Jäger aus dem Schweizer Ort Bürglen zum Helden des Schweizer Freiheitskampfes. Allerdings gibt es keine Belege dafür, dass Wilhelm Tell tatsächlich gelebt hat und auch der Landvogt namens Geßler, den Wilhelm Tell der Sage nach ermordet hat und dadurch den Freiheitskampf entfachte, ist in keiner historischen Akte oder Urkunde erwähnt.

„Charles Lindbergh flog als erster Mensch über den Atlantik."

Im Mai 1927 flog Charles Lindbergh von New York nach Paris – und brauchte dafür über 33 Stunden. Dieser Flug war ein großes Medienereignis und das durchaus gewollt, denn Geschäftsleute aus St. Louis zahlten den Flug der Maschine, die auf den Namen „Spirit of St. Louis" getauft wurde. Sicherlich war dieser Flug der seinerzeit meist beachtetste Flug über den Atlantik und Lindbergh war der erste Mensch, der diese Strecke alleine flog. Aber schon acht Jahre vorher wurde der Atlantik zum ersten Mal überflogen, zunächst mit sechs Zwischenlandungen und einen Monat später, im Juni, bereits nonstop von zwei Engländern. Insgesamt haben bereits 66 Männer den Atlantik auf dem Luftweg überquert, bevor Charles Lindbergh diese Reise als erster Alleinflieger unternahm.

„Der Treibstoff ‚Benzin' ist nach Carl Benz, dem Pionier der Autoindustrie, benannt."

Der berühmte Ingenieur Carl Benz war zwar Pionier der Autoindustrie, das Wort ‚Benzin' aber gab es schon, bevor Carl Benz das Licht der Welt erblickte. Vermutlich ist der Begriff arabischen Ursprungs und geht auf das Wort ‚Benoeharz' zurück, aus dem Benzin ursprünglich gewonnen wurde.

Vorlage für eigene Porträts

Bilder

Name	
Vorname(n)	
Nationalität	
geboren am	
Beruf(e)	
bekannt für	
wichtige Lebensstationen	
gestorben am	
Informationsquellen (Internet, ...)	

Kulturwelten

Wortschatz wiederholen und erarbeiten

1 Welches Wort passt nicht in die Reihe?

1. Schloss – Burg – Gemälde – Kirche – Villa
2. Aquarell – Ölgemälde – Vernissage – Holzdruck – Zeichnung *u/colour*
3. Pinsel – Bleistift – Kohle – Leinwand – Spraydose
4. Ausstellung – Roman – Filmvorführung – Musikkonzert – Theateraufführung
5. Bildhauerin – Maler – Grafikerin – Zeichnerin – Artist *das Objekt*

2a Wer macht was? Ordnen Sie zu. Manchmal passen die Aktivitäten zu mehreren Personen.

Filme entwickeln   ein Stück proben   Pinsel auswaschen   ein Instrument stimmen ✗
Leinwand aufspannen   mit dem Computer arbeiten   Schminke auflegen
Skizzen anfertigen   Drehbücher lesen   Texte auswendig lernen   einen Text skizzieren
Motive auswählen   Farben mischen   Noten lesen   digitale Bilder nachbearbeiten
sich Geschichten ausdenken   Notizen machen   Szenen spielen ✗

Fotograf/-in	
Musiker/-in	
Autor/-in	
Maler/-in	
Schauspieler/-in	

b Wählen Sie einen der künstlerischen Berufe aus Übung 2a und beschreiben Sie ihn:

– Was macht man in diesem Beruf?
– Was benötigt man dazu?
– Was ist das Schöne an diesem Beruf?
– Welche Schwierigkeiten könnte es geben?

3 Ergänzen Sie die passenden Wörter in der Beschreibung zu Bild A im Lehrbuch auf Seite 8.

um ... herum	auf dem Boden	an der Rückseite	oberen Drittel
zentrale	im Bildhintergrund	an ihrer Seite	hinter

Die (1) _____*Dürer zentrale*_____ und wichtigste Figur ist eine weibliche Gestalt, die traurig aussieht und

einen Zirkel in der Hand hält. (2) _____*an ihrer Seite*_____ sitzt ein kleiner Engel schreibend

oder zeichnend auf einem Stein. (3) _____*Auf dem Boden*_____ liegt ein Hund, der sehr krank

aussieht.

(4) _____*Um herum An der Rückseite*_____ die zentrale Figur _____*auf dem Bod.*_____ liegen einige Gegenstände verstreut,

z.B.: Nägel, eine Säge, ein Hobel und eine Kugel. Am Gebäude (5) _____*um herum hinter*_____ den beiden

Figuren hängen eine Waage, eine Sanduhr und eine Glocke. (6) _____*an der Rückseite*_____ des

Gebäudes lehnt eine Leiter, die in den Himmel ragt.

(7) _____*hinter*_____ erkennt man eine Stadt und am Himmel leuchtet die Sonne. Im

linken (8) _____*im Bildhintergrund*_____ kann man auch einen Regenbogen erkennen, der sich

über die Sonne spannt und einen Schriftzug, auf dem der Name des Bildes steht: Melancholie.

4 Schreiben Sie mithilfe der Notizen eine Bildbeschreibung. Nutzen Sie auch Ausdrücke aus Übung 3.

– Fenster, in dem man eine Stadt sieht
– Frau mit Farbtopf und Pinsel
– Farbe tropft vom Pinsel
– Frau sieht nicht zufrieden aus
– blickt auf die Wand am anderen Ende des Zimmers
– weiße Leinwand
– Farbkleckse auf der ganzen Zimmerwand

Auf der Zeichnung sieht man ein Zimmer mit ...

Weltkulturerbe _____

🔑 **1a** Lesen Sie den Text zum Thema „Weltkulturerbe". Geben Sie jedem Abschnitt eine Überschrift.

Was ist ein Weltkulturerbe?

1. _____

Die UNESCO (United Nations Educational Scientific and Cultural Organisation) betreibt ein Projekt, das sich Weltkulturerbe (World Heritage) nennt. Ziel dieses Projekts ist es, Kultur- und Naturgüter in der Welt zu schützen und für spätere Generationen zu erhalten. Die UNESCO will mit dieser Einrichtung aber nicht nur den dauerhaften Erhalt wichtiger Naturgebiete oder Denkmäler sichern, sondern auch eine Plattform für den Dialog zwischen den Völkern schaffen.

2. _____

Das Komitee, das sich um das Weltkulturerbe kümmert, wurde 1972 gegründet und hat inzwischen eine Liste von 851 Stätten in 141 Ländern, die es zu schützen gilt.

3. _____

Welche Kriterien muss ein Gebäude, eine Landschaft oder sogar ein Stadtensemble erfüllen, um Weltkulturerbe zu sein? Die Maßstäbe, die an ein vorgeschlagenes Objekt angelegt werden, heißen: Einzigartigkeit und Authentizität (bei Kulturdenkmälern) und Integrität (bei Naturdenkmälern).

4. _____

Das „World-Heritage"-Komitee, das sich aus Vertretern einiger Mitgliedsstaaten zusammensetzt, trifft sich einmal im Jahr, diskutiert die eingereichten Anträge der einzelnen Länder und entscheidet über die Auszeichnung der einzelnen Stätten. Auch über die schon bestehenden Kultur- und Naturdenkmäler muss immer wieder gesprochen werden. Manchmal brauchen die Länder finanzielle Unterstützung, um ein Denkmal in Stand halten zu können, oder ein Denkmal muss auf die „Rote Liste des Weltkulturerbes" gesetzt werden, da es von Krieg, Naturkatastrophen oder anderen Dingen bedroht wird.

5. _____

Die Unterzeichnerstaaten sind verpflichtet, die Weltkulturerbstätten im eigenen Land zu schützen und zu pflegen. Eine Auszeichnung der UNESCO ist also eine Anerkennung, die aber gleichzeitig mit Arbeit und Ausgaben verbunden ist. […]

b Formulieren Sie zu jedem Abschnitt Fragen. Stellen Sie diese Fragen Ihrem Partner / Ihrer Partnerin und beantworten Sie seine/ihre Fragen.

🔑 **2** Was bedeuteten die Adjektive in den Wortgruppen? Ordnen Sie zu.

1. _d_ die imperiale Schlossanlage	5 a kostbar ausgestattet und verziert
2. _f_ eine einzigartige Einheit	3 b aus der Zeit zwischen 1600–1750 stammend
3. _b_ die barocke Konzeption	6 c geachtet und respektiert
4. _e_ das imposante Bauwerk	1 d herrschaftlich, kaiserlich
5. _a_ die prunkvollen Zimmer	4 e sehr eindrucksvoll, gewaltig
6. _c_ eine würdige Kaiserin	2 f einmalig, unvergleichlich

www. deutschelyrik. de
projeket Gutenberg - spiegal online
ca. 7000 Werke

Modul 1

6

3 Lesen Sie den folgenden Text und entscheiden Sie, welches Wort (a, b oder c) am besten in die Lücke passt, um einen sinnvollen Textzusammenhang herzustellen. Begründen Sie anschließend Ihre Entscheidung.

Wittenberg, die Stadt der Reformation

Die Lutherstadt Wittenberg liegt im Osten Sachsen-Anhalts an der Elbe. (1) _Ihre_ Gedenkstätten wurden 1996 von der UNESCO als Kulturerbe der Menschheit anerkannt. Die Schloss- und Universitätskirche ist einer der berühmtesten Orte dieser Stadt, (2) _denn_ dort veröffentlichte Martin Luther seine 95 Thesen, (3) _~~deshalb~~ indem_ er sie an die Tür dieser Kirche anbrachte – wie die Legende erzählt. (4) _Ihre_ Thesen gaben den Anstoß zu langjährigen theologischen Diskussionen und waren der Beginn der Reformation.

Die Schlosskirche wurde um 1500 als Privatkirche des Kurfürsten Friedrich III., (5) _der_ auch Friedrich der Weise genannt wurde, erbaut. (6) _Sie_ wurde im Jahr 1507 Universitätskirche und (7) _ihre_ Tür diente der Universität als „Schwarzes Brett".

1760, während des Siebenjährigen Krieges, wurde die Kirche sehr stark beschädigt und auch die berühmte Tür wurde zerstört. Von 1885 bis zum Jahre 1892 wurde (8) _das Gebäude_ als Denkmal der Reformation umfassend im neugotischen Stil restauriert. Die heutige Thesentür ist aus Bronze und wiegt 22 Zentner. Sie wurde bereits im Jahre 1858 eingeweiht und gibt in lateinischer Sprache den Wortlaut der Thesen Luthers wieder. In der Schlosskirche befindet sich das Grab Martin Luthers sowie (9) _des Sines_ Weggefährten Philipp Melanchthon. Bis heute ist sie das Ziel für hunderttausend Pilger und Touristen jährlich.

1. a) Eine
   b) Ihre
   c) Sie

2. a) aber
   b) denn ✓
   c) obwohl

3. a) damit
   b) deshalb
   c) indem

4. a) Diese
   b) Ihre
   c) –

5. a) dieser
   b) der
   c) seiner

6. a) Er
   b) Es
   c) Sie

7. a) ihre
   b) seine
   c) sie

8. a) das Gebäude
   b) die Stadt
   c) die Universität

9. a) des
   b) ihres
   c) seines

4 Lesen Sie die Sätze und formulieren Sie daraus einen zusammenhängenden Text. Ersetzen Sie dabei die unterstrichenen Ausdrücke, indem Sie die Vorgaben rechts benutzen.

1. Am 02. Juli 1505 wanderte Martin Luther nach Hause. Ein Gewitter überraschte <u>Martin Luther</u> dabei.	*als* / Personalpronomen
2. Ein Blitz fuhr direkt neben <u>Martin Luther</u> in einen Baum. <u>Der Blitz</u> warf <u>Martin Luther</u> zu Boden.	Personalpronomen / *und* / Personalpronomen
3. <u>Martin Luther</u> erholte sich von dem Schreck. <u>Dann</u> rief <u>Martin Luther</u>: „Hilf, heilige Anna, ich will ein Mönch werden!"	*nachdem* / Personalpronomen Personalpronomen
4. Daraufhin trat <u>Martin Luther</u> in das Kloster in Erfurt ein. <u>Er begann</u> kurze Zeit später, Theologie zu studieren. Es bleibt unklar: <u>War</u> der Grund dafür wirklich das Gewitter?	Personalpronomen / *und* *ob*
5. Jedenfalls erzählt das so eine Legende. In <u>der Legende</u> wird der Bruch mit der weltlichen Laufbahn <u>von Martin Luther</u> deutlich.	Relativpronomen / Possessivartikel
6. Einige Jahre <u>danach</u> erschütterte <u>Martin Luther</u> die Welt mit den Thesen. <u>Die Thesen stammten von Martin Luther</u>.	*später* / *Theologieprofessor* Possessivartikel
7. <u>Mit den Thesen</u> spaltete Martin Luther die Kirche in die katholische und die protestantische. <u>Mit den Thesen</u> läutete <u>Martin Luther</u> die Reformation ein.	*damit* / *und*

Als Martin Luther am 02. Juli 1505 nach Hause wanderte, ...

_____

_____

_____

_____

_____

_____

_____

_____

_____

_____

1 Hören Sie noch einmal die Nachrichtenmeldung von Aufgabe 1 im Lehrbuch auf Seite 12.
Ergänzen Sie den Text.

LB 1.2

In der (1) _____ Nacht haben unbekannte Täter neun expressionistische

(2) _____ aus dem Brücke-Museum in Berlin-Dahlem entwendet. Die

(3) _____ haben zunächst die Alarmanlage mit Bauschaum außer Gefecht

gesetzt. Dann haben sie offensichtlich wahllos in wenigen Minuten Gemälde aus dem

(4) _____ entwendet, die sich in der Nähe des Fensters befanden, durch das

sie in das Gebäude (5) _____ sind. Aus diesem Grund wird vermutet, dass

die Täter Gelegenheitskunstdiebe sind. Bei den (6) _____ Gemälden handelt

es sich um Bilder des Malers Erich Heckel und jeweils eines von Max Pechstein, Ernst Ludwig

Kirchner und Emil Nolde. Der (7) _____ der Gemälde wird mit rund

3,6 Millionen Euro beziffert.

2 Welche Wörter passen? Ordnen Sie zu.

Diebesgut	Fahnder	Räuber	Gesetzesbrecher	Spurensuche	Bestohlener
Anwalt	Beamter	Dieb	Richter	Kunstwerk	Urteil
Einbrecher	Ermittler	Gericht	Geschädigter	Haftbefehl	gestohlene Ware
Kommissar	Verteidiger	Betrogener	Strafe	Hehler	

Täter	Beute	Opfer	Polizei/Justiz

3 Schreiben Sie möglichst viele passende Wörtern zu den Verben.

1. _einen Fall, ein Verbrechen, eine Tat, ..._ _____ aufklären

2. _____ festnehmen

3. _____ stehlen

4. _____ erpressen

5. _____ versichern

6. _____ verhängen

4a Ergänzen Sie die Texte zum Comic.

b Erzählen Sie die Geschichte zu Ende.

1 Bilden Sie zusammengesetzte Substantive mit -SPRACHE-. Ordnen Sie die Wörter mit Artikel in die Tabelle ein.

~~Studium~~   Körper   Raum   Gefühl   Computer   Umgang   Reise
Mutter   Fehler   Zeichen   Forscher   Geschichte   Welt   Labor
Familie   Unterricht   Stil

Sprach-	-sprache
das Sprachstudium, ...	

2a Fassen Sie die wichtigsten Informationen der Grafik schriftlich zusammen. Benutzen Sie die Redemittel und beachten Sie den Tipp auf Seite 126.

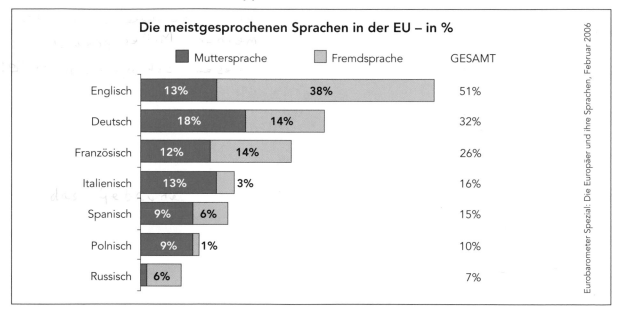

Die meistgesprochenen Sprachen in der EU – in %

■ Muttersprache   ▢ Fremdsprache   GESAMT

Sprache	Muttersprache	Fremdsprache	GESAMT
Englisch	13%	38%	51%
Deutsch	18%	14%	32%
Französisch	12%	14%	26%
Italienisch	13%	3%	16%
Spanisch	9%	6%	15%
Polnisch	9%	1%	10%
Russisch	6%		7%

Eurobarometer Spezial: Die Europäer und ihre Sprachen, Februar 2006

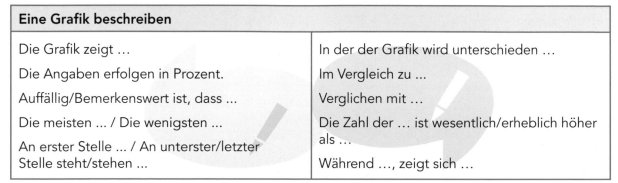

Eine Grafik beschreiben

Die Grafik zeigt …	In der der Grafik wird unterschieden …
Die Angaben erfolgen in Prozent.	Im Vergleich zu …
Auffällig/Bemerkenswert ist, dass …	Verglichen mit …
Die meisten … / Die wenigsten …	Die Zahl der … ist wesentlich/erheblich höher als …
An erster Stelle … / An unterster/letzter Stelle steht/stehen …	Während …, zeigt sich …

Die Grafik zeigt, welche Sprachen die meistgesprochenen Sprachen in der Europäischen Union sind. Die Angaben erfolgen in Prozent. In der Grafik wird dabei unterschieden, wie hoch der Anteil einer Sprache an muttersprachlichen und fremdsprachlichen Sprechern ist …

Sprachensterben

> **TIPP** **Eine Grafik beschreiben**
> Nennen Sie Titel, Thema und die wichtigsten Daten der Grafik. Fassen Sie einzelne Daten zusammen. Das ist interessanter, als alle Daten nacheinander aufzuzählen. Geben Sie diese Zusammenfassung gut strukturiert wieder. Man muss die Informationen verstehen können, auch wenn die Grafik nicht vorliegt.

b Tauschen Sie Ihre Texte mit Ihrem Partner / Ihrer Partnerin. Vergleichen Sie, welche Inhalte und Formulierungen er/sie gewählt hat.

3 Bilden Sie den Genitiv.

1. die Entwicklung (die Schrift)   *die Entwicklung der Schrift*
2. die Grundlagen (eine moderne Sprache)   einer moderner Sprach
3. die Aussprache (die Wörter)   der Wörter
4. die Konstruktion (ein langer Satz)   eines langen Satzes
5. die Verbreitung (die Sprachen)   der Sprachen
6. der Aufbau (ein geschriebener Text)   eines geschriebenen Textes
7. die Rolle (meine Muttersprache)   meiner Muttersprache
8. die Bedeutung (dieses schwierige Wort)   dieses schwierigen Wortes

4 Ergänzen Sie die Sätze. Verwenden Sie die Präpositionen aus dem Kasten.

innerhalb	dank	trotz	während	wegen

„Warum verstehe ich meinen Gesprächspartner nicht", fragt sich so mancher Deutsch-
lerner, wenn er als Tourist in Deutschland
unterwegs ist. Eine Begründung könnte sein:

(1) _____ des Dialekts. Denn

(2) _____ der Tatsache, dass er

(3) _____ eines Landes reist,

hört er im deutschsprachigen Raum nicht
überall das gelernte Hochdeutsch. Das
irritiert viele Fremdsprachenlerner, denn

(4) _____ ihres Unterrichts

lernen sie die Hochsprache, aber nicht deren Dialekte. (5) _____ einer umfangreichen
Dialektforschung weisen inzwischen jedoch viele Reiseführer auf die sprachlichen Besonderheiten
mancher Regionen hin.

5a Formen Sie um wie im Beispiel.

1. innerhalb (ein kurzer Zeitraum)
2. aufgrund (die fehlende Anpassung an die Veränderungen des Umfelds)
3. infolge (die Globalisierung)
4. trotz (die größten Anstrengungen)
5. wegen (die fehlende Schrift)
6. angesichts (das fortschreitende Sprachensterben)

1. innerhalb eines kurzen Zeitraums, ...

b Schreiben Sie mithilfe der Stichpunkte aus 5a einen Text.

Zahlreiche Sprachen auf der Welt sind vom Aussterben bedroht. Innerhalb eines ...

6 Bilden Sie Relativsätze im Genitiv.

1. Der Sprachforscher David Crystal untersucht das Sprachensterben. Seine Bücher sind sehr bekannt.

   Der Sprachforscher David Crystal, dessen Bücher sehr bekannt sind, untersucht das Sprachensterben.

2. Die meistgesprochene Muttersprache in Europa ist das Deutsche. Seine Verbreitung als Wissenschaftssprache hat allerdings in den letzten Jahren abgenommen.

   _____

   _____

3. Englisch ist die im Internet am meisten verbreitete Sprache. Seine Dominanz schrumpft allerdings durch den Trend zur Vielsprachigkeit.

   _____

   _____

4. Eine neue Gefahr für die Vielfalt stellt die Globalisierung dar. Ihre Auswirkungen treffen vor allem jene Sprachen, die weniger als 1.000 Menschen benutzen.

   _____

   _____

5. Am 01.08.1996 starb der US-Indianer Samuel Taylor Blue, der letzte Sprecher einer Indianersprache. Sein Stamm lebte am Catawba-River.

   _____

   _____

6. Viele Sprachwissenschaftler warnen vor einer weiteren Verarmung der Sprachlandschaft. Ihre Studien ergeben, dass in 100 Jahren nur noch ein Drittel der gegenwärtigen Sprachen existieren wird.

   _____

   _____

   _____

1 Hören Sie noch einmal das Special zu Cornelia Funke aus dem Lehrbuch auf Seite 16,
Aufgabe 2a. Machen Sie Notizen zu den Punkten 1–6.

LB 1.3

1. Liste: _jährliche Liste des US-Magazins „Time"_ _____

2. Anzahl der geschriebenen Bücher: _____

3. Sensation in ihrer Karriere: _____

_____

4. Roman „Herr der Diebe": _____

_____

5. bekannteste Bücher: _____

6. 2004: _____

2 Welche Beschreibung passt zu welcher Person aus den Tintenbüchern? Notieren Sie die
passenden Namen.

| Staubfinger | Farid | Orpheus | Meggie | Mo | Resa | Fenoglio |

A _____

Mädchen, das – wie ihr Vater auch – beim
Vorlesen Figuren aus Büchern lebendig
werden lassen kann. Sie kann die Figuren
aus den Büchern „herauslesen". Ihr großer
Wunsch: Sie möchte so gut schreiben
können wie Fenoglio, damit sie die Figuren
nicht nur aus den Geschichten „herauslesen", sondern sie auch wieder in ihre Geschichten „zurückschreiben" kann.

B _____

Junge, der versehentlich aus den Märchen
von „1001 Nacht" herausgelesen wurde und
nun zusammen mit seinem Freund Staubfinger in die Tintenwelt gelangen möchte.

C _____

Er wird auch Käsekopf genannt und ist ein
begnadeter Vorleser und Dichter, aber auch
ein Bösewicht.

D _____

Sie ist die Frau von Mo, die seit dem Auf-
tauchen von Staubfinger in der Tintenwelt
verschwunden ist.

E _____

Er wurde von Meggies Vater aus dem Buch
„Tintenherz" herausgelesen und lebt un-
freiwillig in unserer Welt, bis er jemanden
findet, der ihn zurücklesen kann. An seiner
Seite ist stets der zahme Marder Gwin zu
finden. Sein bester Freund in unserer Welt
ist Farid.

F _____

Er ist Dichter und Geschichtenerzähler und
derjenige, der das Buch „Tintenherz" geschrieben hat, um das sich alles dreht. Er ist
also der Erfinder der Tintenwelt, aber er ist
in seiner eigenen Geschichte verschwunden.

G _____

Er ist Buchbinder und Buchrestaurator und
hat Staubfinger aus der Tintenwelt herausgelesen. Er musste erleben, wie seine Frau
im selben Moment, als er Staubfinger aus
dem Buch herauslas, in der Tintenwelt verschwand – seither hat er nie wieder etwas
laut vorgelesen.

Selbsteinschätzung

So schätze ich mich nach Kapitel 6 ein: Ich kann ...	+	0	–	Modul/ Aufgabe
... Nachrichtenmeldungen im Radio über einen Kunstraub verstehen.				M2, A1
... ein Interview mit einer Buchhändlerin und Lesern verstehen.				M4, A2
... einen Ausschnitt aus einem Hörbuch verstehen und dem Gang der Gedanken und Geschehnisse folgen.				M4, A5
... in einem Text über ein Weltkulturerbe detaillierte Informationen verstehen.				M1, A2
... in einem Artikel über Sprachensterben die Gründe für das Sterben von Sprachen verstehen.				M3, A2
... eine Buchbesprechung verstehen und positive und negative Bewertungen erkennen.				M4, A4
... Informationen aus einem längeren Text über ein Weltkulturerbe zusammenfassend wiedergeben.				M1, A2b
... über Sprachen und Dialekte in meinem Land sprechen.				M3, A5
... eine Geschichte bewerten.				M4, A5c
... ein Buch oder ein anderes kulturelles Ereignis vorstellen.				M4, A6
... ein Weltkulturerbe detailliert beschreiben.				M1, A4
... einen zusammenhängenden Krimi schreiben.				M2, A3
... ein Porträt über eine mich interessierende Person verfassen.				M4, A7

Das habe ich zusätzlich zum Buch auf Deutsch gemacht: (Projekte, Internet, Filme, Texte, ...)

Datum:	Aktivität:

Fit für ... _____

Wortschatz wiederholen und erarbeiten

1a Für wen oder wofür müssen Sie fit sein? Notieren Sie.

meinen Job

Ich will/muss fit sein für ...

b Greifen Sie zwei Bereiche heraus und erklären Sie, was Sie tun, um dafür fit zu sein.

Um in meinem Beruf fit zu sein, bilde ich mich regelmäßig weiter. Da ich im Büro arbeite und eine über-
wiegend sitzende Tätigkeit ausübe, gehe ich außerdem zweimal in der Woche zum Schwimmen.

2a Lesen Sie die Begriffe. Welches Verb bzw. welche Wortgruppe passt nicht? Streichen Sie durch.

1. sich anstrengen – seine ganze Kraft aufbieten – nachlassen – sich ins Zeug legen
2. sich etwas aneignen – etwas lehren – etwas auswendig lernen – sich etwas einprägen
3. aktiv sein – hilfsbereit sein – unternehmungslustig sein – Sport treiben
4. aufgeschlossen sein – interessiert sein – träge sein – offen sein
5. trainieren – in Form bleiben – sich fit halten – einrosten
6. etwas ausprobieren – etwas interessant finden – etwas versuchen – etwas testen

b Wählen Sie aus Übung 2a fünf Verben bzw. Wortgruppen aus und schreiben Sie einen Satz pro Verb/Wortgruppe.

Bei allen sportlichen Aktivitäten strenge ich mich immer besonders an, um meine Kondition zu

verbessern. _____

_____

_____

_____

3 In diesem Suchrätsel sind acht Wörter versteckt.

I	S	I	U	D	P	Y	G	Y	C	A	Z	Q	P	G
X	O	G	W	B	L	T	G	J	K	U	N	D	H	E
P	F	C	F	X	C	Q	X	G	Y	S	W	M	L	D
M	W	E	I	T	E	R	B	I	L	D	U	N	G	Ä
W	E	T	T	B	E	W	E	R	B	A	U	K	V	C
J	F	I	N	K	D	Q	C	F	S	U	N	T	E	H
Z	M	A	E	L	H	T	X	V	E	E	C	P	A	T
D	J	E	S	Z	W	P	S	D	G	R	A	A	V	N
U	U	I	S	T	R	A	I	N	I	N	G	R	L	I
K	O	N	K	U	R	R	E	N	Z	O	U	R	O	S

1. Das macht man, wenn man sein berufliches Wissen erweitern möchte:

   __ __ __ __ __ __ __ __ __ __ __ __ __

2. Man trainiert es, um nicht zu vergessen: __ __ __ __ __ __ __ __ __ __

3. Eine gute körperliche Verfassung: __ __ __ __ __ __ __

4. Eine Veranstaltung, bei der Teilnehmer ihre Leistungen auf einem bestimmten Gebiet

   vergleichen: __ __ __ __ __ __ __ __ __

5. Die Situation, die entsteht, wenn zwei oder mehrere Personen das gleiche Ziel erreichen

   wollen: __ __ __ __ __ __ __ __ __ __

6. Das systematische Ausführen eines Programms zur Verbesserung der körperlichen

   Leistungsfähigkeit: __ __ __ __ __ __ __ __

7. Die Fähigkeit, den Körper lange anzustrengen, ohne müde zu werden:

   __ __ __ __ __ __ __

4 Was versteht man unter Wellness? – Ergänzen Sie den Text.

stressbedingt   Gesunderhaltung   sich wohlfühlen   auftanken   abbauen   ausgebrannt   Seele

Weil wir in einer hektischen Zeit leben, wird uns immer mehr abverlangt. Viele Menschen fühlen

sich (1) _____. Die Reizflut, die täglich auf uns einströmt, nimmt in alarmieren-

dem Ausmaß zu. Was sind die Folgen? Fast 90 % der Krankheiten sind (2) _____.

Aus diesem Grund suchen immer mehr Menschen nach Möglichkeiten, Stress

(3) _____ und Kräfte (4) _____. Deshalb ist in letzter Zeit ein

regelrechter „Wellnessboom" entstanden. Unter „Wellness" (engl. well = gut) versteht man alles,

was Körper und (5) _____ gut tut. Wellness bedeutet so viel wie gesund leben,

(6) _____, und ist ein Sammelbegriff für Maßnahmen zur Revitalisierung und

(7) _____ von Körper und Geist unter Einsatz natürlicher Hilfsmittel.

Fit für Finanzen

1a Notieren Sie den Artikel und bilden Sie den Plural.

1. _der_ Kontoauszug, _"-e_
2. _____ Gebühr, _____
3. _____ Bankautomat, _____
4. _____ Einzugsermächtigung, _____
5. _____ Konto, _____
6. _____ EC-Karte, _____
7. _____ Bank, _____
8. _____ Dauerauftrag, _____
9. _____ Geheimnummer, _____
10. _____ Betrag, _____

b Ergänzen Sie in den Sätzen die Substantive aus Übung 1a.

1. Wenn man in Deutschland lebt und arbeitet, braucht man ein _____.

2. Viele _____ bieten kostenlose Girokonten an, bei anderen zahlt man

   _____.

3. Geld kann man an allen _____ abheben.

4. Dazu braucht man eine _____.

5. Beim Abheben fragt der Automat nach der _____.

6. Die _____ kann man sich selbst ausdrucken.

7. Wenn monatlich immer dieselben _____ abgebucht werden, z.B. die

   Miete, kann man bei der Bank einen _____ einrichten.

8. Man kann auch erlauben, dass ein regelmäßig zu zahlender Rechnungsbetrag abgebucht wird,

   z.B. die Telefonrechnung. Dann erteilt man schriftlich eine _____.

2 Auf der Bank... Ordnen Sie die Wortgruppen in die Tabelle ein.

ein Konto eröffnen   die Bonität prüfen   Geld am Bankautomaten abheben   ein Konto führen   ein Beratungsgespräch anbieten   eine Kreditkarte beantragen   Geld vom Konto abheben   ein Darlehen gewähren   die EC-Karte sperren lassen   Kontoführungsgebühren abbuchen   Geld auf ein Konto einzahlen   einen Kredit anbieten   die PIN-Nummer/Geheimnummer eingeben   einem Konto Zinsen gutschreiben   sich den Kontostand anzeigen lassen   einen Dispokredit einrichten   den Kontoauszug ausdrucken   bessere Konditionen anbieten   Geld auf ein Konto überweisen   Überziehungszinsen berechnen

Das macht die Bank ...	Das macht der Kunde / die Kundin ...
	ein Konto eröffnen, ...

3 Sehen Sie sich das Formular für eine EU-Standardüberweisung an. Ordnen Sie die Nummern auf der Überweisung den Kästen zu.

EU-Standardüberweisung

Nur für Beträge bis 12.500 Euro in andere EU-Staaten und die EWR-Staaten. Überweisender trägt Entgelte und Auslagen bei seinem Kreditinstitut; Begünstigter trägt die übrigen Entgelte und Auslagen.

Begünstigter: Name, Vorname/Firma (max. 27 Stellen, bei maschineller Beschriftung max. 35 Stellen)
❶

IBAN des Begünstigten (max. 34 Stellen)
❷

BIC (SWIFT-Code) des Kreditinstituts des Begünstigten (8 oder 11 Stellen)
❸

EUR Betrag: Euro, Cent ❹

Kunden-Referenznummer - Verwendungszweck , ggf. Name und Anschrift des Überweisenden - (nur für Begünstigten)

noch Verwendungszweck (insgesamt max. 2 Zeilen à 27 Stellen, bei maschineller Beschriftung max. 2 Zeilen à 35 Stellen)

Kontoinhaber: Name, Vorname/Firma, Ort (max. 27 Stellen, keine Straßen- oder Postfachangaben)

IBAN Bankleitzahl des Kontoinhabers Konto-Nr. des Kontoinhabers
D E ❺ 13

EU-STANDARD

421 000 | DG VERLAG 12.04

❻
Datum, Unterschrift

○ Hier muss der Geldbetrag eingetragen werden. Die EU-Standardüberweisung gilt ausschließlich für Zahlungen bis 12.500 Euro.

○ Die IBAN (International Bank Account Number) des Begünstigten ist unbedingt vollständig einzutragen. Die IBAN beginnt immer mit dem Ländercode.

○ Hier tragen Sie Ihre eigene IBAN (International Bank Account Number) ein. Diese können Sie einem aktuellen Kontoauszug entnehmen.

1 In diesem Feld tragen Sie den Namen oder die Firma des Begünstigten ein.

○ Unterschriften oder Firmenstempel dürfen nicht in den farbigen Mittelteil hineinreichen, um die maschinelle Belegerfassung nicht zu beeinträchtigen.

○ Zusätzlich zur IBAN muss der BIC/SWIFT-Code (Internationale Bankleitzahl) der Hausbank des Zahlungsempfängers angegeben werden.

4 Ergänzen Sie die Tabelle wie im Beispiel.

ursprüngliche Situation (letzte Woche)	Vorgang (gestern)	neuer Zustand (jetzt)
1. Die Bank hatte den Kunden noch nicht informiert.	*Der Kunde wurde informiert.*	*Der Kunde ist informiert.*
2. Der Kunde hatte das Konto noch nicht eröffnet.		
3. Der Kunde hatte das Geld noch nicht überwiesen.		
4. Der Kunde hatte die Rechnungen noch nicht beglichen.		

5 Passiv mit *sein* im Präteritum. Ergänzen Sie die Verben aus dem Kasten.

bezahlen	~~informieren~~	ausfüllen	stehlen	ermäßigen	überweisen

1. Der Kunde __*war*__ darüber __*informiert*__, dass seine Karte gesperrt worden ist.
2. Der Antrag _____ korrekt _____, sodass er bearbeitet werden konnte.
3. Das Geld _____ _____, sodass das Konto ausgeglichen war.
4. Die EC-Karte _____ _____, sodass Herr Meier sie sperren lassen musste.
5. Die Rechnung _____ _____, sodass der Kunde die Ware mitnehmen konnte.
6. Die Kontoführungsgebühren _____ _____, sodass die Studentin weniger bezahlte.

6 Tipps für das Online-Banking. Ergänzen Sie in den Sätzen die Verben *sein* bzw. *werden* für das Passiv.

A Reagieren Sie nicht auf E-Mails, in denen Sie aufgefordert (1) _____, sich möglichst bald bei Ihrem Online-Konto anzumelden und aus Sicherheitsgründen ein neues Passwort zu wählen. In solchen E-Mails wird auf einen Link verwiesen, der zu einer Website führt, die gefälscht (2) _____. Die gefälschte Website (3) _____ der Homepage Ihrer Bank täuschend echt nachgebildet. Sollten Sie dem Link folgen, (4) _____ Ihre Zugangsdaten direkt bei den Datendieben abgeliefert.

B Wenn Sie bei Ihrem Online-Konto angemeldet (1) _____ und nach der Eingabe der Transaktionsnummer (TAN) für eine Überweisung Ihr Rechner abstürzt, sollten Sie schnell reagieren. Der Absturz nach Eingabe der TAN ist ein typisches Symptom dafür, dass Ihr Konto ausspioniert (2) _____. Durch den Absturz (3) _____ verhindert, dass die TAN benutzt (4) _____. Ein Hacker bekommt damit alles für eine Transaktion in die Hand. Lassen Sie Ihr Konto deshalb sofort sperren und durchsuchen Sie Ihren Computer mit einem aktuellen Virenscanner.

C Sollten Sie Ihren Kontostand vom Internet-Café aus überprüfen wollen, achten Sie darauf, dass auf dem Computer ein Virenscanner und eine Firewall installiert (1) _____. Nur mit diesen beiden wichtigen Programmen (2) _____ eine Schadsoftware von einem PC ferngehalten. Sie sind noch viel wichtiger, wenn auch von anderen Benutzern auf den PC zugegriffen (3) _____. Erkundigen Sie sich danach, ob die Programme regelmäßig aktualisiert (4) _____.

1 Hören Sie das Radiointerview aus dem Lehrbuch, Seite 28, Aufgabe 2b, noch einmal. Welche Tipps werden in dem Beitrag nicht genannt? Kreuzen Sie an.

1. Damit Sie und Ihr Gesprächspartner sich besser auf das Gespräch einstellen können, warten Sie circa drei Klingelzeichen ab, bevor Sie den Hörer abheben. ☐

2. Eine gerade und entspannte Körperhaltung ist wichtig für den Klang der Stimme. ☐

3. Notieren Sie sich während oder direkt nach einem Gespräch die wichtigsten Informationen. ☐

4. Geben Sie an, wann Sie erreichbar sind, wenn Sie um Rückrufe bitten. ☐

5. Achten Sie darauf, dass Ihr Gesprächspartner zu Wort kommt, vermeiden Sie Monologe. ☐

2 Setzen Sie in den Dialog die passenden Redemittel aus dem Lehrbuch, Seite 29, ein.

○ Firma Mühlendörfer. Mein Name ist Katrin Schmidtke. Was kann ich für Sie tun?

● (1) _____ Fiona Müller.

(2) _____:

Ich habe in der Zeitung gelesen, dass Sie eine Aushilfe für Büroarbeiten suchen.

○ Ja, das ist richtig. Wir suchen für drei Nachmittage pro Woche eine Aushilfe, die unsere Bürokaufleute hier ein bisschen unterstützen kann. Haben Sie denn Erfahrung im Büro?

● Ja, ich habe schon öfter neben dem Studium in Büros gearbeitet, zuletzt bei Greinke und Co. Welche Arbeiten fallen denn bei Ihnen an?

○ (3) _____:

Wir suchen jemanden für die Ablage. Aber Sie müssten auch einen Teil der Korrespondenz übernehmen, also einfache Formbriefe schreiben. Und natürlich manchmal Kopien machen, Telefonanrufe entgegennehmen und so weiter, was gerade so anfällt.

● (4) _____

Sie suchen also jemanden, der nicht nur Ablage macht, sondern auch teilweise einfache Korrespondenz erledigt.

○ Ja, genau.

● Und Sie suchen jemanden an drei Nachmittagen, oder? Ginge auch mal ein Vormittag? Kann man das auch flexibel gestalten? Ich studiere ja immer noch und habe manchmal auch am Nachmittag Vorlesung.

○ Ja, darüber könnten wir sprechen. Das müsste eigentlich gehen.

● (5) _____, wie es denn mit der Bezahlung aussieht.

○ Kommen Sie doch einfach mal vorbei, dann reden wir darüber. Bringen Sie Ihre Unterlagen und Referenzen mit und wir besprechen dann alles Weitere.

● Ja, sehr gerne. Wann würde es Ihnen denn passen?

○ Nächsten Dienstag um 15 Uhr? Melden Sie sich einfach am Empfang.

● (6) _____

○ Gerne, auf Wiederhören.

● Auf Wiederhören.

Fit am Telefon

3 **Am Telefon: Wie sagen Sie es höflicher? Kreuzen Sie an.**

1. Jemand ruft bei Ihnen an und möchte einen Herrn Völkner sprechen.

   a Pech gehabt, falsche Nummer!

   b Da haben Sie sich leider verwählt.

2. Der Anrufer möchte Ihre Chefin sprechen. Die ist aber gerade in einer Besprechung.

   a Soll ich ihr etwas sagen?

   b Kann ich ihr etwas ausrichten?

3. Jemand möchte Ihren Kollegen sprechen. Der macht aber gerade Mittagspause.

   a Tut mir leid. Herr Amann ist gerade zu Tisch.

   b Der ist jetzt nicht zu sprechen.

4. Sie haben zum wiederholten Male versucht, Frau Walz zu erreichen, und sprechen schon wieder mit ihrer Sekretärin.

   a Geben Sie mir mal die direkte Nummer.

   b Könnten Sie mir die Durchwahl von Frau Walz geben?

5. Sie möchten jemanden mit Herrn Peters verbinden. Der telefoniert jedoch gerade.

   a Da ist leider gerade besetzt.

   b Das geht jetzt nicht.

4 **Lesen Sie den folgenden Text. Leider ist der rechte Rand unleserlich. Rekonstruieren Sie den Text, indem Sie jeweils das fehlende Wort an den Rand schreiben.**

GI

Frauen telefonieren länger und häufiger	
Jetzt ist es offiziell. Frauen telefonieren deutlich länger und häufiger	*als* 01
Männer. Das hat eine aktuelle Studie ergeben, die kürzlich im Auftrag	*eines* 02
großen Telefonanbieters durchgeführt wurde.	
75 Prozent aller befragten Frauen gaben an, zwei- bis viermal täglich	_____ 03
telefonieren. Gemeint sind hier allerdings nur Telefongespräche,	_____ 04
zu Hause geführt wurden. Von den befragten Männern telefonieren	_____ 05
61 Prozent so oft. Das zweite Ergebnis der Studie: Bei den Männern gibt	_____ 06
deutlich mehr Wenigtelefonierer. 28 Prozent gaben an, nur zweimal	_____ 07
der Woche von zu Hause aus zu telefonieren. Dagegen bezeichneten sich	_____ 08
den Frauen nur 14 Prozent als Wenigtelefonierer.	
Auch bei der Gesprächszeit liegen die Frauen ganz klar in Führung:	
Über 80 Prozent aller befragten Männer beenden ihre Gespräche	_____ 09
höchstens fünf Minuten. Die befragten Frauen hingegen gaben an,	_____ 10
64 Prozent ihrer Gespräche länger als eine halbe Stunde dauern. Mit	_____ 11
die Frauen und Männer am häufigsten telefonieren, geht leider aus	_____ 12
Befragung nicht hervor.	

1 Lesen Sie den Text im Lehrbuch auf Seite 30 noch einmal. Stehen die Aussagen im Text? Falls ja, geben Sie die Textzeilen an.

	im Text	Zeile
1. Erfolgreiche Firmen legen großen Wert auf gesunde Mitarbeiter.		
2. Regelmäßiger Urlaub ist ein Faktor, der den Gesundheits-zustand der Mitarbeiter entscheidend bestimmt.		
3. Unternehmen ist bekannt, dass kranke Mitarbeiter den wirt-schaftlichen Gewinn negativ beeinflussen.		
4. Immer mehr Firmen versuchen, ihre Mitarbeiter bei der Erhaltung ihrer Gesundheit zu unterstützen.		
5. In vielen Firmen wird deswegen in den Pausen Gymnastik angeboten.		
6. Fitnesscenter können Büroangestellten bei Kopfschmerzen und Schlafstörungen helfen.		
7. Gelegentliche gesundheitsfördernde Maßnahmen reichen für die Senkung der Krankenstände nicht aus.		

2 Was hätten Sie an seiner/ihrer Stelle gemacht? Was würden Sie an seiner/ihrer Stelle tun? Schreiben Sie die Sätze wie im Beispiel. Achten Sie auf die Formen des Konjunktivs II der Gegenwart und der Vergangenheit.

1. Sie hat wenig Sport getrieben.

   An ihrer Stelle hätte ich mehr Sport getrieben.

2. Er raucht in jeder Pause.

   An seiner Stelle würde ich nicht so viel rauchen.

3. Er hat die letzten Tage viel gearbeitet.

   _____

4. Er trinkt morgens viel Kaffee.

   _____

5. Trotz Krankheit blieb sie nicht zu Hause.

   _____

6. Sie nahm ihren Urlaub nicht.

   _____

7. Er kommt heute nicht ins Büro.

   _____

8. Sie hat das Angebot abgelehnt.

   _____

3 Reibereien in der Firma. Formulieren Sie die Sätze mit *als ob* und mit *als*.

1. meine Kollegin / immer so tun – alles wissen (als ob)
2. sie / sich so verhalten – die Chefin sein (als)
3. sie / oft ohne Entschuldigung zu spät kommen – das Recht dazu haben (als ob)
4. sie / sich oft benehmen – im Büro zu Hause sein (als ob)
5. sie / so oft tun – die Kritik nicht verstehen können (als ob)
6. sie / für die Betriebsfeier so viel zu essen besorgt – eine Fußballmannschaft kommt zu Gast (als)

1. Meine Kollegin tut immer so, als ob sie alles wüsste.

4 Ergänzen Sie die Sätze.

1. Du siehst heute aus, als ob ...
2. Nach diesem Wochenende fühle ich mich, als wenn ...
3. Der Referent sprach so leise, als ...
4. Der Praktikant sah den Buchhalter an, als ob ...
5. Manchmal verhält sich Frau Braun so, als wenn ...
6. Herr Klaus gibt oft so viel Geld aus, als ...

5 Was bedeuten die bildhaften Vergleiche mit *als ob*?

1. Mein Kollege tut so, als ob er nicht bis drei zählen könnte.
2. Mein Chef tut so, als ob er die Weisheit mit Löffeln gefressen hätte.
3. Meine Kollegin tut so, als ob sie kein Wässerchen trüben könnte.

6 Was hätten die Personen besser machen können? – Sehen Sie sich die Bilder an und formulieren Sie zu jeder Situation Tipps.

1. Sie hätte früher aufstehen müssen. Sie hätte nicht so lange frühstücken dürfen. Sie hätte viel eher zur Haltestelle gehen müssen.

1 Bilden Sie die Substantive und notieren Sie den Artikel.

~~Aus~~ – berei – blick – der – ein – hol – Kon – Kon – Leis – Lös – Prüf – stoff – teil – tion – tra – tung – tung – Über – ung – ung – ung – ungs – Vor – Wie – Zeit – ~~zeit~~ – zen – zept

die Auszeit _____   _____

_____   _____

_____   _____

_____   _____

2 Was gehört zusammen?

1. ____ sich auf eine Prüfung   a verlieren

2. ____ unter Prüfungsangst   b bewahren

3. ____ den Zeitaufwand   c beherrschen

4. ____ den Überblick nicht   d gönnen

5. ____ den Stoff   e bestehen

6. ____ sich eine Auszeit   f leiden

7. ____ (die) Ruhe   g abschätzen

8. ____ eine Prüfung   h vorbereiten

3 Lesen Sie die Texte im Lehrbuch auf Seite 33 noch einmal und ergänzen Sie die Sätze.

1. Bevor man mit dem Lernen beginnt, sollte man ...

2. Plant man die einzelnen Arbeitsschritte, sollte man unbedingt beachten, dass ...

3. Hobbys sollte man auch in der Lernphase pflegen, sonst ...

4. Spätestens nach eineinhalb Stunden braucht der Körper ...

5. In den letzten Tagen vor der Prüfung ...

6. Auch wenn mal eine Prüfung nicht so gut läuft, ...

7. Am Tag der Prüfung ist es wichtig, ...

8. Die Fragen und Aufgaben sollte man am besten ...

9. Durch die mündliche Prüfung kommt man am besten, wenn man ...

> **TIPP Testen Sie Ihr Sprachgefühl**
> Versuchen Sie in der Übung auf der nächsten Seite nicht auf die Lösungsmöglichkeiten zu sehen, sondern zunächst selbst eine Lösung zu finden. Vergleichen Sie anschließend Ihre Lösung mit den angebotenen Lösungsmöglichkeiten.

Fit für die Prüfung

4a Lesen Sie den folgenden Text und entscheiden Sie, welches Wort (a, b oder c) in die jeweilige Lücke passt.

Liebe/r ...,

danke für Deine letzte E-Mail und (1) _____ für die tollen Tipps gegen meine Prüfungsangst! (2) _____ waren echt Gold wert. Und stell (3) _____ vor, jetzt ist es tatsächlich geschafft! Ich habe (4) _____ alle Prüfungen hinter mir und auch schon die Ergebnisse. Die schriftlichen Prüfungen habe ich alle (5) _____. Die mündlichen Prüfungen sind auch gut gelaufen, nur einmal hatte ich ein totales Blackout. Aber glücklicherweise (6) _____ ich diese Prüfung wiederholen. (7) _____ ich mein Zeugnis habe, bewerbe ich mich. Der Onkel (8) _____ Freundin hat eine Firma, und vielleicht auch einen Job für mich! Mal sehen, (9) _____ das klappt. Aber erst mal brauche ich jetzt eine Pause nach dem vielen Lernen. Und eine große Party ist auch schon geplant, und (10) _____ am 12. August. Was meinst Du, kannst Du da kommen? Ich würde mich sehr freuen! Gib mir doch bald Bescheid.

Viele Grüße

Bernd

1. a) besonders b) eigentlich c) vielleicht	4. a) außerdem b) endlich c) vermutlich	7. a) Sobald b) Solange c) Wann	10. a) ganz b) gleich c) zwar
2. a) Dessen b) Die c) Diesen	5. a) bestanden b) erstanden c) verstanden	8. a) meine b) meinen c) meiner	
3. a) Dich b) Dir c) Du	6. a) konnte b) mochte c) wollte	9. a) falls b) ob c) wenn	

b Beantworten Sie Bernds E-Mail und verwenden Sie die Redemittel im Kasten.

Glückwünsche ausdrücken	
Herzlichen Glückwunsch!	Das ist eine tolle Nachricht!
Ich bin sehr froh, dass ...	
Ich freue mich sehr/riesig für Dich.	Es freut mich, dass ...

So schätze ich mich nach Kapitel 7 ein: Ich kann …	+	0	–	Modul/ Aufgabe
… genaue Angaben in einem Gespräch verstehen.				M1, A3a
… in Telefondialogen beurteilen, was die Anrufer gut bzw. nicht so gut machen.				M2, A2a
… in einem Radiointerview Ratschläge zum Telefonieren verstehen.				M2, A2b
… in kurzen Ansagen detaillierte Informationen verstehen.				M4, A1b
… Informationen zu verschiedenen Teilthemen in einem Text zum Thema „Fitte Mitarbeiter" verstehen.				M3, A1b
… die wichtigen Aussagen in einem Text zur Prüfungs- vorbereitung verstehen.				M4, A3
… über verschiedene Zahlungsmöglichkeiten sprechen.				M1, A1
… eine zusammenhängende Geschichte erzählen.				M1, A3b
… in Telefongesprächen Bezug auf den Gesprächspartner nehmen und sprachlich komplexe Situationen bewältigen.				M2, A4
… über Prüfungsangst sprechen.				M4, A2
… wichtige Aussagen aus einem Text zur Prüfungsvorbereitung weitergeben.				M4, A3b
… in einem Gespräch einen Vorschlag begründen, dem Gesprächspartner widersprechen und zu einer gemeinsamen Entscheidung kommen.				M4, A5
… in einer E-Mail von eigenen Erfahrungen berichten und Tipps gegen Prüfungsangst geben.				M4, A4b

Das habe ich zusätzlich zum Buch auf Deutsch gemacht: (Projekte, Internet, Filme, Texte, …)		
	Datum:	Aktivität:

Das mach(e) Geschichte

Wortschatz wiederholen und erarbeiten

1 **Bilden Sie Wörter. Wie viele finden Sie?**

-geschicht(e/s)-

~~unterricht~~   stadt   bücher   lehrer   welt   militär   wirtschaft   heimat   museum

Geschichtsunterricht, _____

_____

2 **Welche Substantive zum Thema „Zeit" sind hier versteckt?**

1. Sommer 1989: Zu diesem PETZITKUN dachte keiner an den Fall der Mauer. _____

2. Der 09.11. ist ein wichtiges MAUDT in der deutschen Geschichte. _____

3. Wenn sie das LUTTAMUMI verstreichen lassen, sind Konflikte zu befürchten. _____

4. Das Polareis schmilzt in einem kürzeren RAUTZIME, als angenommen. _____

5. Die Folgen vergangener Ereignisse sind oft in der NEWGERTAG präsent.

   _____

3 **Setzen Sie die passenden Verben in die Sätze ein.**

1. Im Mittelalter versuchten sich Städte durch hohe Mauern gegen
   Angriffe zu _verteidigen_____ .

2. Die Staatschefs _____ gestern den Vertrag.

3. Wir werden auf die Straße gehen und für unsere Rechte
   _____ .

4. Die Republik Österreich wurde nach dem Zweiten Weltkrieg
   wieder _____ .

5. Von 8 bis 12 Uhr _____ die Arbeiter für mehr Lohn.

6. Nach Kriegsende mussten viele Länder ihre Infrastruktur neu
   _____ .

7. Im Bundestag _____ die Politiker oft stundenlang
   über ein Thema.

8. Naturkatastrophen haben schon ganze Regionen
   _____ .

9. In Deutschland wird in der Regel alle vier Jahre die Regierung
   neu _____ .

~~verteidigen~~

gründen

unterzeichnen

debattieren

demonstrieren

streiken

wählen

zerstören

aufbauen

4a Lesen Sie die Wörter im Kasten. Suchen Sie zuerst die drei thematischen Oberbegriffe und ordnen Sie die Substantive mit Artikel zu.

> Politik   Klimawandel   Konzern   Abgeordnete   Wahl   Dürre
>
> Wirtschaft   Manager   Sturm   Firma   Bundestag   Aktie   Profit
>
> Hitzewelle   Mehrheit   Finanzkrise   Koalition   Verkaufszahlen
>
> Überschwemmung   Partei   Aufschwung   Wassermangel   Natur und Umwelt
>
> Artenschutz   Opposition

b Schreiben Sie mindestens drei weitere Begriffe zu den Gruppen.

c Ergänzen Sie eine neue Gruppe (Technik, Gesellschaft, ...) und füllen Sie sie mit Wörtern.

5a Sehen Sie das Foto genau an. Was können Sie alles entdecken? Notieren Sie Wörter zum Bild, z.B. zu Symbolen, Gebäuden, Stimmung, ...

der Reichstag (Berlin)

das Trikot

b Beschreiben Sie jetzt die Szene: Wann wurde das Foto ungefähr aufgenommen? Wo könnte das sein? Was macht die Person? Wie ist die Stimmung auf dem Bild?

 TIPP **Lernen mit Bildern**
Nutzen Sie Bilder und Fotos, um Ihren Wortschatz zu aktivieren und in unterschiedlichen Kontexten wieder abzurufen. Schreiben Sie Wörter zu dem Bild und nutzen Sie sie, um eine Szene oder Situation konkret zu beschreiben und zu erfassen.

Gelebte Geschichte

1a Wie heißen das Partizip I und das Partizip II?

	Partizip I		Partizip II	
1. planen	das _planende_	Team	die _geplante_	Sendung
2. vergehen	die _____	Zeit	die _____	Epoche
3. vorbereiten	die _____	Maßnahme	die _____	Überfahrt
4. auftreten	die _____	Nervosität	die _____	Schwierigkeiten
5. segeln	das _____	Schiff	die _____	Strecke
6. kochen	die _____	Suppe	das _____	Essen
7. überraschen	der _____	Sturm	die _____	Passagiere
8. singen	der _____	Kapitän	die _____	Lieder

b Wählen Sie je drei Partizipien aus und formulieren Sie jeweils einen Satz.

Viele Menschen freuten sich auf die geplante Sendung.

2 Formen Sie die Relativsätze um. Benutzen Sie dabei ein Partizip I oder II.

1. Es gibt viele Bücher mit historischen Themen, die sehr gut verkauft werden.

   Es gibt viele gut verkaufte Bücher mit historischen Themen.

2. Die Zahl der Zuschauer, die von TV-Zeitreisen fasziniert wurden, nimmt weiter zu.

   _____

3. Warum ist es für eine Familie, die in Wohlstand lebt, interessant, an einer Zeitreise teilzu-nehmen?

   _____

   _____

4. Die Teilnehmer, die ausgewählt worden waren, freuten sich auf die Möglichkeit, eine Zeitreise zu machen.

   _____

   _____

5. Viele vermissten schon bald die Annehmlichkeiten, die zurückgelassen worden waren.

   _____

6. Die Reisenden streiten sich manchmal über Kleinigkeiten, die sie nerven.

   _____

7. Am Ende der Reise gibt es ein Wiedersehen mit Freunden und Verwandten, die bereits sehn-süchtig warten.

   _____

   _____

3 An welchen Stellen passen die Wörter als Partizipien? Setzen Sie ein.

> respektieren   kommen   anstrengen   aufkommen   anfallen   gelten
> kontrollieren   ~~zurückliegen~~   weiter weg liegen   fließen

Zeitreise im Museum

Ein norddeutscher Radiosender nimmt seine Hörerinnen und Hörer mit auf eine Zeitreise in eine länger (1) _zurückliegende_ Vergangenheit. Das Freilichtmuseum am Kiekeberg wird für elf Menschen acht Tage eine neue Heimat, in der sie am eigenen Leib bäuerliches Leben wie vor 200 Jahren erleben. Bauernleben im

19. Jahrhundert, das heißt: viel Arbeit, wenig Komfort und immer etwas zu entdecken.

An einem Sonnabendmorgen geht es für Teilnehmer los. Zuerst fahren sie zum Kiekeberg, wo sie die (2) _____ Woche leben werden. Kein Strom, kein

(3) _____ Wasser oder andere Annehmlichkeiten aus der Gegenwart wie Heizung oder Handy. Der Volkskundler Robert Göker wird in den nächsten Tagen als

(4) _____ Bauer Friedjof Bohm dafür sorgen, dass die (5) _____ Arbeiten erledigt werden und auf dem Hof Ordnung herrscht. Er, Frau Gunda, Sohn Werner und Großvater Walter haben das Sagen am Kiekeberg und bestimmen die

(6) _____ Regeln. Die erste Aktion ist der Tausch der Kleidung und das Annehmen einer neuen Rolle. Aus Heiner Papke, Student aus Oldenburg, wird der „Drüttknecht" Hein, die Seniorin Ursula Manteuffel wird zu „Groutmöüm" Elsbeth und die Schülerin Veronique Beermann zur „Häuslingstochter" Birte. Die streng (7) _____ Arbeiten werden nach Männern und Frauen aufgeteilt: Die Frauen kümmern sich um das Essen, die Männer arbeiten auf dem Feld, erledigen Reparaturen und halten die Ställe sauber. Nur das Wasserholen aus dem (8) _____ Brunnen wird von beiden Geschlechtern erledigt.

Abwechslung in den (9) _____ Alltag bringt Amtsvogt Johann Wilhelm Hansen. Er dokumentiert die Ereignisse am Kiekeberg und schlichtet die

(10) _____ Konflikte. Der Vogt ist dem übrigen Personal zwar übergeordnet, aber im Haus des Bauern gilt auch für ihn, dass der Bauer erst das Gebet spricht und dann gegessen werden darf. Und dass das Essen erst dann beendet ist, wenn Bauer Friedjof seinen Löffel hinlegt.

4 Welche Rolle würden Sie gerne übernehmen, wenn Sie ins Museumsdorf einziehen würden?

26.10. – Ein Tag in der Geschichte

26.06. – Ein weiterer Tag in der Geschichte

TELC

1 Lesen Sie zuerst die 10 Überschriften. Lesen Sie dann die fünf Texte und entscheiden Sie, welcher Text (1–5) am besten zu welcher Überschrift (a–j) passt. Tragen Sie Ihre Zuordnung ein.

1	2	3	4	5

a) Berliner Humor

b) Amerikaner evakuieren Berliner Bürger

c) *Mit Fantasie zum Bestseller*

d) Schweizer schaffen ein Wunder in Bern

e) **Traditionsbank geht an die Börse**

f) **Ein berühmter Berliner**

g) **Hilfe aus der Luft**

h) *Tor-Rekord und Favoriten-Ende*

i) Englische Literatur am beliebtesten

j) *Spekulierend in die Pleite*

1 Berlin im Juni 1948 – Die Grenzen der Stadt werden von der sowjetischen Militäradministration geschlossen. So müssen die westlichen Alliierten ihre Berliner Stützpunkte aus der Luft versorgen. Am 26. Juni fliegt die erste Maschine der amerikanischen Luftwaffe zum Flughafen Tempelhof in Berlin, die britische Luftwaffe folgt zwei Tage später. Am Anfang geht man von 750 Tonnen Fracht pro Tag aus, Ende Juli 1948 ist man jedoch schon bei über 2.000 Tonnen pro Tag angelangt. Am 15./16. April 1949 wird mit annähernd 13.000 Tonnen Fracht und und fast 1.400 Flügen in 24 Stunden ein Rekord aufgestellt. Neben Nahrungsmitteln wie Trockenmilch, Trockenkartoffeln und Mehl werden hauptsächlich Kohle als Brennstoff und zur Stromproduktion sowie Benzin, aber auch Medikamente und alle anderen in Berlin benötigten Dinge eingeflogen. Zu dem Namen „Rosinenbomber" kommen die Luftbrückenflugzeuge mithilfe von Gail Halvorsen und seinen Nachahmern. Dieser bindet Süßigkeiten an selbst gebastelte kleine Fallschirme und wirft sie vor der Landung in Tempelhof für die wartenden Kinder ab. Im Zuge der weiteren weltpolitischen Entwicklung und internationalen Aufmerksamkeit sieht sich die Sowjetunion schließlich veranlasst, die Versorgung Berlins auf Land- und Wasserwegen ab dem 12. Mai 1949 wieder zuzulassen.

2 „Ich bin ein Berliner" ist ein weithin bekanntes Zitat aus einer Rede von John F. Kennedy am 26. Juni 1963, die dieser vor dem Rathaus Berlin-Schöneberg anlässlich des 15. Jahrestags der Berliner Luftbrücke hielt. Seine populäre Rede fand während des ersten Besuchs eines US-amerikanischen Präsidenten nach dem Mauerbau am 13. August 1961 statt. Mit dieser Reise wollte Kennedy seine Solidarität mit der Bevölkerung von West-Berlin ausdrücken.

Die Rede wurde von Kennedy genau geplant und im Zimmer des Bürgermeisters Willy Brandt einstudiert. Der bekannte Satz „Ich bin ein Berliner" kam darin zweimal vor. In den USA entstand in den 1980er-Jahren eine moderne Sage, nach der sich Kennedy durch seinen berühmten Satz zum Gespött der Berliner gemacht habe. Die Geschichte bezieht sich darauf, dass in einigen deutschen Regionen mit „Berliner" nicht nur die Bürger Berlins, sondern auch ein süßes Gebäck gemeint ist. Die falsche Legende sagt, dass die Zuhörer laut gelacht hätten, als Kennedy sich als Gebäckteilchen bezeichnet habe. Diese Behauptung stimmt nicht und Kennedys Satz wurde wie beabsichtigt als Solidaritätsbekundung verstanden. Dennoch erfreut sich die Legende in den USA immer noch großer Beliebtheit.

3 Das Jahr 1901 war für die Leipziger Bankenwelt katastrophal. Dabei hatte die Geschichte der Leipziger Bank so vielversprechend mit ihrer Gründung am 5. September 1838 als Aktiengesellschaft (Stammkapital: 1,5 Millionen Taler) begonnen. Zu ihren Gründern gehörten die Leipziger Kaufleute und Bankiers Jean Marc Albert Dufour-Féronce, Gustav Harkort und Wilhelm Seyfferth. Die Bank hatte seit 1864 ihren Sitz in der Klostergasse Nr. 3 und besaß Filialen in Chemnitz und Dresden. Im Jahr 1898 begann der Neubau des Gebäudes der Leipziger Bank am Leipziger Rathausring (heute: Martin-Luther-Ring). Im Jahr 1900 war August Heinrich Exner Direktor der Leipziger Bank. Ein riskantes Geschäft mit einer Kasseler Industriefirma sowie Aktienspekulationen führten Ende Juni 1901 (Schwarzer Dienstag) zu einem Fehlbetrag von 40 Millionen Goldmark und zum Zusammenbruch der Leipziger Bank. Am 26. Juni 1901 wurde der Konkurs eröffnet, bei dem die Gläubiger 67 % ihrer Forderungen liquidieren konnten. Das noch unvollendete Gebäude am Rathausring (ebenso wie das Bankgebäude in der Klostergasse) ging in den Besitz der Deutschen Bank in Berlin über. Seit Anfang der 1990er-Jahre ist dort die Leipziger Niederlassung der Deutschen Bank.

4 Österreich gewinnt am 26. Juni 1954 im Viertelfinale der Fußball-Weltmeisterschaft gegen das Gastgeberland Schweiz. In einer dramatischen Partie sind dabei so viele Tore gefallen, wie nie wieder bei einer Fußball-Weltmeisterschaft. Die österreichische Mannschaft erzielte sieben Treffer, die Schweizer Mannschaft konnte aber immerhin fünf Tortreffer aufweisen. Die Partie ging als „Hitzeschlacht von Lausanne" in die Fußballgeschichte ein. Schon zu Beginn erlitt z.B. der österreichische Torwart einen Sonnenstich, durfte aber nicht ausgewechselt werden.

Die WM in der Schweiz schrieb neben der enormen Anzahl der Tore aber auch durch das legendäre Endspiel zwischen Ungarn und Deutschland Fußballgeschichte. Historisch bedeutend war der 3:2-Erfolg Deutschlands über Ungarn, weil die ungarische Mannschaft zu Beginn der Fünfzigerjahre eine derartige Macht im Weltfußball war, dass sie in den vier Jahren zuvor nicht ein einziges von 32 Länderspielen verloren hatte. Damit war Ungarn klarer Favorit bei der Weltmeisterschaft. Hinzu kam, dass man den Deutschen nach dem Zweiten Weltkrieg mit Skepsis begegnete und die Mannschaft mit wenig Hoffnung auf größere Erfolge in das Turnier gegangen war. Mit dem unverhofften WM-Titel keimte neues Selbstvertrauen und Zuversicht im ganzen Land auf.

5 Das erste Harry-Potter-Buch, „Harry Potter und der Stein der Weisen", erscheint in Großbritannien mit einer Startauflage von 500 Exemplaren am 26. Juni 1997. Damals hätte niemand, sicher auch nicht die Autorin Joanne K. Rowling, nur davon zu träumen gewagt, dass dieses Buch allein in den USA 29 Millionen Mal verkauft werden würde. Hatten doch bereits diverse Verlage das Manuskript abgelehnt.

Erzählt wird die Geschichte des Titelhelden Harry James Potter, eines Schülers des britischen Zauberinternats Hogwarts, und seiner Konfrontationen mit dem bösen Magier Lord Voldemort und dessen Gefolgsleuten. Band 1 erschien 1997 (deutsch 1998), Band 7 erschien am 21. Juli 2007 auf Englisch. Die Reihe kann verschiedenen literarischen Genres zugeordnet werden. Neben der klaren Einordnung als Fantasy-Literatur weist die Harry-Potter-Reihe Eigenschaften eines Entwicklungsromans oder auch Bildungsromans auf und wird in der Regel als Jugendliteratur eingeordnet, obgleich die Leserschaft auch viele Erwachsene umfasst. Mit ihren fantasievollen Geschichten hat J.K. Rowling Welterfolg errungen und es von bescheidenen Einkünften zu Reichtum gebracht. Die Romane sind in 65 Sprachen übersetzt worden, weltweit wurden mehr als 350 Millionen Exemplare verkauft.

Irrtümer der Geschichte _____

1 In der Schlange sind dreizehn Verben versteckt, mit denen man eine direkte oder indirekte Rede einleiten kann. Markieren Sie.

strusagenmentendenkenzufrmeinenausäußernberlffragenörseantwortenweprschreiben

plöbbelenwäjdyabehauptenopomitteilennuagvorschlagensuratenjorentgegnentorderwidern

2 Geben Sie die Dialoge in indirekter Rede wieder. Verwenden Sie zur Einleitung passende Verben aus Übung 1.

1. Vater: „Im Mittelalter sind die Leute nicht älter als 40 Jahre geworden."
Sohn: „Das denken viele Leute, aber das stimmt gar nicht. Auch im Mittelalter gab es alte Menschen."

2. Schüler: „War Graf Zeppelin wirklich der erste Mann, der ein Luftschiff gebaut hat?"
Anderer Schüler: „Nein, schon vor Zeppelin hat ein Mann ein Luftschiff gebaut!"

3. Tourist: „Stimmt es, dass das erste europäische Café in Wien stand?"
Reiseführer: „Es stimmt zwar, dass Wien für die Kaffeehauskultur bekannt ist, aber das erste europäische Café war in Venedig."

4. Lehrer: „Die Erfindung des Buchdrucks haben wir Johannes Gutenberg zu verdanken."
Bibliothekarin: „Na ja, im europäischen Raum war er vielleicht der Erste, aber in China gab es zu Gutenbergs Zeit schon lange einzelne kleine Druckplatten für jedes Schriftzeichen."

1. Ein Vater behauptet, im Mittelalter seien die Leute ...

3 Geben Sie die folgenden Zitate in indirekter Rede mit dem Konjunktiv wieder. Verwenden Sie passende redeeinleitende Verben.

1. „Das Telefon hat zu viele Mängel für ein Kommunikationsmittel. Das Gerät ist von Natur aus von keinem Wert für uns." Western Union, interne Kurzinformation, 1876.

2. „Aber für was ist das gut?" Ingenieur vom IBM, 1968, zum Microchip.

3. „Alles, was erfunden werden kann, ist erfunden worden." Charles H. Duell, Beauftragter, USA Office für Patente, 1899.

4. „640 KB sollten genug für jedermann sein." Bill Gates, 1981.

5. „Louis Pasteurs Theorie von Bazillen ist lächerliche Fiktion." Pierre Pachet, Professor der Physiologie in Toulouse, 1872.

6. „Wer zur Hölle will Schauspieler reden hören?" H.M. Warner, Warner Brothers, 1927.

7. „Schwerer als Luft? Flugmaschinen sind unmöglich." Lord Kelvin, Präsident der Royal Society, 1895.

8. „Wir mögen deren Geräusche nicht, und Gitarrenmusik ist am Aussterben." Decca Recording Co über die Beatles, 1962.

1. 1876 behauptete die Firma Western Union in einer internen Kurzinformation ...

1 **Ergänzen Sie die Beschreibung des Transitabkommens mit den Wörtern aus dem Kasten.**

| Ziel | Schritt | zwischen | unterzeichnet | Bürgern | bedeutend | erleichtern |

Das Transitabkommen (1) _____ der BRD und

der DDR wurde am 17. Dezember 1971 in Bonn

(2) _____. Um von der BRD aus nach West-Berlin

zu gelangen, musste man durch DDR-Gebiet reisen.

(3) _____ dieses Abkommens war es, Reisen

zwischen Berlin-West und der BRD für Bürger der BRD zu

(4) _____. Mit der Unterzeichnung des

Transitabkommens war es (5) _____ der BRD

möglich, insgesamt 30 Tage im Jahr ohne Angabe von Gründen

in der DDR oder in Ost-Berlin zu verbringen. Das Transit-

abkommen ist deshalb so (6) _____, weil es das erste

Abkommen zwischen der BRD- und der DDR-Regierung war und

den ersten (7) _____ einer Annäherung darstellt.

Deutsche Demokratische Republik
Ministerium für Auswärtige Angelegenheiten

Transitvisum

zur einmaligen Reise durch das Hoheitsgebiet
der Deutschen Demokratischen Republik
über die für den Transitverkehr
zugelassenen Grenzübergangsstellen
auf den vorgeschriebenen Verkehrswegen
und den kürzesten Fahrtstrecke

i. A. *Ritter*

Während des Transits ist ein Wechsel des Transport-
mittels nur mit Zustimmung der zuständigen Organe
der DDR gestattet. In der Binnenschifffahrt berechtigt
das Transitvisum zum Landgang an den dafür zugelassenen Orten.

A 19/1

2 **Hören Sie noch einmal die sechs Meinungsäußerungen zum Thema „Wende" 15 Jahre nach dem Mauerfall aus Aufgabe 4a im Lehrbuch auf Seite 51. Welche Aussagen sind richtig zusammengefasst, welche falsch? Kreuzen Sie an.**

2.12

		r	f
1. Person	Er war damals sehr überrascht, dass die Veränderungen, für die auch er in Leipzig demonstriert hatte, so schnell gekommen waren. Er ist sehr froh, dass alles so friedlich abgelaufen ist.	☐	☐
2. Person	Sie hat von den politischen Ereignissen am 9. November nichts mitbekommen, da sie mit ihrem kleinen Sohn einen Laternenzug beobachtet hat.	☐	☐
3. Person	Sie hat die Ereignisse im Jahre 1989 zwar nicht miterlebt, ist aber sehr froh darüber.	☐	☐
4. Person	Auch sie hat die Ereignisse nicht bewusst miterlebt. Sie ärgert sich über Menschen, die alle wirtschaftlichen Probleme auf die Folgen der Wiedervereinigung schieben.	☐	☐
5. Person	Er kann nicht verstehen, wie sich manche Menschen wünschen können, dass die Mauer wieder aufgebaut werden soll.	☐	☐
6. Person	Er hatte gerade seine Grundausbildung bei der Armee der damaligen DDR absolviert und hat vom Tag der Maueröffnung fast nichts mitbekommen.	☐	☐

Grenzen überwinden

3a Lesen Sie den Anfang des Textes „15 Jahre nach dem Mauerfall" und beantworten Sie die Fragen.

1. Wer ist die Erzählerin des Textes?
2. In welchem Deutschland (BRD oder DDR) liegt die Schule, von der die Rede ist?
3. Was ist das Besondere an der Schulklasse, von der erzählt wird?
4. Aus welcher Zeit wird in diesem Abschnitt berichtet?

15 Jahre nach dem Mauerfall

Ein Klassentreffen

Von Jana Simon

1 Der erste Schultag, September 1989, meine Klasse ist zum Appell angetreten. Wir stehen ganz still. Die Tür zur Aula öffnet sich, Carsten Krenz, der Sohn von Egon Krenz[1], und ein paar Jungen aus der Klasse über mir marschieren ein. Sie tragen grünliche Uniformen, schwarze Schnürstiefel, kehren aus einem dieser Wehrlager zurück, die meist in die Sommerferien fielen.
5 Es ist ein schöner Tag, die Sonne spiegelt sich auf dem Parkett des Saales.

Ein paar hundert Kilometer südlich klettern in diesem Augenblick unsere Landsleute über Botschaftszäune oder laufen über die ungarische Grenze in den Westen. Unser Land liegt im Sterben. In der Aula formiert sich das letzte Kampfaufgebot der DDR, meine älteren Mitschüler. Die Szene hat etwas Unwirkliches, so als habe sich auf allem Staub abgesetzt. Wir, gefroren zu
10 einem letzten Bühnenbild. Es ist dieses Bild, das mir als Erstes in den Sinn kommt, wenn ich an meine Schule denke, die Carl-von-Ossietzky-Schule in Berlin-Pankow.

[…]

Als wir an die Schule kamen, war die DDR fast tot. Wir waren 22 Schüler, 16 oder 17 Jahre alt, aus verschiedenen Bezirken, die zum Abitur für die letzten zwei Jahre an die Erweiterte
15 Oberschule (EOS) „delegiert" worden waren. Und wir hatten nur eins gemeinsam: Wir stammten nicht aus der Arbeiterklasse. Warum, das blieb das Geheimnis der Schulrätin, die unsere Klasse zusammengestellt hatte. Die „Mischung" sollte stimmen. Es war, als hätte sie uns für ein soziologisches Experiment vorgesehen und uns nach größtmöglicher Unterschiedlichkeit ausgesucht: Kinder von Funktionären, Oppositionellen, Künstlern, religiös, atheistisch; DDR-
20 gläubig, weniger DDR-gläubig, nicht mehr gläubig.

Den unauffälligen Michael hatten manche als Spitzel in Verdacht. […]

Wir waren die letzte Klasse, die ihr Abitur noch in der DDR begann und in einem anderen Land beendete. Inzwischen lebt eine von uns nicht mehr, drei sind nach Westdeutschland gezogen, eine nach England, eine aufs Land, eine ist nach Warschau zurückgegangen, alle anderen
25 wohnen in Berlin. Nichts ist so geblieben wie damals, als wir uns in der Aula kennenlernten. Wie haben sich meine Mitschüler im neuen Land zurechtgefunden? Kann man an unserem Beispiel etwas über die jungen Ostdeutschen erzählen? Haben wir Gemeinsamkeiten?

[…]

---

[1] Egon Krenz: hochrangiger Funktionär der DDR-Staatspartei Sozialistische Einheitspartei Deutschlands (SED) und im Jahr 1989, dem Jahr der Wende, für wenige Wochen Staatsratsvorsitzender der DDR (Nachfolger Erich Honeckers)

b Lesen Sie den zweiten Ausschnitt des Textes und sammeln Sie Informationen zu den folgenden Punkten:

1. politische Veränderungen
2. Reaktionen direkt nach dem Mauerfall
3. Erfahrung in Zusammenhang mit „Macht"
4. Erklärungsversuche und Versuche, die Wende zu beschreiben
5. Reaktionen und Emotionen nach 1990

Als die Mauer fiel, verschwanden manche gleich nach West-Berlin

1   Die Grenzen zur Tschechoslowakei wurden geschlossen, wir konnten nun in kein Land dieser Erde mehr reisen. Unser Staatsbürgerkundelehrer teilte die Welt weiter in materialistisch
und idealistisch. Im Geschichtsunterricht lagen zwei dicke Bände Geschichte der SED vor uns,
die wir bis zum Ende der 12. Klasse wahrscheinlich auswendig lernen sollten. [...] Die
5   Schulwirklichkeit verabschiedete sich ins Absurde. Eine Ahnung vom baldigen Ende gab der
40. Geburtstag der Republik am 7. Oktober 1989. Wir standen an der Breiten Straße in Pankow
und winkten Honecker und Gorbatschow mit Fähnchen zu. Neben mir stand Charlotte aus der
Parallelklasse und schnitt langsam das DDR-Emblem aus der Fahne. Und es passierte nichts.
[...]
10   Die Nacht, die alles veränderte, verschlief die Klasse. Erst am Morgen des 10. November
erfuhren die meisten, dass die Mauer gefallen war. Manche gingen noch zur Schule, andere
verschwanden gleich nach West-Berlin. Einige telefonierten jede Pause mit der Polizei und
fragten nach, ob die Grenze wirklich noch offen sei. Michael hatte den Mauerfall am Abend
vor dem Fernseher verfolgt, in dem Augenblick, wo wir uns freuten oder in Ungläubigkeit ver-
15   harrten, wusste Michael schon, es ist vorbei. Seine Eltern schlossen sich im Schlafzimmer ein,
er hörte ihre aufgeregten Stimmen. Fortan schwieg Michael. Für die anderen begannen zwei
Jahre der Anarchie. Und wir wurden erwachsen.
Wir spürten das erste Mal die angenehmen Seiten der Macht. Unser gefürchteter
Staatsbürgerkundelehrer verschwand, er kam einfach nicht mehr. [...] In Geschichte begannen
20   wir noch einmal bei den Urmenschen, schafften es bis zum Ende der 12. Klasse aber nur bis ins
Mittelalter. Die Geschichte der SED landete neben den Mülltonnen. Es gab nichts, was wir
nicht fordern konnten.
[...] Es war aufregend und verstörend zugleich. Wir sahen dabei zu, wie sich ein ganzes
System vor unseren Augen auflöste. Anna sagt, sie habe damals ihr DDR-Sicherheitsgefühl
25   verloren, für immer. Nun war alles möglich.
[...]
[...] Kamerateams wanderten durch die Flure und stellten uns immer die gleiche Frage: „Wie
ist es gewesen?" Schon wenn sich das „Wie" im Mund unseres Gegenübers formte, lachten wir
nur noch heftig auf. Was sollten wir erzählen? Ich beobachtete, wie meine Klassenkameraden
30   sich bemühten, ihre Gefühle zu beschreiben, sie endeten meist mit dem Wort „Wahnsinn". Es
blieb keine Zeit zum Nachdenken. Unterricht gab es selten, wir waren entweder auf
Demonstrationen oder in Berufsberatungen. In der Erinnerung schrumpfen die zwei Jahre zu
ein paar atemlosen Wochen im Rausch.
Träume und Wünsche wurden überdacht und verworfen. Die erste Wahl und die deutsche
35   Vereinigung machten uns zu Gegnern für kurze Zeit. Helmut feierte am 3. Oktober 1990 mit
Sekt, und Anna hisste die DDR-Flagge am Leninplatz, obwohl sie die alte DDR gar nicht mehr
mochte. [...] Im Sommer 1991 gingen wir nach zwölf Klassen auseinander, mit einem Westabitur.
Wir hatten keine Ahnung von diesem neuen Land, von dem, was es im Innersten zusammen-
hielt, wie seine Institutionen funktionierten, aber wir waren guter Laune. [...]

c Lesen Sie den letzten Ausschnitt und beantworten Sie die Fragen.

1. Was meint die Autorin, wenn sie schreibt „die Klasse ist nicht repräsentativ"?
2. Wie beschreibt Matthias R. den Jahrgang seiner Klasse?
3. Was verbindet die ehemaligen Mitschüler?

15 Jahre später

1 Ich beobachte meine ehemaligen Mitschüler am Tisch. Äußerlich haben sie sich wenig verändert. Wenn wir zusammen sind, scheinen wir unsere alten Rollen zu spielen. Michael ist wieder sehr still, Henry und Lisa auch; Anna und Stephan reden unaufhörlich. Mir fällt auf, wie viel wir über Fonds, Versicherungen und Steuern sprechen. Was sagt das über uns und 15 Jahre
5 Deutschland? Diese Klasse ist nicht repräsentativ. Wir haben fast alle studiert, kommen zum Großteil aus gut situierten Elternhäusern und leben in der Stadt. Wir haben bis auf eine alle Arbeit. Wir sind flexibel, mobil, agil. Wir sind längst im Westen angekommen, aber niemand fühlt sich darin vollkommen zu Hause.

„Unser Jahrgang ist der Jahrgang der Sieger", sagt Matthias R. Wir kennen beide Systeme,
10 haben fast die Hälfte unseres Lebens im Osten und die andere im Westen verbracht. Wir sind gut ausgebildete Zwitter. Wir, die Glückskinder der Einheit. […]

Uns verbindet ein diffuses Ostgefühl einer gemeinsam geteilten Vergangenheit: Erinnerungen an Cola-Wodka in dunklen Clubs, Wehrkunde, Ferien in Ungarn. Wir sind sehr verschieden, und wir wissen, wie wir uns in einer Diktatur verhalten haben. Keiner von uns sehnt sich nach
15 der DDR, wir sind glücklich, dass sie verschwunden ist. Manchmal kommt uns der Westen satt und sorglos vor, obwohl auch das nicht mehr stimmt. Eine gewisse Fremdheit wird bleiben. Wir haben gesehen, dass nichts sicher und für immer ist. […]

Am Ende des Klassentreffens rücken wir näher an Alexander St. heran und lassen uns beraten. Er hat auch eine Ausbildung als Versicherungskaufmann. Wir machen uns ziemliche Sorgen um
20 unsere Rente.

 4 Eine Gruppe von Geschichtsstudenten besucht im Rahmen einer Studienreise durch Ihr
TELC Heimatland zwei Tage lang Ihre Heimatstadt. Sie sollen mit einem Partner / einer Partnerin den Aufenthalt der Gruppe planen.
Wenn Sie aus unterschiedlichen Heimatländern kommen, einigen Sie sich bitte ganz schnell auf ein Reiseziel.
Überlegen Sie, was für ein Programm Sie der Reisegruppe anbieten können und machen Sie Ihrem Partner / Ihrer Partnerin Vorschläge. Entwickeln Sie dann gemeinsam ein Zwei-Tages-Programm für die Reisegruppe.

> **TIPP Mündliche Prüfung mit einem Partner / einer Partnerin**
> In mündlichen Prüfungen, die Sie zusammen mit einem Partner / einer Partnerin machen, sollen Sie zeigen, dass Sie sprachlich in der Lage sind, Probleme gemeinsam zu lösen. Achten Sie also auf Folgendes:
> - Sagen Sie nicht sofort zu jedem Vorschlag Ihres Partners / Ihrer Partnerin „Ja", sondern machen Sie Gegenvorschläge, stellen Sie Rückfragen oder nennen Sie Alternativen,
> - begründen Sie Ihre Meinung,
> - einigen Sie sich dann mit Ihrem Partner und
> - besprechen Sie gemeinsam die zu lösenden Aufgaben (machen Sie Vorschläge, stellen Sie Fragen usw.).

So schätze ich mich nach Kapitel 8 ein: Ich kann ...	+	0	–	Modul/ Aufgabe
... wesentliche Informationen aus Radionachrichten eines Tages verstehen.				M2, A2
... eine Chronik zu einem historisch wichtigen Tag verstehen.				M4, A3c
... Aussagen von Zeitzeugen zu einem historischen Ereignis verstehen.				M4, A4a
... in einem längeren Text über eine Geschichtsdokumentation schnell wichtige Informationen verstehen.				M1, A1b, c
... detaillierte Informationen in Zeitungsmeldungen eines bestimmten Tages verstehen.				M2, A1a, b
... einen Text über Irrtümer der Geschichte verstehen.				M3, A1a, b
... einen Auszug aus einem Roman lesen, dabei dem Gang der Gedanken und Geschehnisse folgen und so die Gesamt- aussage und viele Details verstehen.				M4, A2
... einen Lexikonartikel zu einem historischen Ereignis verstehen.				M4, A3b
... darüber sprechen, ob ich an einem Projekt teilnehmen möchte, bei dem man das Leben in einer anderen Zeit simuliert.				M1, A1d
... Ereignisse zu einem bestimmten Datum präsentieren.				M2, A3c–e
... über Irrtümer der Geschichte sprechen.				M3, A4
... über Erfahrungen bei der Einreise in andere Länder sprechen.				M4, A2d
... Informationen zu Ereignissen an einem bestimmten Tag recherchieren und notieren.				M2, A3b
... Informationen und Argumente aus verschiedenen Texten zu einem historischen Ereignis gegeneinander abwägen und zusammenfassen.				M4, A5

Das habe ich zusätzlich zum Buch auf Deutsch gemacht: (Projekte, Internet, Filme, Texte, ...)		
	Datum:	Aktivität:

Mit viel Gefühl ...

Wortschatz wiederholen und erarbeiten

1a **Ordnen Sie die Adjektive den Illustrationen zu. Zu jeder Illustration lassen sich vier Adjektive finden.**

vorsichtig	fröhlich	verblüfft	anmaßend	wütend	begeistert	zurückhaltend
arrogant	vergnügt	verärgert	leidenschaftlich	lustig	bedrückt	überrascht
wutentbrannt	schüchtern	eingebildet	erstaunt	traurig	fanatisch	zornig
mitgerissen	froh	betrübt	besonnen	bescheiden	bedächtig	verwundert
überheblich	niedergeschlagen	behutsam		scheu		

b **Bilden Sie von den Adjektiven das dazugehörige Substantiv. Notieren Sie auch den Artikel.**

1. vorsichtig – *die Vorsicht*
2. wütend – _____
3. begeistert – _____
4. arrogant – _____
5. schüchtern – _____

6. traurig – _____
7. bescheiden – _____
8. verwundert – _____
9. fröhlich – _____
10. zornig – _____

2a Ordnen Sie die Substantive: Welche haben Ihrer Meinung nach eine positive, welche eine negative Bedeutung? Notieren Sie die Wörter mit Artikel.

> Zorn   Verlegenheit   Freude   Vergnügen   Aufregung   Besorgnis   Ärger   Sympathie
> Heimweh   Liebe   Melancholie   Angst   Eifersucht   Gutmütigkeit   Neid
> Enttäuschung   Glück   Furcht   Bedauern   Fröhlichkeit   Trübsinn

positive Stimmung	negative Stimmung
	der Zorn, ...

b Ergänzen Sie die Substantive aus dem Kasten.
(Umlaute = ein Buchstabe)

1. Alle waren in heller _A u f r e g u n g_ .
2. Erst die Arbeit, dann das ___ ___ ___ ___ ___ ___ ___ ___ .
3. ___ ___ ___ ___ ___ geht durch den Magen.
4. Vor ___ ___ ___ ___ ___ ___ sprang sie fast an die Decke.
5. Die wirtschaftliche Lage kann einem ___ ___ ___ ___ ___ und Bange machen.
6. Mein Nachbar ist vor ___ ___ ___ ___ erblasst, als ich mit dem neuen Auto vorfuhr.
7. Zu meinem ___ ___ ___ ___ ___ ___ ___ ___ muss ich Ihnen mitteilen, dass Ihr Antrag abgelehnt wurde.
8. Mit seiner indiskreten Frage hat er mich in ___ ___ ___ ___ ___ ___ ___ ___ ___ ___ ___ gebracht.

3a Finden Sie im Wörterbuch Wörter mit GEFÜHL.

Substantiv	Adjektiv
Hungergefühl, ...	*gefühlvoll, ...*

b Wählen Sie drei Wörter aus und schreiben Sie Sätze.

Farbenfroh

1 Lesen Sie Texte im Lehrbuch auf Seite 58/59 noch einmal. Markieren Sie, in welchem Text Sie die Aussagen finden.

	Text 1	Text 2	Text 3
1. Auf Papier in dieser Farbe teilte man früher Unerfreuliches mit.			
2. Eine Fahne in dieser Farbe signalisierte im Mittelalter den Ausbruch einer Krankheit.			
3. In der Frühgeschichte glaubte man, dass diese Farbe vor bösen Geistern schütze.			
4. Beim Fußball wird diese Farbe eingesetzt, um einen Spieler zu verwarnen.			
5. Diese Farbe steht für Ärger und Wut.			
6. Diese Farbe wird in der Werbung gerne verwendet.			

2 Lesen Sie den Text und ergänzen Sie die fehlenden Präpositionen.

Flexibler und multifunktionaler leben: Die neuen Wohntrends

Es macht Spaß, das eigene Zuhause einzurichten. Wer sich verändern oder die Wohnung in einem anderen Licht erscheinen lassen möchte, sollte sich auf die Suche (1) _____ neuen Ideen machen. Doch welche Farben sind in? Die Antwort (2) _____ diese Frage ist gar nicht so einfach und die Wirkung der Farben (3) _____ die eigene Stimmung wird oft unterschätzt. Deswegen ist der Zweifel (4) _____ der Wahl der richtigen Farbe oft berechtigt. Der Alleskönner Weiß ist auf alle Fälle nach wie vor in. Er steht für Klarheit und wirkt im trendbewussten Wohnambiente leicht und beruhigend.

Hat man eine Entscheidung (5) _____ die Farbe getroffen, stellt sich als Nächstes die Frage (6) _____ der richtigen Einteilung der Räume.

Beim Aus- bzw. Umbau der Räume gibt es einen eindeutigen Trend: der Verzicht (7) _____ teilende Wände. Nach wie vor ist die Tendenz (8) _____ offenen Formen des Wohnens ungebrochen. Hier steht z.B. die großzügige Wohnküche immer noch hoch im Kurs.

3 Ergänzen Sie in den Sätzen die Präposition.

1. Viele Malerfirmen sind _____ der Renovierung der Wohnung behilflich.

2. Dabei ist man _____ die Auswahl in Bezug auf mögliche Farben erstaunt.

3. Es ist _____ der Funktion des Zimmers abhängig, welche Farben man nehmen sollte.

4. Helle Töne sind _____ kleine Räume geeignet, da sie besonders freundlich wirken.

5. Kalte Farben sind _____ Sachlichkeit und Funktionalität bekannt.

6. Dunkle Farbtöne können _____ große Räume wichtig sein: Je dunkler der Farbton ist, desto kleiner wirkt der Raum.

4 Ergänzen Sie die fehlenden Präpositionen und Pronominaladverbien.

Die Farbe Grün ist die Farbe des Lebens und der Pflanzen. Sie symbolisiert den Sieg des Frühlings (1) _____ den Winter und lässt die Menschen (2) _____ wärmere und farbenfrohe Zeiten hoffen. Weil Grün durch Farbmischung von Gelb und Blau entsteht, verbindet sich das Geistige der Farbe Blau (3) _____ der emotionalen Wärme der Farbe Gelb. Beides zusammen steht (4) _____ Wachstum und Weisheit.

Die Wurzel des Wortes „grün" liegt in dem alten Wort *ghro*, was so viel wie „wachsen" und „gedeihen" bedeutet. Beim Vergleich dieses althochdeutschen Wortes (5) _____ den englischen Wörtern *grow* und *green* lassen sich durchaus Gemeinsamkeiten feststellen.

Im Mittelalter war Grün die Farbe der Liebe. Viele Lieder und Gedichte dieser Zeit handeln (6) _____, dass der Dichter unsterblich (7) _____ ein schönes Mädchen verliebt ist, das oft ein grünes Gewand trug. Einige Künstler des Mittelalters malten das Kreuz Christi grün, (8) _____ wollten sie Hoffnung ausdrücken. Grün war im Mittelalter aber auch die Farbe der bösen Schlangen und Dämonen. Vielleicht glaubt man deswegen bis heute (9) _____, dass die Farbe Grün (10) _____ dem Begriff „Gift" verbunden ist. Das wird in der Bezeichnung „giftgrün" ganz deutlich.

5 Wählen Sie aus dem Schüttelkasten fünf Ausdrücke aus und schreiben Sie einen kurzen Text.

sich ärgern über	verrückt sein nach	sich freuen auf	zufrieden sein mit
	froh sein über	nachdenken über	begeistert sein von
(sich) informieren über	glücklich sein über	sich gern erinnern an	

Ich denke oft darüber nach, ... _____

_____

_____

_____

Mit Musik geht alles besser

🔑 1a Ordnen Sie die Wörter mit Artikel und Pluralform (sofern vorhanden) in die Tabelle ein.

Band	Pop	Saxofon	Konzertsaal	Star	Klassik	Gitarre	Oper
Chor	Volksmusik	~~Klavier~~	Sänger	Stadion	Jazz	Trompete	Disco

das Musikinstrument	der Musikstil	die Musiker	der Ort
das Klavier – die Klaviere			

b Welche weiteren Wörter fallen Ihnen zu diesen vier Gruppen ein? Ergänzen Sie.

2 Wählen Sie aus dem Schüttelkasten die Adjektive aus, mit denen man Musik beschreiben kann. Beschreiben Sie Ihre Lieblingsmusik.

traurig	verträumt	schockiert	wertlos	grauenvoll	lieb	bezaubernd
massiv	akut	wehmütig	beschwingt	trocken	langweilig	kräftig
		ermüdend		schwungvoll	wütend	

Moderne Musik finde ich grauenvoll. Deswegen höre ich gern ...

🔑 3 Lesen Sie den Text im Lehrbuch auf Seite 60/61 und ergänzen Sie die Textzusammenfassung.

Musik wird heute von vielen Experten nicht nur als ein

(1) _____ abgetan, sondern z.B. in der

(2) _____ eingesetzt. Im ersten Ab-
schnitt berichtet der Text darüber, wie Musik auf den

(3) _____ wirkt. Dadurch, dass ruhige
Musik Einfluss auf den Hormonhaushalt hat, können

(4) _____ abgebaut und

(5) _____ verringert werden.

Im zweiten Absatz geht es darum, wie Musik die (6) _____ Entwicklung von

Kindern fördern kann. Musik bringt Kinder dazu, dass sie andere Mitmenschen intensiver

(7) _____ und so die Stimmung der anderen einschätzen können.

Über den Zusammenhang von Musik und (8) _____ berichtet der dritte Absatz.

Musik hat nämlich einen (9) _____ für das Gedächtnis. Sie ist eine Art

(10) _____.

Der letzte Absatz berichtet darüber, dass Musik bestimmte (11) _____ hervorrufen

kann. Mit ihnen kommen auch verbundene (12) _____ und Gefühle wieder.

4 Ergänzen Sie die Hauptinformationen für den zweiten Absatz des Textes im Lehrbuch auf Seite 60/61.

Die Macht der Musik

Absatz 2 Musikunterricht

Bedeutung:
1. _____
2. Beitrag zur _____

Nachweis in:
Langzeitstudie _____
_____

Ergebnisse:
1. Zunahme der _____
2. _____

Grund:
Schulung der … _____

Folge:
1. gezieltes Hören auf _____
2. _____

TIPP Texte übersichtlich zusammenfassen

Bevor Sie eine Zusammenfassung schreiben, notieren Sie die Hauptinformationen des Textes. Teilen Sie dafür den Text in Abschnitte und suchen Sie für jeden Absatz eine Teil-überschrift. Formulieren Sie für jeden Absatz Fragen zum Inhalt und geben Sie die entsprechenden Antworten. Versuchen Sie dann die Fragen und Antworten zu verkürzen. Eine große Hilfe für die schematische Darstellung des Textinhalts sind Abkürzungen (z.B., usw., u.a., …) und Symbole (Pfeil, Frage-, Ausrufezeichen, …).

!	Sehr wichtig!
✓	Habe ich verstanden.
Def.	Definition

?	Nicht verstanden. Nachfragen. Wörterbuch.
→	Mit der Folge, dass …
Bsp.	Beispiel

1a Lesen Sie die E-Mail und ergänzen Sie passende Modalpartikeln. An einigen Stellen sind mehrere Lösungen möglich.

| denn | doch | eigentlich | einfach | ja | mal | schon | wohl |

Liebe/r …,

ich habe Dir (1) _____ von dem netten Mann erzählt, den ich vor zwei Wochen auf der Party kennengelernt habe. Ich hatte (2) _____ nicht mehr damit gerechnet, von ihm zu hören, aber am Dienstag hat er mich angerufen. Ich konnte es (3) _____ nicht glauben. Naja, jetzt sind wir verabredet. Für morgen.

Dominik (so heißt er) war wieder so süß. Vielleicht ist er (4) _____ endlich (5) _____ der Richtige. Wir haben viele gemeinsame Interessen, das ist (6) _____ sehr schön. Und er ist (7) _____ ein Familienmensch. Das hört sich (8) _____ gut an, oder? Nach meiner Katastrophe mit Jan hatte ich (9) _____ keine Lust mehr auf eine Beziehung. Mich wieder in den Falschen verlieben? Nein danke. Was denkst Du (10) _____? Ich bin schon total aufgeregt …!

Ob er (11) _____ der Richtige ist?

Schreib mir bitte ganz schnell oder ruf (12) _____ an!

Jule

b Schreiben Sie eine Antwort und benutzen Sie dabei auch Modalpartikeln.

2a Welche Äußerungen passen zu welchem Bild? Ordnen Sie zu und schreiben Sie je zwei weitere Äußerungen.

☐ „Das darf doch wohl nicht wahr sein! …" ☐ „Das ist doch unerträglich!"

☐ „Wir können auch mal zusammen woanders essen." ☐ „Was willst du denn von mir?"

☐ „Was glaubst du denn eigentlich?" ☐ „Was soll das denn sein?"

☐ „Mach doch nicht so einen Stress." ☐ „Hier hat man echt nie seine Ruhe."

☐ „Du kannst dich ja selbst darum kümmern." ☐ „Es ist einfach immer dasselbe."

☐ „Woanders gibt's aber was Besseres." ☐ „Dass die dafür auch noch Geld nehmen!"

b Schreiben Sie einen Dialog zu Bild 1 oder 2.

Gefühle und Emotionen

1a Gefühle in Worten – Wie heißen die Substantive, Verben und Adjektive?

1. das Gefühl	fühlen	gefühlvoll
2. die Liebe	_____	_____
3. die _____	sich freuen	freudig
4. die Scham	_____	verschämt/schamvoll
5. die Neugier(de)	–	_____
6. der _____	sich ekeln	eklig
7. _____	_____	_____
8. _____	_____	_____
9. _____	_____	_____

b Welche Gefühle gibt es noch? Ergänzen Sie die Liste aus Übung 1a mithilfe des Wörterbuchs.

2 Wie reagiert der Körper bei bestimmten Emotionen? Ordnen Sie Wörter und Ausdrücke den drei Empfindungen zu.

Augenbrauen ziehen sich zusammen	würgen	Augen werden schmal
Hormone werden ausgeschüttet	aufgeregt sein	erhöhter Blutdruck
Herz schlägt schneller	brüllen	feuchte Hände
Lippen aufeinanderpressen	lächeln	man hält die Luft an
starke Körperspannung	rot werden	Pupillen weiten sich
sanfte Stimme	schwitzen	man hält sich die Nase zu
weiche Knie	sich abwenden	Kribbeln im Bauch
kein klarer Gedanke möglich	nervös sein	Konzentrationsprobleme

wütend sein	verliebt sein	sich ekeln

Gefühle und Emotionen _____

3 Wählen Sie eine Situation, in der Emotionen eine Rolle spielen, und beschreiben Sie sie in einem kurzen Text.

- die Gefühle
- das Verhalten
- die Gedanken

_____

_____

_____

_____

_____

 LB 2.23 –2.24

4 Zu welchen Emotionen passen die Aussagen? Lesen Sie die Sätze 1–8 und kreuzen Sie an. Hören Sie danach die Texte zu den Themen „Angst" und „Neugier" (Lehrbuch, Seite 65, Aufgabe 2 und 3) zur Kontrolle.

	Angst	Neugier
1. Wegen ihrer negativen Seiten bemerken wir oft nicht, welche guten Eigenschaften diese Emotion besitzt.		
2. Diese Emotion treibt uns dazu, nach etwas zu suchen.		
3. Wenn wir unter enormen Druck kommen, entsteht dieses Gefühl.		
4. Dieses Gefühl kann längere Zeit immer gleich stark präsent sein.		
5. Ohne diese Emotion würden die Menschen kaum etwas Neues erfahren.		
6. Diese Emotion kann uns unfähig machen, zu handeln.		
7. Worauf sich dieses Gefühl bezieht, ist von unterschiedlichen Lebensphasen abhängig.		
8. Diese Emotion auszuleben ist wichtig, um im Alter geistig fit zu bleiben.		

5a Lesen Sie den Text auf Seite 164. Entscheiden Sie, welche der Antworten (a, b oder c) passt. Es gibt jeweils nur eine richtige Lösung.

GI
TELC

Beispiel:

Warum ist das Mitgefühl so wichtig für das menschliche Miteinander?

a Weil wir uns dadurch von den Tieren unterscheiden.

☒ Weil das Vermögen, sich in andere einzufühlen, die Basis für das gegenseitige Verstehen ist.

c Weil Mitgefühl gesellschaftlich sehr angesehen ist.

1. Ab wann ist die Wahrnehmung der Emotionen anderer Personen möglich?

a Erst Jugendliche verstehen die Gefühle der anderen.

b Mitgefühl entwickelt sich mit der Sprache.

c Schon in den ersten Monaten verstehen Kinder die Emotionen ihrer Kontaktpersonen.

2. Wenn der orbifrontale Kortex durch Krankheit nicht mehr funktioniert, dann …

a kann der Mensch nicht mehr mit anderen mitfühlen.

b verliert man sein Gedächtnis.

c muss die Person Mitgefühl wieder erlernen.

3. Wieso empfinden auch manche Menschen kein Mitgefühl, obwohl ihr orbifrontaler Kortex eigentlich funktioniert?

a Weil sie Mitgefühl in ihrer sozialen Stellung für unangemessen halten.

b Weil sie in jungen Jahren keine Chance hatten, ihre Fähigkeit zum Mitgefühl entfalten zu können.

c Weil ihre Interessen kein Mitgefühl zulassen.

4. Was passiert, wenn schon Kinder ihre Fähigkeit zum Mitfühlen unterdrücken müssen?

a Das Einfühlungsvermögen wird im Gehirn nicht richtig ausgebildet oder von anderen Funktionen dominiert.

b Man verliert die Fähigkeit zum Mitfühlen und kann diese auch nicht neu erlernen.

c Diese Kinder leben ihr Mitgefühl als Jugendliche und Erwachsene besonders stark aus.

5. Das Mitgefühl dieser Kinder ist verschwunden, weil …

a in ihren Gehirnen nicht ausreichend Platz dafür war.

b in ihren Gehirnen die Fähigkeit, mit anderen mitzufühlen, nicht gefestigt wurde.

c ihnen das Mitleid für andere verboten wurde.

Wozu braucht der Mensch Mitgefühl?

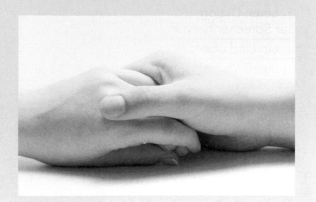

1 Wir leben in einer Zeit, in der die meisten Menschen meinen, dass wir uns von den Tieren vor allem durch unsere Fähigkeit zum abstrakten Denken unterscheiden. Da-
5 bei übersehen wir allzu leicht, dass es noch eine zweite, wahrscheinlich viel wichtigere Fähigkeit gibt, die die Entfaltung unserer geistigen Potenziale erst ermöglicht: dass wir fühlen können, was in einem anderen
10 Menschen vorgeht, was ihn bedrückt und worüber er sich freut.

Jedes Kind bringt diese Fähigkeit mit auf die Welt und normalerweise kann es die Gefühlsausdrücke seiner frühen Bezugsper-
15 sonen bereits perfekt verstehen, bevor es die ersten Worte spricht.

Mitgefühl ist die Grundlage unseres gegenseitigen Verstehens; hätten wir diese enorm komplexe Leistung unseres Hirns
20 nicht entwickelt, wäre ein menschliches Miteinander wohl nicht möglich.

Das Mitgefühl, sagen die Hirnforscher, sitzt im orbifrontalen Kortex, also [...] gleich hinter den Augenbrauen und über den
25 Augenhöhlen. [...]

Wenn der orbifrontale Kortex nicht mehr funktioniert oder durch eine Hirnverletzung zerstört ist, können die Betroffenen auch kein Mitgefühl mehr empfinden. Sie sind ge-
30 nauso intelligent wie vorher, können sich an alles Erlebte erinnern und auch noch Pläne schmieden. Aber irgendwie kommt man mit ihnen nicht zurecht. In ihren Beziehungen zu anderen sind sie so kalt wie ein Eisschrank.
35 [...] Gefühlskalten Menschen begegnet man nicht nur in psychologischen oder kriminalistischen Kontexten, sondern auch in angesehenen Positionen: als knallhart be-

rechnende Unternehmer, Politiker oder
40 Lobbyisten. Entstanden ist die Eiskammer in ihrem Hirn oft dadurch, dass sie schon während der Kindheit gezwungen waren, ihr Einfühlungsvermögen zu unterdrücken. Das fällt Kindern nicht leicht, doch wenn
45 ihre frühe Lebenswelt von emotionaler Kälte, Rücksichtslosigkeit und Gewalt geprägt ist, bleibt ihnen nichts anderes übrig. Die neuronalen Netzwerke, die für das Mitfühlen der Empfindungen anderer verant-
50 wortlich sind, werden so nur kümmerlich ausgeformt oder geraten unter den hemmenden Einfluss der Bereiche, die für das egoistische Durchsetzen eigener Interessen zuständig sind. Dann ist ihr Mitgefühl ver-
55 schwunden – aber nicht, weil in ihren Gehirnen kein Platz dafür war, sondern in der Welt, in der sie aufwuchsen.

Dreimal dürfen Sie raten, was solche Menschen brauchen, damit die Fähigkeit,
60 mit anderen mitzufühlen, wieder in ihnen wach wird, und was wir unseren Kindern schenken müssen, damit sie dieses menschlichste aller Gefühle in ihrem Gehirn verankern können.

b Welche Synonyme für die folgenden Wörter finden Sie im Text?

Mitleid: _____

Emotion: _____

Gehirn: _____

So schätze ich mich nach Kapitel 9 ein: Ich kann ...	+	0	–	Modul/ Aufgabe
... einen Dialog verstehen, der Emotionen und Einstellungen der Sprecher hervorhebt.				M3, A2a
... ein Lied über Liebe und Emotionen verstehen.				M4, A1b–d
... einen Vortrag zum Thema Emotionen in seinen Details verstehen.				M4, A2b–d
... Texte über die Wirkung von Farben verstehen.				M1, A2
... neue und detaillierte Informationen in einem Text über Musik verstehen.				M2, A2
... einen Text zum Thema „Richtig entscheiden" verstehen.				M4, A4b–c
... meine Meinungen und Einstellungen z.B. zu den Themen „Musik" und „Farben" formulieren und begründen.				M1, A1/ M2, A1
... verschiedene Gefühle beschreiben.				M4, A2, 3
... Einstellungen und Emotionen in Äußerungen verstärken.				M3, A3c, 5
... eine Zusammenfassung über einen Text zum Thema Musik schreiben.				M2, A3, 4
... eine E-Mail schreiben und Tipps für die Entscheidungsfindung geben.				M4, A5

Das habe ich zusätzlich zum Buch auf Deutsch gemacht: (Projekte, Internet, Filme, Texte, ...)		
	Datum:	Aktivität:

Ein Blick in die Zukunft

Wortschatz wiederholen und erarbeiten

1a Welche der folgenden Wörter und Ausdrücke verbinden Sie mit dem Begriff „Zukunft"? Markieren Sie.

Fortschritt   Hektik   Rückständigkeit   Erkenntnis   Schlussfolgerung
Entwicklung   Vorhersage   Prognose   Vision   Rückschritt
Bequemlichkeit   Stillstand   Veränderung   Problemlösungen   Kontinuität   Beständigkeit   Planung

b Begründen Sie Ihre Wahl für mindestens drei Wörter.

2 Welches Wort passt? Streichen Sie die Wörter durch, die nicht passen.

Vielleicht wissen (1) Geschichtsforscher/Wahrsager/Roboter ja wirklich besser, was die Zukunft bringt, aber ich stelle mir die Zukunft ungefähr so vor: Es wird wohl kaum noch (2) Computer/ Handarbeit/Automaten geben, denn alles wird von (3) Maschinen/Menschen/Handwerkern erledigt. Vermutlich wird es auch fast keine normalen Restaurants mehr geben, sondern nur noch ganz teure und edle Restaurants, in denen dann sicherlich alles von (4) Kameras/Computern/ Geräten gesteuert ist. Wenn man nur schnell etwas essen möchte, dann kann man sich an fast jeder Ecke ein Menü aus einem (5) Roboter/Sensor/Automaten holen. Dafür wird man kein Klein-geld mehr brauchen, sondern ein tiefer Blick in die (6) Augen/Kamera/Speisekarte wird reichen und das (7) Menü/Essen/Gerät erkennt die Identität und bucht die Kosten für das Essen auto-matisch vom Konto ab. Unsere Autos werden alle mit (8) Motoren/Sensoren/Lichtern ausgestattet sein, sodass es kaum noch Unfälle geben wird. Und wer weiß, vielleicht kommen sie doch noch, die (9) Wahrsager/Maschinen/Außerirdischen?

3a Erstellen Sie ein Mind Map zum Thema „Zukunft" und ergänzen Sie weitere Wörter.

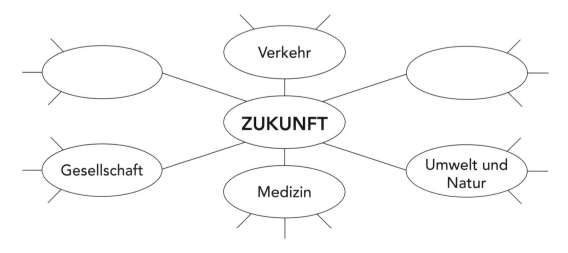

b Wählen Sie einen Bereich aus dem Mind Map und schreiben Sie einen kurzen Text zum Thema: „So stelle ich mir die Zukunft vor."

4 Der Lauf der Zeit. Ordnen Sie die Adjektive den verschiedenen Lebensabschnitten zu. Manche Adjektive passen auch zu mehreren Lebensabschnitten.

hektisch engagiert dynamisch erfahren gelassen zielstrebig besonnen gut situiert cool ungeduldig unerfahren weise motiviert jung sportlich gestresst neugierig routiniert vergesslich

_____ _____ _____
_____ _____ _____
_____ _____ _____
_____ _____ _____
_____ _____ _____

5 Ergänzen Sie die Wörter im Text.

abspeichern Gegenstand Ladestation Sensoren getaner Entfernung orientieren Serviceroboter

Es gibt sie bereits seit Ende der 1990er-Jahre: (1) _____
für den Haushaltsalltag, wie z.B. den Staubsaugerroboter. Die heutigen Modelle verfügen über (2) _____, mit deren Hilfe
sie sich nicht nur (3) _____, sondern auch Informationen
über die Räume (4) _____ können. So „wissen" sie zum
Beispiel, wo sich die (5) _____ befindet, zu der sie

selbstständig nach (6) _____ Arbeit zurückkehren, um sich aufzuladen. Dank Ultra-
schall oder Infrarot-Licht können sie die (7) _____ zu einem (8) _____
ermitteln und Absturzsensoren ermöglichen das Erkennen von Treppen und Absätzen.

Alternative Energie – Chance für die Zukunft?

1 Lesen Sie die Forumsbeiträge und schreiben Sie eine eigene Antwort dazu.

sunflower	Hallo zusammen ...
	Mir ist heute was aufgefallen – und dazu möchte ich gerne Eure Meinung wissen: Ich engagiere mich für den Umweltschutz, fahre z.B. immer mit dem Fahrrad zur Schule oder mit der U-Bahn und versuche, Energie zu sparen, wo es geht, aber: In den Herbstferien fahren wir (meine Familie und ich) immer sehr weit weg, z.B. nach Ägypten. Mit dem Flugzeug. Das ist doch widersprüchlich, oder? Das Fliegen ist ja nun alles andere als umweltfreundlich.
farfalla	Man darf das nicht so verbissen sehen. Einerseits hast Du ja recht, andererseits, wenn wir total umweltfreundlich sein wollen, dann können wir auch wieder in die Steinzeit oder ins Mittelalter zurück. Ich denke, im Moment ist es doch wichtig, sich überhaupt für die Umwelt zu engagieren. Irgendwann werden wir dann sicher auch so weit sein, dass es umweltfreundliche Flugzeuge gibt.
blubbl87	Ja, das stimmt schon. Eigentlich sollte man auf das Fliegen ganz verzichten, wenn's geht. Und in den Urlaub kann man ja auch mit dem Zug fahren, leider halt nicht so weit. Aber ich verhalte mich selbst widersprüchlich. Ich will Energie sparen und sitze den ganzen Tag am Computer ...
	Also, ich denke ja, dass man ...

2 Nomen-Verb-Verbindungen. Setzen Sie das passende Verb ein.

> unternehmen   stehen   stehen
>
> nehmen   machen   haben

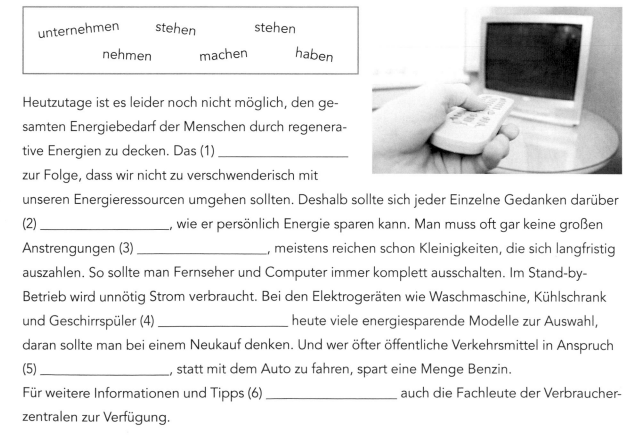

Heutzutage ist es leider noch nicht möglich, den gesamten Energiebedarf der Menschen durch regenerative Energien zu decken. Das (1) _____ zur Folge, dass wir nicht zu verschwenderisch mit unseren Energieressourcen umgehen sollten. Deshalb sollte sich jeder Einzelne Gedanken darüber (2) _____, wie er persönlich Energie sparen kann. Man muss oft gar keine großen Anstrengungen (3) _____, meistens reichen schon Kleinigkeiten, die sich langfristig auszahlen. So sollte man Fernseher und Computer immer komplett ausschalten. Im Stand-by-Betrieb wird unnötig Strom verbraucht. Bei den Elektrogeräten wie Waschmaschine, Kühlschrank und Geschirrspüler (4) _____ heute viele energiesparende Modelle zur Auswahl, daran sollte man bei einem Neukauf denken. Und wer öfter öffentliche Verkehrsmittel in Anspruch (5) _____, statt mit dem Auto zu fahren, spart eine Menge Benzin.
Für weitere Informationen und Tipps (6) _____ auch die Fachleute der Verbraucherzentralen zur Verfügung.

3   Ersetzen Sie die unterstrichenen Verben durch Nomen-Verb-Verbindungen.

den Entschluss fassen	außer Frage stehen	Untersuchungen anstellen
die Verantwortung tragen	Sorge tragen	außer Zweifel stehen

1. Es ist zweifellos richtig, dass der Klimawandel eines der größten Probleme des Jahrhunderts ist.
2. Natürliche Klimaveränderungen hat es auf der Erde schon immer gegeben. Aber heute sind die Menschen dafür verantwortlich.
3. Zahlreiche Experten haben untersucht, wie der Klimawandel aufzuhalten ist.
4. Es wird nicht bezweifelt, dass durch Energiesparmaßnahmen und die verstärkte Nutzung alternativer Energieträger der Anstieg der Treibhausgase bis 2050 halbiert werden kann.
5. Einige Länder, darunter auch Deutschland, haben sich entschlossen, ihren Ausstoß an Treibhausgasen bis 2012 um mindestens fünf Prozent zu reduzieren.
6. Politiker auf der ganzen Welt müssen dafür sorgen, dass in ihrem Land etwas für den Klimaschutz getan wird.

4a   Was gehört zusammen? Kombinieren Sie.

1. ___ eine Rolle   a spielen   6. ___ ein Gespräch   f kommen
2. ___ Bescheid   b nehmen   7. ___ sich Mühe   g nehmen
3. ___ Rücksicht   c stellen   8. ___ sich in Acht   h stellen
4. ___ eine Frage   d nehmen   9. ___ einen Antrag   i führen
5. ___ in Schutz   e wissen   10. ___ in Frage   j geben

b   Lesen Sie die Äußerungen 1–9 und ordnen Sie die Antworten a–i zu.

1. _f_ Du Papa, kann ich am Wochenende dein Auto haben?

2. ____ Ich studiere ab Oktober hier in Tübingen und würde gerne BAföG beantragen.

3. ____ Kennst du eigentlich die neue Dozentin?

4. ____ Ich habe Tobias ja eine Ewigkeit nicht gesehen.

5. ____ Ich finde es nicht gut, dass du Valentin ständig kritisierst. Er gibt sich wirklich Mühe.

6. ____ Hey, wie findest du diese Musik?

7. ____ Entschuldigung, dürfte ich Ihnen mal eine Frage stellen?

8. ____ Das Seminar ist übrigens auf Mittwoch verschoben.

9. ____ In welcher Farbe sollen wir denn das Plakat schreiben?

a Wirklich? Ich habe erst neulich in der Mensa ein interessantes Gespräch mit ihm geführt.
b Ja, gerne, was möchten Sie denn wissen?
c Ja, ja, danke. Ich weiß schon Bescheid.
d Dazu müssen Sie einen Antrag stellen. Hier, füllen Sie bitte dieses Formular aus.
e Die Farbe spielt doch nun wirklich keine Rolle!
f Das kommt gar nicht in Frage!
g Oh ja, nimm dich vor der bloß in Acht.
h Warum nimmst du ihn eigentlich immer in Schutz?
i Gut. Aber mach mal leiser. Wir müssen echt mehr Rücksicht auf die Nachbarn nehmen.

In 50 Jahren ...

1 Lesen Sie die Aussagen und hören Sie dann noch einmal den Anfang des Gesprächs zum Thema „Unsere Zukunft – was wollen wir wirklich darüber wissen?" aus dem Lehrbuch, Seite 77 (nur Track 3.27). Markieren Sie die Informationen, die im Hörtext genannt werden.

LB 3.27

<table>
<tr><td>

1. Mit dem Age-Anzug simuliert man:
   A schlechten Tastsinn
   B Sprachprobleme
   C Probleme mit den Augen
   D Ungelenkigkeit
   E verlangsamte Reaktion des Gehirns

</td><td>

3. Bei dem Gesundheitscheck von Frau Krämer wurden untersucht:
   A ihre Gene
   B ihr Schlafverhalten
   C ihr Belastung im Berufsalltag
   D ihre Blutwerte
   E ihre inneren Organe

</td></tr>
<tr><td>

2. Die Patienten von Frau Dr. Meißner haben Angst vor:
   A Verlust
   B dem Altwerden
   C Katastrophen
   D Kindern
   E Prüfungen

</td><td>

4. Bei dem Gesundheitscheck kam heraus, dass Frau Krämer:
   A einen leichten Herzfehler hat
   B anfällig für Depressionen ist
   C zu Übergewicht neigt
   D eventuell Alzheimer bekommen könnte
   E ein Krebsgeschwür hat

</td></tr>
</table>

2 Ein ausländischer Freund bittet Sie darum, einen Brief zu korrigieren, da Sie besser Deutsch können.

GI

- Fehler im Wort: Schreiben Sie die richtige Form an den Rand. (Beispiel 01)
- Fehler in der Satzstellung: Schreiben Sie das falsch platzierte Wort an den Rand, zusammen mit dem Wort, mit dem es vorkommen soll. (Beispiel 02)
- Bitte beachten Sie: Es gibt immer nur einen Fehler pro Zeile.

Wien, den 15. Mai 20...

Sehr gehrte Damen und Herren,   *geehrte*   01

mit großem Interesse ich habe den Artikel über den Age-Anzug in Ihrer   *habe ich*   02

Zeitschrift lesen. Der Artikel interessiert mich deshalb so sehr,   03

weil ich ein Seminararbeit zum Thema „Modernes Leben im Alter"   04

schreibe. Ich habe mich vorgestellt, in dieser Arbeit auch Interviews und   05

persönlichen Erfahrungsberichte von älteren Menschen aufzunehmen.   06

Nachdem ich nun den Artikel gelesen habe, wurde ich sehr gerne   07

Kontakt zu den Personen aufnehmen, die dem Age-Anzug getestet   08

haben. Ich wollte Sie fragen, wenn es möglich ist, dass Sie mir   09

eine E-Mail-Adresse von den Personen geben. Sie natürlich können   10

auch sehr gerne meine Kontaktdaten für diese weitergeben.   11

Ich würde mich sehr freuen, von Sie zu hören.   12

Mit freundlichen Grüßen
Pablo Pezantes

---

1 **Ergänzen Sie in der Übersicht die Redemittel für eine Präsentation und beachten Sie den Tipp auf Seite 172.**

Auf dieser Folie sehen Sie …   Vielen Dank für Ihre Aufmerksamkeit.

Hier erkennt man deutlich, dass …

Das Thema meiner Präsentation lautet/ist: …

Ich komme jetzt zum Schluss.

Ich hoffe, Sie haben einen Überblick über … erhalten.   Ich spreche heute zu Ihnen über …

Wenn Sie noch Fragen haben, bin ich gerne für Sie da.

Ich komme jetzt zum zweiten/nächsten Teil.

Zusammenfassend/Abschließend möchte ich sagen, …

Wie Sie hier sehen können, ist/sind …   Nun spreche ich über …

Mein Vortrag besteht aus vier Teilen / ist in vier Teile gegliedert: …

Einleitung	Übergänge / auf Folien verweisen
Ich möchte heute etwas über … erzählen. Ich möchte Ihnen heute neue Forschungs-ergebnisse zum Thema … vorstellen.	Auf dieser Folie habe ich … für Sie dargestellt / zusammengefasst. Ich habe einige Folien/PowerPoint-Folien zum Thema vorbereitet.

Strukturierung	Schluss
Ich möchte auf vier wesentliche Punkte / Punkte, die mir wesentlich erscheinen, eingehen. Soweit der erste Teil / zur ersten Folie. Nun möchte ich mich dem zweiten Teil zuwenden. Zuerst möchte ich über … sprechen und dann etwas zum Thema … sagen. Im dritten Teil geht es dann um … und zum Schluss möchte ich noch auf … eingehen.	Abschließend möchte ich noch erwähnen, … Lassen Sie mich zum Schluss noch sagen / noch einmal darauf hinweisen, dass … Das wären die wichtigsten Informationen zum Thema … gewesen. Gibt es noch Fragen?

Was bringt die Zukunft?

Eine Präsentation halten
Damit Ihre Präsentation nicht langweilig für die Zuhörer wird:

– Lesen Sie nicht alles ab, sondern sprechen Sie möglichst frei. Notieren Sie in Ihren Unterlagen nur Stichpunkte, keine ganzen Sätze.
– Bauen Sie immer wieder Blickkontakt zu Ihren Zuhörern auf.
– Sprechen Sie nicht zu schnell und machen Sie vor wichtigen Punkten kurze Pausen.
– Sprechen Sie deutlich und nicht zu leise.
– Gehen Sie auf Fragen Ihrer Zuhörer ein.

---

 2 Was passt zusammen?

1. ___ Du brauchst mich heute
2. ___ Es ist zu
3. ___ Die neue Regelung hat
4. ___ Unser Chef lässt

a überlegen, ob der Termin verschoben wird.
b alle dieses Wochenende arbeiten.
c nicht anzurufen, ich bin in einer Besprechung.
d jeder zu akzeptieren.

 3a Markieren Sie in dem folgenden Forums-Beitrag zum Thema „Ist Homeoffice das Büro der Zukunft?" die modalverbähnlichen Verben und *lassen* + Infinitiv.

Lucia 	Ich glaube nicht, dass der Arbeitsplatz im eigenen Heim als Büro durchzusetzen ist: Die Möglichkeit, Privates und Berufliches zu trennen, ist unbedingt zu erhalten. Wenn das Büro zu Hause ist, dann kann man nie ganz „abschalten", da es immer andere Dinge gibt, die man mal schnell zu erledigen hat. Außerdem lässt einen z.B. die Familie zu Hause auch selten ganz konzentriert arbeiten: Theoretisch haben Partner und Kinder dann einfach zu akzeptieren, dass man arbeiten muss – aber das klar zu machen ist fast unmöglich. Und wer meint, im Homeoffice brauche man nicht mehr so viel zu arbeiten, weil es keine direkte Kontrolle gibt, der irrt sich gewaltig, schließlich wird die anfallende Arbeit ja nicht weniger.

 b Formulieren Sie den Forumsbeitrag ohne die modalverbähnlichen Verben und *lassen* + Infinitiv.

Ich glaube nicht, dass sich der Arbeitsplatz im eigenen Heim als Büro durchsetzen kann: ...

4 Schreiben Sie die Sätze zu Ende.

1. Ich finde, es ist unbedingt zu überlegen, …
2. Er hat gesagt, du brauchst nicht …
3. Ich finde, es ist absolut nicht zu verstehen, …
4. Jeder hat selber zu entscheiden, …
5. Man sollte jeden selber beurteilen lassen, …
6. Wenn Sie mich jetzt ausreden lassen, …

1 Hören Sie den Radiobeitrag aus dem Lehrbuch auf Seite 80, Aufgabe 1b und c noch einmal. Sind die Aussagen richtig oder falsch?

LB 2.29

	r	f
1. 1926 gab es den ersten Roboter.	☐	☐
2. Das Besondere an Robotern ist, dass sie selbstständig sind.	☐	☐
3. Computer gelten auch als Roboter.	☐	☐
4. Die Feinmotorik ist eine spezielle Stärke der Roboter.	☐	☐
5. Roboter werden bevorzugt in der Industrie eingesetzt.	☐	☐
6. Roboter führen auch Arbeiten aus, zu denen der Mensch nicht in der Lage ist.	☐	☐
7. In Krisengebieten ist der Einsatz von Robotern bislang leider noch nicht möglich.	☐	☐

2 Bringen Sie die Textteile der Beschwerde-Mail in die richtige Reihenfolge.

Von: magda@mnet.de
Datum: 31.08. 2008 14:37
An: Eckbert Versand
Betreff: Reklamation Roboterhund

☐ **A** Meines Erachtens ist es nicht in Ordnung, einen Roboterhund in diesem Zustand als neuwertig zu bezeichnen und ihn dann zu einem völlig überhöhten Preis anzubieten.

☐ **B** Nach Erhalt der Ware musste ich leider feststellen, dass der Zustand des Hundes nicht meinen Erwartungen entspricht. In Ihrer Anzeige haben Sie geschrieben, der Hund sei voll funktionsfähig und weise kaum Gebrauchsspuren auf.

☐ **C** Sollte ich in den nächsten acht Tagen nichts von Ihnen hören, sehe ich mich gezwungen, rechtliche Schritte einzuleiten.

☐ **D** Ich erwarte deshalb von Ihnen, mir fünfzig Prozent des Verkaufspreises zurückzuerstatten oder den Hund komplett zurückzunehmen.

☐ **E** am 24. 08. habe ich bei Ihnen den Roboterhund „Robello" ersteigert.

☐ **F** Mit freundlichen Grüßen
Magdalena Kirschner

☐ **G** Sehr geehrte Firma Eckbert,

☐ **H** Leider ist das Gegenteil der Fall. Der Roboter reagiert nicht auf alle Befehle und hat erhebliche Kratzer. Außerdem ist das mitgeschickte Akku-Ladegerät defekt. Die versprochene Anleitung fehlt ganz.

Roboter – Unsere Zukunft?

3   Lesen Sie zuerst die zehn Situationen (1–10) und dann die zwölf Info-Texte (a–l).
Welcher Info-Text passt zu welcher Situation?
Sie können jeden Info-Text nur einmal verwenden.
Manchmal gibt es keine Lösung. Markieren Sie dann x.

1. Ihr Sohn möchte lernen, wie man einen Roboter baut.
2. Sie suchen ein schönes Hotel für Ihren Sommerurlaub.
3. Ihre Freundin möchte genauere Informationen über eine Computer-Messe.
4. Ihr Chef möchte eine neue Computeranlage im Büro installieren lassen.
5. Ein Kollege überlegt, wie er am besten Energie sparen kann.
6. Eine Bekannte möchte ihrer 10-jährigen Nichte einen Computer zum Geburtstag schenken.
7. Ihre Großmutter möchte mit einer Seniorengruppe nach Italien reisen.
8. Ihr Vater ist Rentner und möchte in seiner Freizeit einen Computerkurs besuchen, um auch weiter fit für die Zukunft zu bleiben.
9. Ihr Nachbar sucht ein Hobby und möchte gerne seinen Bekanntenkreis vergrößern.
10. Ein Freund möchte seine Italienischkenntnisse auffrischen.

My Taste ... die besten **Kochkurse** der Stadt!

Besuchen Sie unsere moderne Kochkultur und erleben Sie dabei:

... genussvolle Stunden in geselliger Runde ... eine Menge Spaß mit netten Menschen ... Produktkunde und Einkaufstipps ... hochwertige Zutaten ... Rezeptideen und ... und ... und ...

Wir zeigen Ihnen, wie man mit ein bisschen Fantasie und guter Vorbereitung auch zu Hause ein Gourmet-Menü zaubern kann und dieses auch entsprechend präsentiert. Ganz nebenbei lernen Sie viele sympathische Menschen kennen. Spezialisiert sind wir auf die italienische und mediterrane Küche. Ein Kurs umfasst acht Treffen, die jeweils Montag- oder Mittwochabend stattfinden. Für die viel Beschäftigten bieten wir aber auch Wochenendkurse an.

Rufen Sie uns an unter 0800 – 43564358

Lego kennt jeder. Die Bausteinchen, aus denen man alles Mögliche machen kann. Was kaum jemand kennt, ist die Technikserie „Mindstorms". Mit der kann man Roboter bauen, die man selbst programmieren kann.

Ein Roboter, der Fußball spielt? Klar! Im Museum für angewandte Kunst in Frankfurt bekommen Kinder ab 9 Jahren gezeigt, wie's funktioniert. Am Anfang steht – wie bei jedem Lego-Werk – die Bauanleitung. Im Robolab des Frankfurter Museums für angewandte Kunst wird aber keiner mit all den Teilen alleine gelassen. Museums-Pädagogen stehen immer helfend zur Seite. Wenn der Roboter fertig ist, kann man ihn am Computer programmieren. Sieht auf den ersten Blick ziemlich kompliziert aus, ist aber ganz einfach.

Besonders interessant: die Fußball-Roboter. Wie bei Menschen gibt es in einer Mannschaft völlig unterschiedliche Spieler-persönlichkeiten. Zum Beispiel den ver-spielten Dribbler, den geradlinigen Voll-strecker, den robusten Typ oder auch den für Verletzungen anfälligen Roboter.

Im Robolab finden Kinder jede Menge Herausforderungen und können ihrem Spieltrieb und den vielen kreativen Ideen freien Lauf lassen. Daher unser Fazit: sehr empfehlenswert!

Schnupperkurse im Robolab gibt's an jedem Sonntag für 6 Euro und in den Ferien.

2-Tages-Kurse kosten 50 Euro.

Bella Italia – Das Land, wo die Zitronen blühen

Planen Sie auch schon Ihren nächsten Urlaub und träumen von Sonne, Strand und leckerer Pizza? Dann bestellen Sie diese doch das nächste Mal auf Italienisch. Der Club Italia bietet Sprachkurse für Anfänger und Fortgeschrittene an. Wir organisieren auch spezielle Kurse für Kinder ab 6 Jahren. Wenn Sie älter als 60 sind, fühlen Sie sich vielleicht in unseren Seniorenprogrammen am wohlsten.

Weitere Informationen: Club Italia Tel.: 069/2435600

D

Mehr Fachbesucher, weniger Endverbraucher und irgendwie umweltbewusst: Die Computermesse CeBIT kämpft mit neuem Konzept gegen den Bedeutungsverlust an.

Seit Jahren leidet die weltgrößte Computermesse unter sinkenden Ausstellerzahlen. Zahlreiche Branchengrößen haben der CeBIT in Hannover in der Vergangenheit den Rücken gekehrt. Mit dem Schwerpunktthema Umweltschutz und einer neuen Themenstruktur wollen die Macher wieder frischen Wind in die Leitmesse für die digitale Industrie bringen. Die CeBIT will in Zukunft wieder vor allem eine Fachmesse sein und zu ihren Ursprüngen zurückkehren – und das heißt: Mehr Fachbesucher, weniger Endverbraucher. Zu erwarten sind auf der diesjährigen Computermesse in Hannover zahlreiche Neuheiten. Vor allem Trends wie mobiles Internet, Mini-Computer und Navigationssysteme mit neuen Funktionen werden zu sehen sein. Die CeBIT dauert dieses Jahr sechs Tage.

E

Lernsoftware für Schüler

Spezielle Lernsoftware und Lernprogramme unterstützen Schülerinnen und Schüler ab Schuleintritt bis hin zum Abitur und leisten einen wichtigen Beitrag bei Erwerb und Vertiefung vieler Fähigkeiten und Kenntnisse. Mit pädagogisch wertvollen Programmen macht das Lernen so richtig Spaß.

Wir bieten Programme für Privatpersonen, Lehrerinnen und Lehrer und vertreiben auch komplette Schulpakete. Gleichzeitig veranstalten wir Seminare, um den verantwortungsbewussten Umgang von Kindern mit dem Computer zu fördern.

Wir beraten Sie gern ausführlich und bieten nur geprüfte und empfohlene Software an.

Rufen Sie uns an:
Compu.lern 0800-1234490

F

Das **KaKi-Bildungswerk** in Augsburg ist Ihr kompetenter Bildungsdienstleister. Wir bieten Kurse zur schnellen Wissenserweiterung, Lehrgänge für Ihren beruflichen Erfolg oder individuelle Schulungen für Unternehmen. Bei uns steht der Mensch im Mittelpunkt. Unsere Kurse und Lehrgänge gehen mit persönlicher Betreuung über die reine Wissensvermittlung hinaus. Neu in unserem Programm sind die Kurse 50Plus – Kurse zum Jungbleiben. Besuchen Sie bei uns einen Kurs zu Computer/Internet/neueste Software. Fordern Sie jetzt unser aktuelles Kursprogramm an unter: **KaKi-Bildungswerk**, Frauenstraße 8, 86152 Augsburg, Tel.: 0821–89893700

G

Verbraucherzentrale Niedersachsen

Die Verbraucherzentrale Niedersachsen e.V. bietet neben einem Online-Angebot telefonische und persönliche Beratung in verschiedenen Bereichen an. Qualifizierte Mitarbeiterinnen und Mitarbeiter sind Ihre Ansprechpartner am Telefon und in den Beratungsstellen vor Ort.

Beratungsthemen und Serviceleistungen:
Alles rund ums Thema Energie: Wissenswertes zu Stromsparen im Haushalt, Heizungsanlagen, Wärmedämmung, Nutzung regenerativer Energien etc.

– Beratung und Informationen zur gesundheitsfördernden Ernährung, bei aktuellen Problemen im Lebensmittelbereich sowie zum richtigen Umgang mit Lebensmitteln.

– Wir informieren Sie über die Auswahl der richtigen Krankenversicherung.

– Welche Versicherungen sind sinnvoll? Welchen Schutz bieten sie? Was dürfen sie kosten? Wie kann man kündigen? Auch hier bieten wir Ihnen computergestützte Auswertungen zur Wahl der richtigen Versicherung an.

Der Stemmerhof in München Sendling – gemütlich einkaufen

„Gemütlich einkaufen" ist das Motto des Münchener Stemmerhofs, dem geschichtsträchtigen, ehemaligen Bauernhof gegenüber der alten Sendlinger Kirche. In einem einmaligen Ambiente bekommen Sie hier alles, was das Leben schön, gesund und angenehm macht. Neben dem Café Bistro mit großer Sonnenterrasse finden Sie unterschiedlichste Geschäfte, darunter mehrere mit Bioprodukten wie Lebensmitteln und Naturmode. Kulturelle Veranstaltungen und Ausstellungen runden das Angebot ab. Schauen Sie sich im Stemmerhof um ... Stemmerhof – Plinganserstr. 6 – 81369 München-Sendling

VITAAKTIV

Viele ältere Menschen sehnen sich nach Abwechslung vom Alltag. Mit dem richtigen Angebot können Sie unbeschwert schöne Reisen unternehmen. Zusammen mit meinem Team bereite ich ausgewählte Reisen für Senioren sehr sorgfältig und bedacht vor. Auf unserer Internetseite informieren wir Sie über unser besonderes und vielfältiges Angebot betreuter Seniorenreisen. Unsere Reiseziele befinden sich in ganz Europa. Vielleicht wecken diese Seiten auch Ihre Reiselust? Für Ihre Fragen und Anregungen stehen wir Ihnen jederzeit gerne zur Verfügung. Ich freue mich, Sie auf einer Reise von vitaaktiv begrüßen zu dürfen!

www.vitaaktiv123.de

Charlotte Miller: Kleines charmantes Italien!

Man muss sich wirklich zusammenreißen, um nach dem Lesen dieses Buches nicht sofort einen Urlaub zu buchen. Es werden ausschließlich kleine, liebevoll eingerichtete Hotels vorgestellt, nach Regionen geordnet. Preislich oft eher gehoben, dafür aber extrem charmant. Wenn Sie Italien und die Romantik lieben, ist dies das richtige Buch für Sie.

Charlotte Miller: Kleines charmantes Italien! Christiano Verlag 19,95 Euro

Der Norden Europas erfreut sich mit Schweden, Norwegen, Finnland, Island sowie Litauen, Lettland, Estland und dem Norden der Russischen Föderation nicht nur in der kalten Jahreszeit einer großen Beliebtheit als Reiseziel. Neben Ferienhausurlaub in Schweden, Angelurlaub in Norwegen sowie geologischen Entdeckungsreisen in Island, locken insbesondere die nordosteuropäischen Länder mehr und mehr Besucher an. Ein besonderer Höhepunkt sind die berühmten Weißen Nächte Sankt Petersburgs. Dieses Erlebnis ist allerdings überall nördlich des 60. Breitengrades zu beobachten. Je nördlicher eine Stadt liegt, desto länger dauert der sogenannte Polartag. Warum also nicht mal die faszinierende Natur und Landschaft im hohen Norden Europas kennenlernen? Einige Besonderheiten sollten dabei jedoch beachtet werden. So sollte man sich im Spätsommer unter anderem mit Mückenschutz eindecken. Die kalte Jahreszeit erfordert aufgrund von sehr niedrigen Temperaturen ebenfalls eine besondere Planung und Vorbereitung.

Buchtipp: Nordische Impressionen: Die Landschaft Skandinaviens – Gebundene Ausgabe: 49,80 Euro

Computer und mehr – Der Fachhandel

Neben einem kostenlosen und unverbindlichen Beratungsgespräch bei Ihnen vor Ort bieten wir Ihnen eine kompetente Projektierung (Planung, Verkauf, Installation und Wartung). Diese Leistungen bieten wir sowohl für Firmen als auch für Privatkunden. Von der kleinen privaten bis zur großen Büroanlage finden wir die passende IT-Lösung für Sie. Brauchen Sie einen neuen Internetauftritt? Wir gestalten Ihre Website und warten Sie anschließend für Sie. Kontakt: Computer und mehr, Tulpenweg 10, 10115 Berlin, 030-40302010 oder info@computerundmehr.com

So schätze ich mich nach Kapitel 10 ein: Ich kann ...	+	0	–	Modul/ Aufgabe
... einer Gesprächsrunde über das Thema „Was wollen wir über unsere Zukunft wissen?" folgen.				M2, A2
... ausführliche Beschreibungen von Dingen und Sachverhalten verstehen.				M2, A2c
... einen längeren Radiobeitrag über Roboter verstehen.				M4, A1b–c
... Kurztexte über alternative Energieformen verstehen.				M1, A1b–c
... in einem Zeitungsartikel detaillierte Informationen über den Age-Anzug verstehen.				M2, A1b
... Grafiken zur Entwicklung des Arbeitsmarkts verstehen.				M3, A1c
... Zeitungsmeldungen zum Thema „Zukunft und Roboter" verstehen.				M4, A2a
... über alternative Energieformen und Möglichkeiten des Energiesparens sprechen.				M1, A1c–d, 2
... erklären, wie ein Age-Anzug funktioniert.				M2, A1b
... einen Kurzvortrag zum Thema Entwicklung des Arbeitsmarkts halten.				M3, A1d–e
... über innovative Nutzungsformen von Robotern sprechen und sie beurteilen.				M4, A2b
... eine Talkshow zum Thema „Roboter" spielen.				M4, A4
... Kurztexte zu einzelnen Folien für eine Präsentation verfassen.				M3, A1d
... einen Beschwerdebrief zu einem Roboter-Workshop schreiben.				M4, A5

Das habe ich zusätzlich zum Buch auf Deutsch gemacht: (Projekte, Internet, Filme, Texte, ...)

	Datum:	Aktivität:

Lösungen _____

Kapitel 6: Kulturwelten

Wortschatz

Ü1: 1. Gemälde, 2. Vernissage, 3. Leinwand, 4. Roman, 5. Artist

Ü2a: Fotograf/-in: Filme entwickeln, mit dem Computer arbeiten, Motive auswählen, digitale Bilder nachbearbeiten

Musiker/-in: ein Stück proben, ein Instrument stimmen, mit dem Computer arbeiten, Noten lesen

Autor/-in: mit dem Computer arbeiten, einen Text skizzieren, Notizen machen, sich Geschichten ausdenken

Maler/-in: Pinsel auswaschen, Leinwand aufspannen, mit dem Computer arbeiten, Skizzen anfertigen, Motive auswählen, Farben mischen

Schauspieler/-in: ein Stück proben, Schminke auflegen, Drehbücher lesen, Texte auswendig lernen, sich Geschichten ausdenken, Szenen spielen

Ü3: 1. zentrale, 2. an ihrer Seite, 3. auf dem Boden, 4. um … herum, 5. hinter, 6. an der Rückseite, 7. im Bildhintergrund, 8. oberen Drittel

Modul 1   Weltkulturerbe

Ü1a: 1. Ziel des Projekts Weltkulturerbe, 2. Gründung, 3. Kriterien für die Aufnahme in die Liste, 4. Die Arbeit des Weltkulturerbe-Komitees, 5. Aufgaben der Unterzeichnerstaaten

Ü2: 1. d, 2. f, 3. b, 4. e, 5. a, 6. c

Ü3: 1. Ihre, 2. denn, 3. indem, 4. Diese, 5. der, 6. Sie, 7. ihre, 8. das Gebäude, 9. seines

Ü4: 1. Als Martin Luther am 02. Juli 1505 nach Hause wanderte, überraschte ihn ein Gewitter.
2. Ein Blitz fuhr direkt neben ihn in einen Baum und warf ihn zu Boden.
3. Nachdem er sich vom Schreck erholt hatte, rief er: „Hilf, heilige Anna, ich will ein Mönch werden!"
4. Daraufhin trat er in das Kloster in Erfurt ein und begann kurze Zeit später, Theologie zu studieren. Es bleibt unklar, ob der Grund dafür wirklich das Gewitter war.
5. Jedenfalls erzählt das so eine Legende, in der der Bruch mit seiner weltlichen Laufbahn deutlich wird.
6. Einige Jahre später erschütterte der Theologieprofessor die Welt mit seinen Thesen.
7. Damit spaltete Martin Luther die Kirche in die katholische und die protestantische und läutete die Reformation ein.

Modul 2   Kunstraub

Ü1: 1. vergangenen, 2. Gemälde, 3. Räuber, 4. Museum, 5. eingedrungen, 6. gestohlenen, 7. Wert

Ü2: Täter: Räuber, Gesetzesbrecher, Dieb, Einbrecher, Hehler

Beute: Diebesgut, Kunstwerk, gestohlene Ware

Opfer: Bestohlener, Geschädigter, Betrogener

Polizei/Justiz: Fahnder, Spurensuche, Anwalt, Beamter, Richter, Urteil, Ermittler, Gericht, Haftbefehl, Kommissar, Verteidiger, Strafe

Ü3: 1. einen Mord, ein Vergehen, einen Raub, einen Diebstahl, einen Kunstraub, einen Einbruch, … aufklären

2. einen Dieb, Räuber, Verbrecher, Einbrecher, Gesetzesbrecher, Mörder, Hehler, … festnehmen

3. einen Schatz, ein Kunstwerk, Geld, Schmuck, ein Gemälde, Waren, wertvolle Gegenstände, ein Auto, … stehlen

4. einen/eine Politiker/-in, einen Reichen / eine Reiche, eine bekannte Persönlichkeit, Familienmitglieder, ein Museum, einen Kunstsammler, … erpressen

5. ein Haus, ein Gemälde, ein Auto, ein Fahrrad, Schmuck, die Gesundheit, wertvolle Gegenstände, … versichern

6. eine Strafe, ein Urteil, Sanktionen, ein Embargo, ein Verbot, … verhängen

Modul 3   Sprachensterben

Ü1: Sprach-: das Sprachgefühl, der Sprachraum, der Sprachcomputer, die Sprachreise, der Sprachfehler, der Sprachforscher, die Sprachgeschichte, das Sprachlabor, die Sprachfamilie, der Sprachunterricht, der Sprachstil

-sprache: die Körpersprache, die Computersprache, die Umgangssprache, die Muttersprache, die Zeichensprache, die Unterrichtssprache, die Weltsprache

Ü3: 2. die Grundlagen einer modernen Sprache, 3. die Aussprache der Wörter, 4. die Konstruktion eines langen Satzes, 5. die Verbreitung der Sprachen, 6. der Aufbau eines geschriebenen

Textes, 7. die Rolle meiner Muttersprache, 8. die Bedeutung dieses schwierigen Wortes

Ü4: 1. wegen, 2. trotz, 3. innerhalb, 4. während, 5. Dank

Ü5a: 2. aufgrund der fehlenden Anpassung an die Veränderungen des Umfelds, 3. infolge der Globalisierung, 4. trotz der größten Anstrengungen, 5. wegen der fehlenden Schrift, 6. angesichts des fortschreitenden Sprachensterbens

Ü6: 2. Die meistgesprochene Muttersprache in Europa ist das Deutsche, dessen Verbreitung als Wissenssprache allerdings in den letzten Jahren abgenommen hat. 3. Englisch ist die im Internet am meisten verbreitete Sprache, dessen Dominanz allerdings durch den Trend zur Vielsprachigkeit schrumpft. 4. Eine neue Gefahr für die Vielfalt stellt die Globalisierung dar, deren Auswirkungen vor allem jene Sprachen, die weniger als 1.000 Menschen benutzen, treffen. 5. Am 01.08.1996 starb der US-Indianer Samuel Taylor, der letzte Sprecher einer Indianersprache, dessen Stamm am Catawba-River lebte. 6. Viele Sprachwissenschaftler, deren Studien ergeben, dass in 100 Jahren nur noch ein Drittel der gegenwärtigen Sprachen existieren wird, warnen vor einer weiteren Verarmung der Sprachlandschaft.

Modul 4 Bücherwelten

Ü1: 1. jährliche Liste des US-Magazins „Time" mit den 100 einflussreichsten Persönlichkeiten, Funke auch auf dieser Liste, neben ihr z.B. auch: Clint Eastwood und Michael Moore, 2. mehr als 40 Bücher, 3. (Bücher von Kindern heiß begehrt, werden von Erwachsenen voller Begeisterung vor- oder mitgelesen,) internationaler Durchbruch, 4. erscheint 2002, großer Erfolg in Amerika und Großbritannien, auch andere Bücher erobern Bestsellerlisten im englischsprachigen Ausland, Verkaufszahlen ihrer Bücher dort im Moment vier Millionen, 5. Tintenbücher: „Tintenherz", „Tintenblut" und „Tintentod", 6. Filmrechte für „Tintenherz" an ein großes amerikanisches Filmstudio verkauft, Umzug von Hamburg nach Hollywood.

Ü2: A: Meggie, B: Farid, C: Orpheus, D: Resa, E Staubfinger, F: Fenoglio, G: Mo

Kapitel 7: Fit für …

Wortschatz

Ü2a: 1. nachlassen, 2. etwas lehren, 3. hilfsbereit sein, 4. träge sein, 5. einrosten, 6. etwas interessant finden

Ü3:

										A				G
										U				E
			F							S				D
	W	E	I	T	E	R	B	I	L	D	U	N	G	Ä
W	E	T	T	B	E	W	E	R	B	A				C
			N							U				H
			E							E				T
			S							R				N
			S	T	R	A	I	N	I	N	G			I
K	O	N	K	U	R	R	E	N	Z					S

1. Weiterbildung, 2. Gedächtnis, 3. Fitness, 4. Wettbewerb, 5. Konkurrenz, 6. Training, 7. Ausdauer

Ü4: 1. ausgebrannt, 2. stressbedingt, 3. abzubauen, 4. aufzutanken, 5. Seele, 6. sich wohlfühlen, 7. Gesunderhaltung

Modul 1 Fit für Finanzen

Ü1a: 2. die Gebühr, -en, 3. der Bankautomat, -en, 4. die Einzugsermächtigung, -en, 5. das Konto, Konten, 6. die EC-Karte, -n, 7. die Bank, -en, 8. der Dauerauftrag, -"e 9. die Geheimnummer, -n 10. der Betrag, -"e

Ü1b: 1. Konto, 2. Banken, Gebühren, 3. Bankautomaten, 4. EC-Karte, 5. Geheimnummer, 6. Kontoauszüge, 7. Beträge, Dauerauftrag, 8. Einzugsermächtigung

Ü2: Das macht die Bank: die Bonität prüfen, ein Konto führen, ein Beratungsgespräch anbieten, ein Darlehen gewähren, Kontoführungsgebühren abbuchen, einen Kredit anbieten, einem Konto Zinsen gutschreiben, einen Dispokredit einrichten, bessere Konditionen anbieten, Überziehungszinsen berechnen. Das macht der Kunde / die Kundin: Geld am Bankautomaten abheben, eine Kreditkarte beantragen, Geld vom Konto abheben, die EC-Karte sperren lassen, Geld auf ein Konto einzahlen, die PIN-Nummer/Geheimnummer eingeben, sich den Kontostand anzeigen lassen, den Kontoauszug ausdrucken, Geld auf ein Konto überweisen

Ü3: linke Spalte: 4, 5, 6; rechte Spalte: 2, 1, 3

Lösungen

Ü4: 2. Das Konto wurde eröffnet. Das Konto ist eröffnet. 3. Das Geld wurde überwiesen. Das Geld ist überwiesen. 4. Die Rechnungen wurden beglichen. Die Rechnungen sind beglichen.

Ü5: 2. war … ausgefüllt, 3. war überwiesen, 4. war gestohlen, 5. war bezahlt, 6. waren ermäßigt

Ü6: A: 1. werden, 2. ist, 3. ist, 4. werden

B: 1. sind, 2. wird, 3. wird, 4. wird

C. 1. sind, 2. wird, 3. wird, 4. werden

Modul 2 Fit am Telefon

Ü1: 1. , 3. , 4.

Ü2: 1. Ja, guten Tag, mein Name ist / Guten Tag, hier spricht 2. Ich rufe aus folgendem Grund an 3. Ja, also, das ist so / Dazu kann ich Ihnen Folgendes sagen 4. Habe ich Sie richtig verstanden: / Ich bin mir nicht ganz sicher, ob ich Sie richtig verstanden habe. 5. Ich würde gern wissen / Mich würde auch interessieren / Ich wollte auch noch fragen 6. Das hat mir sehr geholfen, vielen Dank.

Ü3: 1. b, 2. b, 3. a, 4. b, 5. a

Ü4: 3. zu, 4. die, 5. nur, 6. es, 7. in, 8. bei/von, 9. nach, 10. dass, 11. wem, 12. der

Modul 3 Fit für die Firma

Ü1: 1. x: Zeile 1–6, 2. –, 3. x: Zeile 12–15, 21ff., 4. x: Zeile 21–23, 5. –, 6. –, 7. x: Zeile 44–50

Ü2: 3. An seiner Stelle hätte ich die letzten Tage nicht so viel gearbeitet. 4. An seiner Stelle würde ich morgens nicht so viel Kaffee trinken. 5. An ihrer Stelle wäre ich zu Hause geblieben. 6. An ihrer Stelle hätte ich meinen Urlaub genommen. 7. An seiner Stelle würde ich heute ins Büro kommen. 8. An ihrer Stelle hätte ich das Angebot angenommen (oder: nicht abgelehnt).

Ü3: 2. Sie verhält sich so, als wäre sie die Chefin. 3. Sie kommt oft ohne Entschuldigung zu spät, als ob sie das Recht dazu hätte. 4. Sie benimmt sich oft so, als ob sie im Büro zu Hause wäre. 5. Sie tut oft so, als ob sie die Kritik nicht verstehen könnte. 6. Sie besorgt für die Betriebsfeier so viel zu essen, als käme eine Fußballmannschaft zu Gast.

Ü5: 1. … als ob er sehr dumm sei. 2. … als ob er sich für besonders intelligent hielte. 3 … als ob sie völlig harmlos sei, nichts Böses oder Unrechtes tun könne.

Ü6: Musterlösung: 2. Er hätte am Tag mehr arbeiten sollen. Er hätte seine Zeit besser einteilen müssen. 3. Er hätte nicht vergessen dürfen einzukaufen. Er hätte sich einen Einkaufszettel schreiben sollen. 4. Er/Sie/Der Prüfling hätte sich auf die Klausur besser vorbereiten müssen. Er/Sie/Der Prüfling hätte mehr lernen sollen. 5. Das Paar hätte die Karten vorher besorgen müssen. Sie hätten die Karten auch telefonisch reservieren können. 6. Sie hätte besser auf ihre Tasche achten sollen. Sie hätte am Kiosk nicht so lange schwatzen sollen.

Modul 4 Fit für die Prüfung

Ü1: die Konzentration, das Konzept, die Leistung, die Lösung, der Prüfungsstoff, der Überblick, die Vorbereitung, die Wiederholung, die Zeiteinteilung

Ü2: 1. h, 2. f, 3. g, 4. a, 5. c, 6. d, 7. b, 8. e

Ü3: Musterlösung: 1. Bevor man mit dem Lernen beginnt, sollte man sich ein vollständiges Bild vom gesamten Prüfungsstoff verschaffen. 2. Plant man die einzelnen Arbeitschritte, sollte man unbedingt beachten, dass man auch Puffertage und Wiederholungsphasen einplant. 3. Hobbys sollte man auch in der Lernphase pflegen, sonst rächt sich der Organismus mit Arbeitsunlust oder Krankheit. 4. Spätestens nach eineinhalb Stunden braucht der Körper eine zehnminütige Verschnaufpause. 5. In den letzten Tagen vor der Prüfung sollte man den gerlernten Prüfungsstoff vertiefen. 6. Auch wenn mal eine Prüfung nicht so gut läuft, geht das Leben weiter. 7. Am Tag der Prüfung ist es wichtig, den Blutzuckerspiegel auf optimalem Niveau zu halten. 8. Die Fragen und Aufgaben sollte man am besten mehrmals durchlesen. 9. Durch die mündliche Prüfung kommt man am besten, wenn man ein lockeres Gespräch führt, von Schwächen ablenkt und geschickt kontert.

Ü4a: 1. besonders, 2. Die, 3. Dir, 4. endlich, 5. bestanden, 6. konnte, 7. Sobald, 8. meiner, 9. ob, 10. zwar

Kapitel 8: Das macht(e) Geschichte

Wortschatz

Ü1: Stadtgeschichte, Geschichtsbücher, Geschichtslehrer, Weltgeschichte, Militärgeschichte, Wirtschaftsgeschichte, Heimatgeschichte, Geschichtsmuseum, Museumsgeschichte

Ü2: 1. Zeitpunkt, 2. Datum, 3. Ultimatum, 4. Zeitraum, 5. Gegenwart

Ü3: 2. unterzeichneten, 3. demonstrieren, 4. gegründet, 5. streiken/streikten, 6. aufbauen, 7. debattieren, 8. zerstört, 9. gewählt

Ü4a: die <u>Politik</u>: die/der Abgeordnete, die Wahl, der Bundestag, die Mehrheit, die Koalition, die Partei, die Opposition

die <u>Wirtschaft</u>: der Konzern, der Manager, die Firma, die Aktie, der Profit, die Finanzkrise, die Verkaufszahlen, der Aufschwung

die <u>Natur und die Umwelt</u>: der Klimawandel, die Dürre, der Sturm, die Hitzewelle, die Überschwemmung, der Wassermangel, der Artenschutz

Ü5a: der Schal, die Mütze/die Kappe, das Emblem (Deutscher Fußball-Bund), die Nationalfarben, der Fußball, das Lachen, der Himmel, die Freude, das Glück, …

Ü5b: Lösungsvorschlag: Das Foto stammt aus dem Jahr 2006 und wurde während der Fußball-Weltmeisterschaft in Deutschland, genauer in Berlin, aufgenommen. Die Frau, die typische Fan-Artikel trägt, ist vor dem Reichstag aufgenommen worden. Ganz in der Nähe gab es eine Fanmeile (vor dem Brandenburger Tor), auf der die Fans feierten und die Spiele live sehen konnten. Die Frau geht zur oder kommt wahrscheinlich von der Fanmeile.

Modul 1   Gelebte Geschichte

Ü1a: 2. die vergehende Zeit / die vergangene Epoche; 3. die vorbereitende Maßnahme / die vorbereitete Überfahrt; 4. die auftretende Nervosität / die aufgetretenen Schwierigkeiten; 5. das segelnde Schiff / die gesegelte Strecke; 6. die kochende Suppe / das gekochte Essen; 7. der überraschende Sturm / die überraschten Passagiere; 8. der singende Kapitän / die gesungenen Lieder

Ü2: 2. Die Zahl der von TV-Zeitreisen faszinierten Zuschauern nimmt weiter zu. 3. Warum ist es für eine in Wohlstand lebende Familie interessant, an einer Zeitreise teilzunehmen? 4. Die ausgewählten Teilnehmer freuten sich auf die Möglichkeit, eine Zeitreise zu machen. 5. Viele vermissten schon bald die zurückgelassenen Annehmlichkeiten. 6. Die Reisenden streiten sich manchmal über nervende Kleinigkeiten. 7. Am Ende der Reise gibt es ein Wiedersehen mit bereits

sehnsüchtig wartenden Freunden und Verwandten.

Ü3: 2. die kommende Woche, 3. kein fließendes Wasser, 4. respektierter Bauer, 5. die anfallenden Arbeiten, 6. die geltenden Regeln, 7. die streng kontrollierten Arbeiten, 8. aus dem weiter weg liegenden Brunnen, 9. in den anstrengenden Alltag, 10. die aufkommenden / aufgekommenen Konflikte

Modul 2   26.10. – Ein Tag in der Geschichte

Ü1: 1. g, 2. f, 3. j, 4. h, 5. c

Modul 3   Irrtümer der Geschichte

Ü1: sagen, denken, meinen, äußern, fragen, antworten, schreiben, behaupten, mitteilen, vorschlagen, raten, entgegnen, erwidern

Ü2: 1. Ein Vater behauptet, im Mittelalter seien die Leute nicht älter als 40 Jahre geworden. Sein Sohn entgegnet, das dies viele Leuten denken / denken würden, das stimme aber nicht. Auch im Mittelalter habe es alte Menschen gegeben. 2. Ein Schüler fragt, ob Graf Zeppelin wirklich der erste Mann gewesen sei, der ein Luftschiff gebaut habe. Ein anderer Schüler antwortet, nein, schon vor Zeppelin habe ein Mann ein Luftschiff gebaut. 3. Ein Tourist fragt, ob es stimme, dass das erste europäische Café in Wien gestanden habe. Ein Reiseführer erwidert, es stimme zwar, dass Wien für die Kaffeehauskultur bekannt sei, aber das erste europäische Café sei in Venedig gewesen. 4. Ein Lehrer behauptet, wir hätten die Erfindung des Buchdrucks Johannes Gutenberg zu verdanken. Eine Bibliothekarin entgegnet, er sei vielleicht im europäischen Raum der Erste gewesen, aber in China habe es zu Gutenbergs Zeit schon lange einzelne kleine Druckplatten für jedes Schriftzeichen gegeben.

Ü3: 1. 1876 behauptete die Firma Western Union in einer internen Kurzinformation, das Telefon sei von Natur aus von keinem Wert für die Firma. 2. Ein Ingenieur von IBM fragte 1968, für was der Mikrochip gut sei. 3. Charles H. Duell, Beauftragter des USA Office für Patente, erklärte 1899, alles was erfunden werden könne, sei erfunden worden. 4. Bill Gates äußerte 1981, 640 KB sollten genug für jedermann sein. 5. Pierre Pachet, ein Professor der Physiologie in Toulouse, behauptete 1872, Louis Pasteurs Theorie von Bazillen sei lächerliche Fiktion.

Lösungen

6. H.M. Warner, von der Filmgesellschaft Warner Brothers, fragte 1927, wer zur Hölle Schauspieler reden hören wolle. 7. Lord Kelvin, Präsident der Royal Society, behauptete 1895 Flugmaschinen seien unmöglich (, da sie schwerer als Luft seien). 8. Die Firma Decca Recording Co schrieb 1962 über die Beatles, sie würde deren Geräusche nicht mögen, und Gitarrenmusik sei am Aussterben.

Modul 4   Grenzen überwinden

Ü1: 1. zwischen, 2. unterzeichnet, 3. Ziel, 4. erleichtern, 5. Bürgern, 6. bedeutend, 7. Schritt

Ü2: 1. r, 2. f, 3. f, 4. r, 5. r, 6. f

Ü3a: 1. Die Erzählerin ist eine ehemalige Schülerin der Carl-von-Ossietzky-Schule in Berlin-Pankow.

2. In der (ehemaligen) DDR.

3. Die Klasse lernte in der DDR, doch vor dem Abitur fand die Deutsche Wiedervereinigung statt, sodass sie ihr Abitur in einem für sie neuen staatlichen System ablegte.

4. Aus der Zeit vor dem Mauerfall.

Ü3b: 1. Grenzen zur Tschechoslowakei wurden geschlossen, keine Möglichkeit mehr ins Ausland zu reisen, am 40. Geburtstag der Republik schneidet eine Mitschülerin während einer Parade das DDR-Emblem aus der Fahne und nichts passiert.

2. Manche gingen am nächsten Tag zur Schule, andere verschwanden gleich nach West-Berlin, einige telefonierten den ganzen Tag mit der Polizei, um zu fragen, ob die Grenze noch offen sei. Direkte Reaktion: Freude oder ungläubiges Verharren, Michael wusste, dass es vorbei war mit der DDR.

3. Die Schüler spürten, dass sie Macht haben: gefürchteter Staatsbürgerkundelehrer verschwand, Geschichtsunterricht begann noch einmal bei den Urmenschen, die Geschichte der SED wurde unwichtig. Sie konnten alles fordern.

4. Erklärung der Wende und der Emotionen kaum möglich, häufigstes Wort: „Wahnsinn".

5. Das Sicherheitsgefühl ging für manche verloren, Träume und Wünsche wurden überdacht/verworfen, politisch unterschiedliche Positionen: Einer feierte den 3. Oktober 1990 mit Sekt, eine andere hisste die DDR-Flagge. Insgesamt: Alles war neu, von vielem hatten sie keine Ahnung, aber sie waren guter Laune.

Ü3c: 1. Schüler dieser Klasse kamen aus gut situierten Familien, die Schule war eine Eliteschule.

2. Er sieht sie als „Jahrgang der Sieger", da sie beide Systeme kennengelernt haben. Das gab ihnen eine gute Ausbildung und macht sie zu den „Glückskindern der Einheit".

3. Sie verbindet ein unbestimmtes Ostgefühl, eine gemeinsam geteilte Vergangenheit. Erinnerungen an Cola-Wodka in dunklen Clubs, Wehrkunde, Ferien in Ungarn. Keiner von ihnen sehnt sich nach der DDR zurück, sie sind glücklich, dass sie verschwunden ist. Manchmal kommt ihnen der Westen satt und sorglos vor, obwohl auch das nicht mehr stimmt. Eine gewisse Fremdheit werde bleiben. Sie haben erkannt, dass nichts sicher und nichts für immer ist.

Kapitel 9: Mit viel Gefühl …

Wortschatz

Ü1a: 1. begeistert, leidenschaftlich, fanatisch, mitgerissen; 2. froh, lustig, fröhlich, vergnügt; 3. wütend, verärgert, zornig, wutentbrannt; 4. schüchtern, zurückhaltend, bescheiden, scheu; 5. überrascht, erstaunt, verwundert, verblüfft; 6. traurig, betrübt, gedrückt, niedergeschlagen; 7. vorsichtig, behutsam, besonnen, bedächtig; 8. überheblich, eingebildet, anmaßend, arrogant

Ü1b: 2. die Wut, 3. die Begeisterung, 4. die Arroganz, 5. die Schüchternheit, 6. die Traurigkeit, 7. die Bescheidenheit, 8. die Verwunderung, 9. die Fröhlichkeit, 10. der Zorn

Ü2a: Musterlösung: <u>positive Stimmung:</u> die Freude, das Vergnügen, die Sympathie, die Liebe, die Gutmütigkeit, das Glück, die Fröhlichkeit

<u>negative Stimmung:</u> der Zorn, die Verlegenheit, die Aufregung, die Besorgnis, der Ärger, das Heimweh, die Melancholie, die Angst, die Eifersucht, der Neid, die Enttäuschung, die Furcht, das Bedauern, der Trübsinn

Ü2b: 2. Vergnügen, 3. Liebe, 4. Freude, 5. Angst, 6. Neid, 7. Bedauern, 8. Verlegenheit

Ü3a: Beispiele: <u>Substantiv:</u> Gefühlsausbruch, Farbgefühl, Mitgefühl, Gefühlskälte, Bauchgefühl, Gefühlsverirrung, Gefühlsduselei, Schwindelgefühl, Hassgefühl, …; <u>Adjektiv:</u> gefühlskalt, gefühlsmäßig, …

Modul 1 Farbenfroh

Ü1: Text 1: 3, 5, Text 2: 1, 6, Text 3: 2, 4

Ü2: 1. nach, 2. auf, 3. auf, 4. an, 5. für, 6. nach, 7. auf, 8. zu

Ü3: 1. bei, 2. über, 3. von, 4. für, 5. für, 6. für

Ü4: 1. über, 2. auf, 3. mit, 4. für, 5. mit, 6. davon, 7. in, 8. damit, 9. daran, 10. mit

Modul 2 Mit Musik geht alles besser

Ü1: das Musikinstrument: das Saxofon – die Saxofone, die Gitarre – die Gitarren, die Trompete – die Trompeten

der Musikstil: der Pop, die Klassik, die Oper, die Volksmusik, der Jazz

die Musiker: die Band – die Bands, der Star – die Stars, der Chor – die Chöre, der Sänger – die Sänger

der Ort: die Konzertsaal – die Konzertsäle, das Stadion – die Stadien, die Disco – die Discos

Ü3: Musterlösung: 1. Hobby, 2. Medizin, 3. Körper, 4. Stress, 5. Schmerzen, 6. soziale, 7. wahrnehmen, 8. Gehirn/Gedächtnis/Alter, 9. Trainingseffekt, 10. Gedächtnisstütze, 11. Emotionen, 12. Erinnerungen

Ü4: Bedeutung: 1. pädagogische Bedeutung, 2. Beitrag zur sozialen Entwicklung der Kinder

Nachweis in: Langzeitstudie an mehreren Berliner Grundschulen (Bastian-Studie)

Ergebnisse: 1. Zunahme der sozialen Kompetenz der Kinder, 2. ruhigeres, aggressionsfreieres Klima

Grund: Schulung der Wahrnehmung des anderen

Folge: 1. gezieltes Hören auf den Stimmklang des anderen lernen, 2. Beurteilung der Stimmung eines Menschen lernen

Modul 3 Sprache und Gefühl

Ü1a: 1. doch/ja, 2. eigentlich/ja, 3. einfach, 4. ja/doch, 5. mal, 6. schon/doch/einfach, 7. wohl, 8. schon/doch, 9. eigentlich/ja, 10. denn, 11. doch/wohl, 12. einfach

Ü2: Bild 1: „Das darf doch wohl nicht wahr sein! …" / „Was willst du denn von mir?" / „Was glaubst du denn eigentlich?" / „Mach doch nicht so

einen Stress." / „Hier hat man echt nie seine Ruhe." / „Du kannst dich ja selbst darum kümmern."

Bild 2: „Das ist doch unerträglich!"/ „Wir können auch mal zusammen woanders essen." / „Was soll das denn sein?" / „Es ist einfach immer dasselbe." / „Woanders gibt's aber was Besseres."/ „Dass die dafür auch noch Geld nehmen."

Modul 4 Gefühle und Emotionen

Ü1a: 2. die Liebe, lieben, geliebt/verliebt/liebevoll, 3. die Freude, sich freuen, freudig, 4. die Scham, sich schämen, verschämt/schamvoll, 5. die Neugier(de), –, neugierig, 6. der Ekel, sich ekeln, eklig

Ü1b: Musterlösung: 7. die Angst, sich ängstigen, ängstlich, 8. die Eifersucht, –, eifersüchtig, 9. das Mitleid, mitleiden, mitleidig, 10. der Hass, hassen, hasserfüllt

Ü2: Musterlösung:

wütend sein: Augenbrauen ziehen sich zusammen, Augen werden schmal, brüllen, erhöhter Blutdruck, Lippen aufeinanderpressen, schwitzen, starke Körperspannung, kein klarer Gedanke möglich

verliebt sein: aufgeregt sein, Hormone werden ausgeschüttet, Herz schlägt schneller, feuchte Hände, lächeln, rot werden, Pupillen weiten sich, Kribbeln im Bauch, nervös sein, sanfte Stimme, weiche Knie, Konzentrationsprobleme

sich ekeln: man hält sich die Nase zu, man hält die Luft an, sich abwenden, würgen

Ü4: Angst: 1, 3, 6, 7; Neugier: 2, 4, 5, 8

Ü5a: 1. c, 2. a, 3. b, 4. a, 5. b

Ü5b: Mitleid: Mitgefühl, Einfühlungsvermögen, Mitfühlen: Emotion: Gefühl, Empfindung; Gehirn: Hirn, neuronale Netzwerke

Kapitel 10: Ein Blick in die Zukunft

Wortschatz

Ü2: passende Wörter: 1. Wahrsager, 2. Handarbeit, 3. Maschinen, 4. Computern, 5. Automaten, 6. Kamera, 7. Gerät, 8. Sensoren, 9. Außerirdischen

Lösungen

Ü4: 1. hektisch, unerfahren, engagiert, jung, dynamisch, sportlich, neugierig, motiviert, zielstrebig, ungeduldig, cool

2. hektisch, engagiert, dynamisch, gut situiert, sportlich, neugierig, motiviert, zielstrebig, ungeduldig, gestresst

3. besonnen, gut situiert, erfahren, weise, gelassen, zielstrebig, routiniert, vergesslich

Ü5: 1. Serviceroboter, 2. Sensoren, 3. orientieren, 4. abspeichern, 5. Ladestation, 6. getaner, 7. Entfernung, 8. Gegenstand

Modul 1 Alternative Energie – Chance für die Zukunft?

Ü2: 1. hat, 2. machen, 3. unternehmen, 4. stehen, 5. nimmt, 6. stehen

Ü3: 1. Es steht außer Frage/Zweifel, dass der Klimawandel eines der größten Probleme dieses Jahrhunderts ist. 2. Natürliche Klimaveränderungen hat es auf der Erde schon immer gegeben. Aber heute tragen die Menschen dafür die Verantwortung. 3. Zahlreiche Experten haben Untersuchungen angestellt, wie der Klimawandel aufzuhalten ist. 4. Es steht außer Zweifel/Frage, dass durch Energiesparmaßnahmen und die verstärkte Nutzung alternativer Energieträger der Anstieg der Treibhausgase bis 2050 halbiert werden kann. 5. Einige Länder, darunter auch Deutschland, haben den Entschluss gefasst, ihren Ausstoß an Treibhausgasen bis 2012 um mindestens fünf Prozent zu reduzieren. 6. Politiker auf der ganzen Welt müssen dafür Sorge tragen, dass in ihrem Land etwas für den Klimaschutz getan wird.

Ü4a: 1. a, 2. e, 3. b, 4. c, 5. d, 6. i, 7. j, 8. g, 9. h, 10. f/h

Ü4b: 1. f, 2. d, 3. g, 4. a, 5. h, 6. i, 7. b, 8. c, 9. e

Modul 2 In 50 Jahren …

Ü1: 1. A, C, D; 2. A, B, C; 3. A, D, E; 4. B, D

Ü2: 3. gelesen, 4. eine, 5. mir, 6. persönliche, 7. würde, 8. den, 9. ob, 10. können natürlich, 11. an, 12. Ihnen

Modul 3 Was bringt die Zukunft?

Ü1: Einleitung: Das Thema meiner Präsentation lautet/ist: … – Ich spreche heute zu Ihnen über …

Strukturierung: Mein Vortrag besteht aus vier Teilen / ist in vier Teile gegliedert: …

Übergänge / auf Folien verweisen: Auf dieser Folie sehen Sie … – Hier erkennt man deutlich, dass … – Ich komme jetzt zum zweiten/nächsten Teil. – Nun spreche ich über … – Wie Sie hier sehen können, ist/sind …

Schluss: Ich komme jetzt zum Schluss. – Vielen Dank für Ihre Aufmerksamkeit. – Wenn Sie noch Fragen haben, bin ich gerne für Sie da. – Ich hoffe, Sie haben einen Überblick über … erhalten. – Zusammenfassend/Abschließend möchte ich sagen, …

Ü2: 1. c, 2. a, 3. d, 4. b

Ü3a: Ich glaube nicht, dass der Arbeitsplatz im eigenen Heim als Büro durchzusetzen ist: Die Möglichkeit, Privates und Berufliches zu trennen, ist unbedingt zu erhalten. Wenn das Büro zu Hause ist, dann kann man nie ganz „abschalten", da es immer andere Dinge gibt, die man mal schnell zu erledigen hat. Außerdem lässt einen z.B. die Familie zu Hause auch selten ganz konzentriert arbeiten: Theoretisch haben Partner und Kinder dann einfach zu akzeptieren, dass man arbeiten muss – aber das klar zu machen ist fast unmöglich. Und wer meint, im Homeoffice brauche man nicht mehr so viel zu arbeiten, weil es keine direkte Kontrolle gibt, der irrt sich gewaltig, schließlich wird die anfallende Arbeit ja nicht weniger.

Ü3b: … Die Möglichkeit, Privates und Berufliches zu trennen, muss unbedingt erhalten werden. Wenn das Büro zu Hause ist, dann kann man nie ganz „abschalten", da es immer andere Dinge gibt, die man mal schnell erledigen muss. Außerdem erlaubt einem z.B. die Familie zu Hause auch selten ganz konzentriert zu arbeiten: Theoretisch müssen Partner und Kinder dann einfach akzeptieren, dass … Und wer meint, im Homeoffice müsse/muss man nicht mehr so viel arbeiten, weil …

Modul 4 Roboter – Unsere Zukunft?

Ü1: 1. f, 2. r, 3. f, 4. f, 5. r, 6. r, 7. f

Ü2: 1. G, 2. E, 3. B, 4. H, 5. A, 6. D, 7. C, 8. F

Ü3: 1. b, 2. j, 3. d, 4. l, 5. g, 6. X, 7. i, 8. f. , 9. a, 10. c

Kapitel 6

Modul 2 Aufgabe 1

8 Uhr, Radio Brandenburg aktuell, Nachrichten: aktuell, kompetent und informativ

- Spektakulärer Kunstraub im Brücke-Museum in Berlin-Dahlem
- IG Metall bleibt hart
- Unternehmen zahlt für Umweltvergehen
- Radfahren Kernpunkt in Verkehrsplanung

Im Studio Martin Gassmann, einen schönen guten Morgen.

In der vergangenen Nacht haben unbekannte Täter neun expressionistische Gemälde aus dem Brücke-Museum in Berlin-Dahlem entwendet. Die Räuber haben zunächst die Alarmanlage mit Bauschaum außer Gefecht gesetzt. Dann haben sie offensichtlich wahllos in wenigen Minuten Gemälde aus dem Museum entwendet, die sich in der Nähe des Fensters befanden, durch das sie in das Gebäude eingedrungen sind. Aus diesem Grund wird vermutet, dass die Täter Gelegenheitskunstdiebe sind. Bei den gestohlenen Gemälden handelt es sich um Bilder des Malers Erich Heckel und jeweils eines von Max Pechstein, Ernst Ludwig Kirchner und Emil Nolde. Der Wert der Gemälde wird mit rund 3,6 Millionen Euro beziffert.

Die IG Metall will zwischen den Urabstimmungen und dem angekündigten Streik nicht noch einmal mit den Arbeitgebern verhandeln.

Der Streik werde – vorbehaltlich der Urabstimmung – am 6. Mai beginnen, sagte …

Modul 4 Aufgabe 2a

Liebe Hörerinnen und Hörer, ich begrüße Sie und euch recht herzlich zu unserem heutigen Special, in dem wir zunächst der Frage nachgehen wollen: „Wer ist Cornelia Funke?"

Papst Benedikt und Formel-1-Weltmeister Michael Schumacher sind vom US-Magazin „Time" in diesem Jahr auf die Liste der 100 „einflussreichsten Persönlichkeiten" gesetzt worden. Und auch die deutsche Kinderbuchautorin Cornelia Funke konnte sich auf der am Sonntag veröffentlichten jährlichen Liste des Magazins platzieren. Funke teilt sich die Ehre auch mit Entertainern und Künstlern wie den Oscar-Gewinnern Clint Eastwood, Hilary Swank, Jamie Foxx und Dokumentar-Filmer Michael Moore.

Und wer ist jetzt Cornelia Funke?! Die gebürtige Westfälin hat in 17 Jahren mehr als 40 Bücher geschrieben, darunter auch die humorvolle Geschichte „Als der Weihnachtsmann vom Himmel fiel". Ihre Titel sind von Kindern heiß begehrt – und werden von Erwachsenen voller Begeisterung vor- oder mitgelesen. Funke wird oft als „deutsche Joanne K. Rowling" bezeichnet.

Cornelia Funke hat etwas geschafft, was in der deutschen Kinderliteratur einer Sensation gleichkommt: Den internationalen Durchbruch. Sie selbst kann es immer noch nicht richtig glauben, dass sie plötzlich eine Star-Autorin ist. Vielleicht, so sagt sie, kommt eines Tages jemand und kneift mich – und alles war nur ein Traum.

2002 erscheint ihr Roman „Herr der Diebe" in Großbritannien und Amerika – mit großem Erfolg. Und es wird immer besser: Auch mit anderen Romanen erobert Cornelia Funke die Bestsellerlisten im englischsprachigen Ausland – Verkaufszahlen ihrer Bücher dort derzeit unglaubliche vier Millionen.

Mit die bekanntesten ihrer Bücher sind die drei Tintenbücher: „Tintenherz", „Tintenblut" und „Tintentod". Hauptperson der Trilogie ist Meggie, die Abenteuer erlebt, bei denen Personen aus Büchern in die Wirklichkeit herausgelesen werden. Es gibt also zwei Welten, unsere reale Welt und die Bücherwelt – in die z.B. der herausgelesene Held namens Staubfinger zurückkehren möchte. Dafür muss er jemanden finden, der ihn in das Buch zurücklesen kann.

2004 dann der Clou in Funkes bisheriger Karriere: Sie verkauft die Filmrechte für „Tintenherz" an ein großes amerikanisches Filmstudio, wird Co-Produzentin und zieht im gleichen Jahr mit ihrer Familie von Hamburg nach Hollywood.

Modul 4 Aufgabe 2b

○ Hallo, liebe Hörerinnen und Hörer, im Rahmen unseres Specials über Cornelia Funke befinden wir uns auf der Suche nach Experten – genauer gesagt nach „Tintenherz" – und „Tintenblut-Experten" – und die findet man am besten im Buchgeschäft. Also sind wir hier, in der Buchhandlung direkt am Marktplatz in Würzburg. Fragen wir doch zunächst einmal die Buchhändlerin, Frau Degner, selber.

Hallo, Frau Degner, schön, dass wir Ihnen kurz ein paar Fragen stellen dürfen.

● Hallo, Herr Rohrer, schön, dass Sie bei uns sind.

○ Frau Degner sagen Sie mal, im Moment sind ja bei Jung und Alt die Bücher von Cornelia Funke mit den faszinierenden Titeln „Tintenherz", „Tintenblut" und „Tintentod" sehr beliebt. „Tintenherz" ist ja der erste der drei Bände. Worum geht es denn in diesem Buch eigentlich?

● Ja, in dem ersten Buch der Trilogie, in „Tintenherz", geht es um die kleine Meggie. Sie lebt mit ihrem Vater, der Mo heißt, in einem kleinen Häuschen voller Bücher. Mo verdient sein Geld als Buchrestaurator und weckt in seiner Tochter schon sehr früh die Liebe zu Büchern. Über ihre Mutter weiß das Mädchen so gut wie nichts, denn die verschwand vor Jahren, und ihr Vater erzählt nicht viel darüber. Eines Nachts taucht dann plötzlich ein unheimlicher Fremder auf. Er hat einen kleinen Marder im Rucksack und wird von Mo „Staubfinger" genannt. In dieser Nacht bekommt es Meggie zum ersten Mal in ihrem Leben mit der Angst zu tun. Und das offensichtlich nicht zu Unrecht, denn am nächsten Morgen will ihr Vater mit ihr heimlich vor Staubfinger flüchten, und zwar zu Meggies Tante Elinor. Doch der Fremde lässt sich nicht abschütteln und verfolgt die beiden. Meggie versucht verzweifelt herauszufinden, was grade geschieht und was das Ganze soll und wer Staubfinger eigentlich ist und was es mit dem Typen namens Capricorn auf sich hat, über den die Erwachsenen so oft sprechen. Doch vor irgendetwas möchte Mo sie schützen und dieses Etwas hat offensichtlich mit dem Buch zu tun, das Mo in der riesigen Bibliothek von Elinor verstecken will. Offensichtlich könnte das Buch das Rätsel lösen und tatsächlich ist „Tintenherz" das Buch, das die Geschichte von Staubfinger und dem bösen Capricorn erzählt.

○ Äh häm, da scheint ja schon im ersten Band der Trilogie richtig viel zu passieren und das hört sich spannend – aber auch verwirrend an. Wie können Sie sich denn erklären, dass die Bücher einen so großen Erfolg haben?

Transkript

● Na ja, „Tintenherz" ist ein Buch, das einen gleich von Anfang an gefangen nimmt. Als ich das Buch gelesen habe, habe ich nachts von den Figuren geträumt. Mehrere Tage lang begleitete ich Meggie, Mo, Staubfinger, Elinor, Capricorn und viele andere auf ihrem Weg durch unsere Welt, in die manche von ihnen gar nicht gehören. Staubfinger ist eine sehr tragische Gestalt, der immer Heimweh nach seiner Welt hat, obwohl sein dortiges Schicksal ungewiss ist. Doch auch Meggie, Mo und Elinor haben mich eine ganze Weile, nachdem ich das Buch gelesen habe, nicht mehr losgelassen. Das ist, denke ich, der Grund, warum die Bücher so erfolgreich sind, obwohl die Figuren auch stellenweise etwas blass und hölzern wirken. Aber man möchte einfach wissen, wie es weitergeht, und deshalb fesselt diese Geschichte, die sich auch immer wieder durch eine bezaubernde Sprache auszeichnet, einfach so viele Leute.

○ Vielen Dank, Frau Degner.

Wir wollen hier im Buchgeschäft doch auch noch den einen oder anderen Leser zu Wort kommen lassen.

Ähm, hallo, entschuldige, du hast gerade das Buch „Tintenblut" angesehen. Hast du denn den ersten Band – „Tintenherz" – auch schon gelesen?

□ „Tintenherz" ist für mich ein wundervolles Buch. Ich lese es gerade das dritten Mal und bin immer noch total begeistert. Wenn ich abends im Bett liege und es dunkel ist, mach ich's mir gemütlich und vertiefe mich in das Buch. Nach einer Weile – hm, ich weiß nicht, ob es andern auch so ergeht – „geht" man in die Geschichte hinein und spielt sozusagen mit. Das ist wirklich super! Als ich „Tintenherz" das erste Mal gelesen habe, hab ich ständig davon erzählt, und meine Freundinnen waren schon ziemlich genervt. Aber ich habe sie wenigstens dazu gebracht, mein absolut liebstes Lieblingsbuch auch zu lesen.

○ Na danke, da haben wir ja gleich einen echten Tintenfan erwischt.

Und Sie, haben Sie „Tintenherz" auch gelesen?

■ Ich habe mir nun endlich dieses Buch vorgenommen, weil ich von vielen Leuten weiß, dass sie es gelesen haben.

Während des Lesens hatte ich dann aber vor allem immer wieder Lust, das Buch einfach wieder wegzulegen und es gut sein zu lassen. Die Sprache hat mir von Anfang an nicht so gut gefallen, um nicht zu sagen, sie hat mich geärgert, aber die Hoffnung, dass die Geschichte irgendwann mal anfängt, hat mich weiterlesen lassen.

Jetzt bin ich beim letzten Fünftel angelangt, und so langsam beschleicht mich das Gefühl, dass der viel versprechende Einband mit den wunderschönen Zeichnungen nichts, aber auch rein gar nichts mit dem Inhalt des Buches zu tun hat. Bis auf den nervigen Marder.

Naja, aber jetzt lese ich das Buch noch zu Ende – vielleicht passiert ja noch was Spannendes und wenn ich es durchhabe, dann finde ich es vielleicht doch noch ganz gut. Vielleicht bin ich jetzt auch ein bisschen unfair, weil ich wohl einfach zu viel von diesem Buch erwartet habe, schließlich haben mir so viele Leute davon vorgeschwärmt – mal sehen.

○ Na, dann noch viel Spaß mit dem letzten Teil des Buches – und hoffentlich gefällt es Ihnen dann am Ende doch noch.

Ähm, darf ich auch Sie fragen, ob Sie eines der Tintenbücher gelesen haben?

△ Ich habe das Buch an einem regnerischen Urlaubstag verschlungen! Ich muss sagen, ich lese viel und gerne, aber dieses Buch hat mich förmlich aus meiner Welt gerissen und mich zurückversetzt in die Bücherwelt meiner Kindertage. Es ist eines der besten Bücher, die ich jemals gelesen habe. Man muss sich allerdings schon auch auf die Geschichte einlassen können und wollen, sonst kann man vermutlich mit dem Buch nichts anfangen.

○ Vielen Dank und einen schönen Tag noch.

Mit diesen Eindrücken zu den Tintenbüchern gebe ich erst mal zurück ins Studio.

Modul 4 Aufgabe 5a

Mit einem Seufzer blieb er stehen, schob die Hand unter die schlecht sitzende Jacke und zog ein Blatt Papier hervor. „Also – hier ist, was du bestellt hast", sagte er zu Staubfinger. „Wunderbare Wörter, nur für dich, eine Straße aus Wörtern, die dich geradewegs zurückführen wird. Hier, lies!"

Zögernd nahm Staubfinger das Blatt entgegen. Feine, schräg stehende Buchstaben bedeckten es, verschlungen wie Nähgarn. Staubfinger fuhr mit dem Finger an den Wörtern entlang, als müsste er jedes einzelne seinen Augen erst zeigen, während Orpheus ihn beobachtete wie ein Schuljunge, der auf seine Note wartet.

Als Staubfinger endlich wieder den Kopf hob, klang seine Stimme überrascht. „Du schreibst gut! Wunderschöne Worte ..."

Der Käsekopf wurde so rot, als hätte ihm jemand Maulbeersaft ins Gesicht geschüttet. „Es freut mich, dass es dir gefällt!"

„Ja, es gefällt mir sehr! Alles steht so da, wie ich es dir beschrieben habe. Es klingt nur ein bisschen besser."

Mit verlegenem Lächeln nahm Orpheus Staubfinger das Blatt wieder aus der Hand. „Ich kann nicht versprechen, dass die Tageszeit die gleiche sein wird", sagte er mit gedämpfter Stimme. „Die Gesetze meiner Kunst sind schwer zu ergründen, doch glaub mir, keiner weiß mehr über sie als ich! Beispielsweise sollte man ein Buch nur ändern oder fortspinnen, indem man Wörter benutzt, die darin schon zu finden sind. Bei zu viel fremden Wörtern passiert gar nichts oder etwas, das man nicht beabsichtigt hat! Vielleicht ist es anders, wenn man selbst der Autor der ..."

„Um aller Feen willen, in dir stecken ja mehr Wörter als in einer ganzen Bibliothek!", unterbrach Staubfinger ihn ungeduldig. „Wie wäre es, wenn du jetzt einfach liest?"

Orpheus verstummte so abrupt, als hätte er seine Zunge verschluckt. „Sicher", sagte er mit leicht gekränkter Stimme. „Du wirst sehen. Mit meiner Hilfe wird das Buch dich wieder aufnehmen wie einen verlorenen Sohn. Es wird dich aufsaugen wie Papier die Tinte!"

Staubfinger nickte nur und blickte die verlassene Straße hinauf. Farid spürte, wie gern er dem Käsekopf glauben wollte – und wie viel Angst er davor hatte, erneut enttäuscht zu werden.

„Was ist mit mir?" Farid trat dicht an seine Seite. „Er hat auch etwas über mich geschrieben, oder? Hast du nachgesehen?"

Orpheus warf ihm einen wenig wohlwollenden Blick zu. „Mein Gott!", sagte er spöttisch zu Staubfinger. „Der Junge scheint ja wirklich sehr an dir zu hängen! Wo hast du ihn aufgelesen? Irgendwo am Straßenrand?"

„Nicht ganz", antwortete Staubfinger. „Ihn hat derselbe Mann aus seiner Geschichte gepflückt, der auch mir diesen Gefallen getan hat."

„Dieser ... Zauberzunge?" Orpheus sprach den Namen so abfällig aus, als könnte er nicht glauben, dass irgendjemand ihn verdiente.

„Ja. So heißt er. Woher weißt du das?" Staubfingers Überraschung war nicht zu überhören.

Der Höllenhund beschnupperte Farids nackte Zehen – und Orpheus zuckte die Schultern. „Früher oder später hört man von jedem, der den Buchstaben das Atmen beibringen kann."

„Ach ja?" Staubfingers Stimme klang ungläubig, aber er fragte nicht weiter nach. Er starrte nur auf das Blatt, das mit Orpheus' feinen Buchstaben bedeckt war.

Der Käsekopf aber blickte immer noch Farid an. „Aus welchem Buch stammst du?", fragte er. „Und warum willst du nicht in deine eigene Geschichte zurück statt in die seine, in der du nichts zu suchen hast?"

„Was geht das dich an?", erwiderte Farid feindselig. Der Käsekopf gefiel ihm immer weniger. Er war zu neugierig – und viel zu schlau.

Staubfinger aber lachte nur leise. „Seine eigene Geschichte? Nein, nach der hat Farid nicht die Spur von Heimweh. Der Junge wechselt die Geschichten wie eine Schlange die Haut." Farid hörte in seiner Stimme fast so etwas wie Bewunderung.

„So, tut er das?"

Modul 4   Aufgabe 5b

Orpheus musterte Farid erneut auf so herablassende Weise, dass er ihm am liebsten gegen die plumpen Knie getreten hätte, wäre da nicht der Höllenhund gewesen, der ihn immer noch mit hungrigen Augen anstierte. „Nun, gut", sagte Orpheus, während er sich auf der Mauer niederließ. „Ich warne dich trotzdem! Dich zurückzulesen ist eine Kleinigkeit, aber der Junge hat in der Geschichte nichts zu suchen! Ich darf seinen Namen nicht nennen. Es ist nur die Rede von einem Jungen, wie du gesehen hast, ich kann nicht garantieren, dass das funktioniert. Und selbst wenn, wird er vermutlich nichts als Verwirrung stiften. Vielleicht bringt er dir sogar Unglück!"

Wovon redete der verfluchte Kerl? Farid sah Staubfinger an. Bitte!, dachte er. O bitte! Hör nicht auf ihn! Nimm mich mit.

Staubfinger erwiderte seinen Blick. Und lächelte. „Unglück?", sagte er, und seiner Stimme hörte man an, dass niemand ihm etwas über das Unglück erzählen musste. „Unsinn. Der Junge bringt mir Glück. Außerdem ist er ein ziemlich guter Feuerspucker. Er kommt mit mir. Und das hier auch." Bevor Orpheus verstand, was er meinte, griff Staubfinger nach dem Buch, das der Käsekopf neben sich auf die Mauer gelegt hatte. „Das brauchst du ja wohl nicht mehr, und ich werde wesentlich ruhiger schlafen, wenn es in meinem Besitz ist."

„Aber ..." Entgeistert sah Orpheus ihn an. „Ich habe dir doch gesagt, es ist mein Lieblingsbuch! Ich würde es wirklich gern behalten."

„Nun, ich auch", erwiderte Staubfinger nur und reichte das Buch Farid. „Hier. Pass gut darauf auf."

Farid drückte es gegen die Brust und nickte. „Gwin", sagte er. „Wir müssen Gwin noch rufen." Aber als er etwas trockenes Brot aus der Hosentasche zog und Gwins Namen rufen wollte, presste Staubfinger ihm die Hand auf den Mund.

„Gwin bleibt hier!", sagte er. Hätte er erklärt, er wollte seinen rechten Arm zurücklassen, Farid hätte ihn nicht ungläubiger angesehen. „Was starrst du mich so an? Wir fangen uns drüben einen anderen Marder, einen, der weniger bissig ist."

„Nun, wenigstens bist du, was das betrifft, vernünftig", sagte Orpheus.

Wovon redete er?

Aber Staubfinger wich Farids fragendem Blick aus. „Nun fang schon endlich an zu lesen!", fuhr er Orpheus an. „Oder sollen wir hier noch stehen, wenn die Sonne aufgeht?"

Orpheus blickte ihn einen Moment lang an, als wollte er noch etwas sagen. Doch dann räusperte er sich. „Ja", sagte er. „Ja, du hast recht. Zehn Jahre in der falschen Geschichte sind eine lange Zeit. Lesen wir."

Worte.

Worte füllten die Nacht wie der Duft unsichtbarer Blüten.

Maßgeschneiderte Worte, geschöpft aus dem Buch, das Farid fest umklammert hielt, und zusammengefügt von Orpheus' teigblassen Händen zu neuem Sinn. Von einer anderen Welt sprachen sie, von einer Welt voller Wunder und Schrecken. Und Farid lauschte und vergaß die Zeit. Er spürte nicht einmal mehr, dass es so etwas überhaupt gab. Es gab nur noch Orpheus' Stimme, die so gar nicht zu dem Mund passen wollte, aus dem sie kam. Sie ließ alles verschwinden, die löchrige Straße und die ärmlichen Häuser an ihrem Ende, die Laterne, die Mauer, auf der Orpheus saß, ja, selbst den Mond über den schwarzen Bäumen. Und die Luft roch plötzlich fremd und süß ...

Er kann es, dachte Farid, er kann es tatsächlich, während Orpheus' Stimme ihn blind und taub machte für alles, was nicht aus Buchstaben bestand. Als der Käsekopf plötzlich schwieg, sah er sich verwirrt um, schwindlig vom Wohlklang der Wörter. Wieso waren die Häuser noch da und die Laterne, rostig von Wind und Regen? Auch Orpheus war noch da und sein Höllenhund.

Nur einer war fort. Staubfinger.

Farid aber stand immer noch auf derselben verlassenen Straße. In der falschen Welt.

Kapitel 7

Modul 1   Aufgabe 3a

○ Willkommen bei Ihrem Sperrservice für EC-Karten, Bankkunden- und Sparkarten. Zu Ihrer Sicherheit wird dieser Anruf aufgezeichnet. Um Ihre Kartensperre durchführen zu können, benötigen wir unbedingt die Kontonummer. Beachten Sie bitte, dass alle Karten zu Ihrem Konto gesperrt werden. Ausgenommen sind Kreditkarten. Zum Entsperren einzelner Karten wenden Sie sich bitte an Ihr Kreditinstitut. Ist Ihnen die Kontonummer bekannt? Antworten Sie bitte mit „Ja" oder „Nein".

● Ja.

○ Ist Ihnen die Bankleitzahl bekannt? Antworten Sie bitte mit „Ja" oder „Nein".

● Ja.

○ Bitte nennen Sie die achtstellige Bankleitzahl.

● 300 209 00.

○ Ich habe die Bankleitzahl 300 209 00 verstanden. Ist das richtig? Antworten Sie bitte mit „Ja" oder „Nein".

Transkript _____

- ● Ja.
- ○ Bitte nennen Sie die Kontonummer.
- ● 0101013330.
- ○ Ich habe die Kontonummer 0101013330 verstanden. Ist das richtig? Antworten Sie bitte mit „Ja" oder „Nein".
- ● Ja.
- ○ Bitte nennen Sie den Namen und die Anschrift des Karteninhabers.
- ● Max Mustermann, Musterstraße 1 in 11223 Musterstadt.
- ○ Ihre Kartensperre habe ich weitergeleitet. Sofern die Kontonummer und die Bankleitzahl richtig waren, sind Sie ab diesem Zeitpunkt über das jeweilige Kreditinstitut versichert. Bitte melden Sie den Verlust der EC-Karte schnellstmöglich dem zuständigen Kreditinstitut. Wenn Sie weitere EC-, Bankkunden- oder Sparkarten sperren möchten, antworten Sie bitte mit „Ja".
- ● Nein.
- ○ Vielen Dank für Ihren Anruf.

Modul 2 Aufgabe 2a

Dialog 1
- ○ Computer-Fachhandel Müllersberg. Mein Name ist Günther Schwab. Was kann ich für Sie tun?
- ● Ja, also, wir brauchen neue Computer und da wollte ich mich mal erkundigen.
- ○ Ja, gerne. An was hatten Sie denn gedacht und womit haben Sie bisher gearbeitet?
- □ Dirk, kannst du hier mal unterschreiben, das muss heute noch raus.
- ● Ja, klar. Aber das hier ist falsch ausgefüllt. Das musst du noch mal machen.
- □ Ah ja, stimmt.
- ● Tja, also, ich weiß auch nicht genau. Wir haben hier eine ziemlich alte Computeranlage. Das muss jetzt alles mal erneuert werden.
- ○ Dann kommen Sie doch einfach mal bei uns im Geschäft vorbei und wir unterhalten uns ausführlich über unsere Angebote bezüglich Hardware und Software, Installation, Betreuung usw.
- ● Ja, gut. Und wie komme ich da am besten hin?
- ○ Wollen Sie mit dem Auto kommen oder öffentlich?
- ● Och, keine Ahnung.
- ○ Dann erkläre ich Ihnen beides. Haben Sie etwas zu schreiben?
- ● Oh, nee, Moment mal. Ah, ja, jetzt.
- ○ Mit den öffentlichen Verkehrsmitteln erreichen Sie uns am besten mit der S8 Richtung Messe, Haltestelle Mönkeplatz. Die Adresse ist Marktstr. 24a, das sind ca. 5 Minuten zu Fuß. Mit dem Auto fahren Sie am besten über den Ring. Einen Parkplatz finden Sie direkt vor dem Haus.
- ● Wann haben Sie denn auf?
- ○ Wir sind Montag bis Samstag von 8–20 Uhr für Sie da. Wir können auch aber gerne einen Termin vereinbaren. Dann können wir alles in Ruhe besprechen.

- ● Ah ja, gut. Moment. Geht's, ähm, am Donnerstag Nachmittag?
- ○ Ja, gerne. Donnerstag um 15 Uhr?
- ● Gut, dann komme ich übermorgen vorbei. Auf Wiederhören.
- ○ Auf Wiederhören.

Dialog 2
- ○ Computer-Fachhandel Müllersberg. Mein Name ist Günther Schwab. Was kann ich für Sie tun?
- ■ Guten Tag, mein Name ist Birgit Neuss. Ich hätte da mal eine Frage: Ich hab ein kleines Büro mit zwei Angestellten und wir bräuchten eine neue Computeranlage.
- ○ Ja, haben Sie denn schon genauere Vorstellungen, Frau Neuss?
- ■ Nun, ich wollte mich erst mal ganz unverbindlich erkundigen. Würden Sie denn die Computer hier auch installieren?
- ○ Ja, natürlich. Wir helfen bei der Auswahl, der Installation, dem Netzwerkaufbau und der Internetanbindung.
- ■ Mich würde auch interessieren, ob Sie uns auch später bei eventuell auftretenden Problemen mit den Computern weiter betreuen.
- ○ Selbstverständlich. Wir haben sogar einen Notdienst, der Ihnen werktags bis 24 Uhr und auch am Wochenende zur Verfügung steht.
- ■ Ich habe Ihre Telefonnummer von einem Bekannten bekommen, aber ich würde gern mal bei Ihnen vorbeikommen. Wo finde ich denn Ihr Geschäft?
- ○ Haben Sie etwas zu schreiben?
- ■ Ja, habe ich.
- ○ Gut, die Adresse ist: Marktstr. 24a. Am besten erreichen Sie uns mit der S8 Richtung Messe, Haltestelle Mönkeplatz. Wir haben aber auch Parkplätze vor der Tür, wenn Sie lieber mit dem Auto kommen. Das geht dann über den Ring am schnellsten.
- ■ Könnten Sie mir gerade noch Ihre Öffnungszeiten sagen, bitte?
- ○ Ja, natürlich. Wir sind immer Montag bis Samstag von 8–20 Uhr für Sie da.
- ■ Gut, dann würde ich morgen vorbeikommen. Darf ich mich dann direkt an Sie wenden?
- ○ Ja, gerne. Ich kann Ihnen aber auch anbieten, dass wir gleich einen Termin vereinbaren.
- ■ Oh ja, gut. Ist morgen 15 Uhr möglich?
- ○ Moment, ja, das geht. Dann besprechen wir alles Weitere morgen und sehen uns ein paar Modelle an. Und ich zeige Ihnen unsere derzeitigen Angebote.
- ■ Schön. Ähm, Entschuldigung, wie war doch gleich Ihr Name?
- ○ Schwab, Günther Schwab.
- ■ Gut, Herr Schwab. Vielen Dank erstmal für die Auskunft. Und wir sehen uns dann morgen um drei.
- ○ Gern geschehen, Frau Neuss. Bis morgen Nachmittag.
- ■ Auf Wiederhören.
- ○ Auf Wiederhören.

Modul 2   Aufgabe 2b

○ Guten Morgen und herzlich willkommen bei unserer Sendung: „Wie mach ich's besser?"

Sie kennen das sicher, liebe Hörerinnen und Hörer: Ein wichtiges Telefongespräch steht an und man ist mal wieder aufgeregt. Oder, öfter noch, Sie haben nach einem Gespräch das Gefühl, eigentlich hätte das doch besser laufen können.

Damit sind Sie nicht allein, das geht vielen Menschen so. Gerade vor Telefongesprächen mit einer Behörde, dem Vorgesetzten oder einem Kunden sind wir häufig nervös.

Bei mir im Studio darf ich heute Herrn Jonas Becktal begrüßen. Guten Morgen, Herr Becktal.

● Guten Morgen.

○ Herr Becktal, Sie bieten Telefoncoachings an. Zuerst einmal: Welche Rahmenbedingungen sollte man bei einem Telefongespräch schaffen?

● Tja, also die Rahmenbedingungen: Ein Gespräch sollten Sie immer an einem ruhigen Ort führen. Achten Sie darauf, dass die Hintergrundgeräusche so gering wie möglich sind. Das Radio sollten Sie ausschalten und machen Sie das Fenster zu. So fällt es Ihnen viel leichter, sich auf das Gespräch zu konzentrieren, und auch Ihr Gesprächspartner tut sich leichter.

○ Gut. Äh, was kann ich denn noch zur Vorbereitung tun?

● Vorbereitung ist ein wichtiges Stichwort. Notieren Sie sich am besten vor dem Anruf alle Fragen, die Sie stellen wollen. Oft fällt einem hinterher noch etwas ein, was man eigentlich fragen oder sagen wollte. Wenn Sie sich vorher die wichtigsten Fragen oder Punkte aufschreiben, die Sie besprechen möchten, dann können Sie sicher sein, dass Sie nichts vergessen. Und was auch wichtig ist: Sie können das Gespräch so besser lenken.

○ Am besten sollte man sich auch während des Gesprächs Papier und Stift bereitlegen, oder?

● Ja, natürlich. So kann man gleich die wichtigen Informationen notieren und muss nicht erst hektisch irgendwo nach einem Stift suchen.

○ Gibt es denn eine besondere Körperhaltung beim Telefonieren, die Sie empfehlen?

● Sitzen oder stehen Sie ganz entspannt. Wichtig dabei ist, dass Ihre Wirbelsäule aufrecht, also gerade ist. Die Körperhaltung wirkt sich auf die Stimme aus.

○ Heute sieht man oft, dass sich viele Leute den Hörer so zwischen Kinn und Brust klemmen, um die Hände noch für was anderes frei zu haben.

● Das ist ganz schlecht. Abgesehen davon, dass es unhöflich ist, beim Telefonieren was anderes nebenbei zu tun, verspannt man sich auf diese Weise und wird auch schlechter verstanden. Oberstes Gebot beim Telefonieren ist übrigens: Lächeln Sie! Man kann ein Lächeln regelrecht in der Stimme hören.

○ Hm, wirklich? Das war mir nicht klar, aber das klingt einleuchtend. Was mich oft ziemlich ärgert, ist, dass viele Menschen am Telefon auch unglaublich schnell sprechen. Ich rufe irgendwo an und kann den Namen der Person, die abhebt, nicht verstehen. Der Firmenname und der eigene Name werden einfach nur so runtergerattert.

● Ja, richtig. Das ist auch ganz wichtig: Sprechen Sie Ihren Namen langsam und deutlich, sowohl wenn Sie anrufen, als auch wenn Sie angerufen werden. Und wenn Sie jemanden anrufen, der Sie nicht kennt, denken Sie daran, dass der Angerufene Zeit braucht, um zu verstehen, wer Sie sind und was Sie möchten. Sprechen Sie klar und deutlich. Achten Sie darauf, dass Sie nicht nuscheln.

○ Viele Menschen tippen nebenbei auch am Computer. Gehört das heutzutage zum modernen Multitasking?

● Nein, natürlich nicht. Wenn Sie nebenbei am Computer arbeiten, wirkt das sehr unhöflich. Konzentrieren Sie sich auf das Telefongespräch. Auf keinen Fall sollten Sie mit irgendwelchen anderen Personen zwischendurch sprechen.

○ Gut, mit all diesen Tipps wäre mir persönlich jetzt schon ziemlich geholfen. Muss man denn sonst noch etwas beachten?

● Nun, man kann sein Interesse gut unterstreichen und Missverständnisse vermeiden, indem man auch zwischendurch mal ein Fazit zieht.

○ Wie macht man das?

● Ja, zum Beispiel durch Formulierungen wie „Sie meinen also, ..." oder „Habe ich Sie richtig verstanden, ...?". Und am Ende eines Telefongesprächs fassen Sie die besprochenen Aktionen kurz zusammen, also: „Ich schicke Ihnen dann das Dokument noch heute per E-Mail" oder so was Ähnliches.

○ Hm, und wie beende ich ein Telefongespräch am besten?

● Bedanken Sie sich für das Gespräch und nennen Sie Ihren Gesprächspartner beim Namen. Wichtig ist auch, dass Sie nicht ungeduldig auflegen, bevor das letzte Wort verklungen ist.

○ Herr Becktal, vielen Dank für all diese Informationen, die mir und sicherlich auch unseren Hörerinnen und Hörern sehr hilfreich sein werden. Und jetzt ist es erst mal wieder Zeit für ein bisschen Musik.

Modul 3   Aufgabe 2

○ Als Mitarbeiter in einem Ingenieurbüro arbeite ich in der Woche meistens so um die 60 Stunden. Mein Chef tut immer so, als ob das völlig normal wäre. Aber was will man machen … Obwohl ich so lange arbeiten muss, gehe ich regelmäßig zum Sport. Meine Frau fragt da dann schon manchmal vorsichtig nach, warum das jetzt auch noch sein muss. Aber ich brauche die regelmäßige Bewegung wirklich sehr. Seit einigen Jahren mach ich jetzt Judo. Ohne den Sport wäre ich total zappelig und könnte mich kaum auf die Arbeit konzentrieren. Sobald ich auf der Matte bin, ist der Stress wie weggeblasen. Früher war das anders. Ich war ziemlich unausgeglichen und häufig gereizt. Es sieht so aus, als wenn mir Judo wirklich was gebracht hätte.

Aber auch bei mir im Büro wird viel Wert auf Sportlichkeit gelegt. Wir fahren zum Beispiel alle zusammen einmal pro Jahr in den Skiurlaub. Unser Chef redet dann vorher immer so, als wäre er der beste Skifahrer. Aber vor Ort wurde er im letzten Jahr eines Besseren belehrt. Frau Kerner, die Sekretärin, überholte ihn nämlich problemlos, als wäre sie schon ihr Leben lang Ski gefahren. Dabei hat sie erst vor zwei Jahren damit angefangen. Doch er hat sich darüber nicht geärgert, im Gegenteil. Er weiß, dass das Spaß ist. Er ist trotz der langen Arbeitszeiten sehr am gesundheitlichen Wohl seiner Mitarbeiter interessiert, das finde ich gut an ihm. Und das ist wohl auch ein Grund dafür, warum unser Ingenieurbüro so erfolgreich ist.

● Noch vor zwei Jahren hatte ich bei einer Größe von 1,70 m ein Gewicht von über 100 Kilo. Ich habe mich kaum noch aus dem Haus getraut. Und hab mich sehr unwohl gefühlt. Auch Arztbesuche waren für mich schrecklich. Ich bekam oft solche schlauen Tipps zu hören wie: „Sie hätten mal besser auf Ihre Ernährung achten sollen" oder „Sie hätten schon längst eine ernsthafte Diät beginnen müssen". Das hab ich auch mehrmals versucht, aber nie hat es einen dauerhaften Erfolg gebracht. Irgendwann hat mich meine Freundin überredet, mit ihr ins Fitness-Studio zu gehen. Nach langem Zögern habe ich das dann gemacht und festgestellt, dass es noch andere Leute wie mich gibt. Das gab mir Mut. Ich habe mich dann dort richtig angemeldet und täglich zwei Stunden trainiert. Dort habe ich auch gelernt, meine Ernährung umzustellen. So habe ich in einem Jahr fast 30 Kilo abgenommen. Seitdem ist das Leben einfacher. Leute verabreden sich mit mir am Wochenende zum Wandern oder Schwimmen. Und im Job als Bürokauffrau bin ich viel fitter. Ich kann Stress im Büro abends im Fitnessstudio abarbeiten und bin dann morgens wieder voll da. Und ich kann mich selbstbewusst in Gesprächen präsentieren, weil ich mich gut fühle. Ich bin jetzt einfach erfolgreicher.

Modul 4 Aufgabe 1 b

Nr. 1: Sie rufen eine Service-Nummer an und hören Folgendes.

Herzlich willkommen bei der Fahrschule Millendorf. Momentan ist unser Büro nicht besetzt. Sollten Sie Fragen zu unseren Kursen haben, rufen Sie bitte zwischen 10 und 12 Uhr an. Kurse für die theoretische Fahrprüfung beginnen jeden ersten Montag im Monat um 18 Uhr bei uns in der Fahrschule. Eine telefonische Voranmeldung ist nicht nötig. Unsere Kursgebühren finden Sie im Internet unter www.fahrmitmillendorf.de. Vielen Dank.

Nr. 2: Sie interessieren sich für eine Veranstaltung und hören folgende Meldung.

Haben Sie heute noch nichts vor? Wie wäre es mit einem Besuch auf dem Mittelaltermarkt am Wittelsbacher Platz? Ursprünglich sollte heute der letzte Tag sein, aber wegen des großen Andrangs wurde der Markt um eine Woche verlängert. Tauchen Sie ein in eine märchenhafte Welt. Authentisch gekleidete Kaufleute bieten ihre Waren an. Zu hören gibt es Musik des 11. bis 15. Jahrhunderts und daneben können Sie die Handwerkskünste längst vergangener Tage bewundern. Auch für authentische kulinarische Genüsse ist gesorgt. Wer beim Essen nicht gerne experimentiert, kann aber auch eine ganz normale Bratwurst kaufen.

Nr. 3: Sie hören folgenden Tipp im Radio.

Und nun unser Wochenendtipp. „Der kleine Lord": Erleben Sie das Musical für die ganze Familie jetzt in einer wundervollen Aufführung im deutschen Theater. Christian Berg, einer der erfahrendsten und erfolgreichsten Kindermusiktheatermacher Deutschlands bringt das weltberühmte literarische Werk von Frances Hodgson Burnett in einer faszinierenden Musicalfassung auf die Bühne. Tickets können online erworben oder direkt an der Abendkasse gekauft werden. Eine telefonische Reservierung ist möglich.

Nr. 4: Sie interessieren sich für ein Zirkus-Programm und hören folgende Meldung.

Circus Charivari gastiert zum zweiten Mal in Schweinfurt. Die Zirkusleute präsentieren ihr neues, abwechslungsreiches Programm mit Schwerpunkt „Afrika" vom 27. Januar bis 10. Februar auf dem Volksfestplatz. In der Manege treffen Artisten und Akrobaten aus Afrika und Europa aufeinander und gestalten gemeinsam das außergewöhnliche Programm. Die Vorstellungen beginnen jeweils um 15 und um 18 Uhr. Karten gibt's ab 15 Euro an der Zirkuskasse. Oder bei uns. Wir verlosen zehn mal zwei Karten. Rufen Sie jetzt an.

Nr. 5: Sie rufen bei einer Servicenummer der Universität an und hören Folgendes.

Guten Tag, Sie haben die Studienberatungsstelle der Universität Göttingen angerufen. Sie rufen außerhalb unserer Bürozeiten an. Wir sind für Fragen aller Art, besonders bei Problemen wie Fächerwahl, Stressmanagement und Prüfungsangst von Montag bis Freitag von 9 bis 14 Uhr für Sie da. Für eine Terminvereinbarung mit Dr. Moser rufen Sie bitte direkt unter 38755–09 an.

Kapitel 8

Auftaktseite Aufgabe 1

A An der Universität Würzburg erbrachte der Physiker Wilhelm Konrad Röntgen am 8. November 1895 seine größte wissenschaftliche Leistung: die Entdeckung der „X-Strahlen", die später nach ihm in „Röntgenstrahlen" umbenannt wurden. Röntgen erhielt im Jahr 1901 den ersten Nobelpreis für Physik. Die 50.000 Kronen Preisgeld stiftete er der Universität Würzburg. Ebenso verzichtete Röntgen auf eine Patentierung seines Experiments, wodurch sein Röntgenapparat schneller Verbreitung fand.

B Am 07. Juli 1985 siegte Boris Becker im Alter von nur 17 Jahren als jüngster Tennisspieler und als erster Deutscher beim bedeutendsten Tennisturnier der Welt in Wimbledon. Mit 3:1 Sätzen gewann er im Finale gegen den heutigen US-Amerikaner Kevin Curren. Der Sieg wirkte wie eine Initialzündung für Beckers Karriere und für den deutschen Tennis-Sport, der innerhalb kürzester Zeit zum populärsten Zuschauersport nach Fußball wurde.

C „Glykol" wird 1985 zum Wort des Jahres gekürt. Die giftige Chemikalie ist in Wein aus Österreich und Deutschland gefunden worden. Die Alkoholverbindung Diäthylenglykol, kurz Diglykol, sorgt für Übelkeit, Durchfall und Krämpfe. Geschädigt werden können Leber, Niere und Gehirn. Die Affäre kommt durch anonyme Anzeigen ins Rollen. Spezialisten stellen die Verunreinigung in Wein aus dem Burgenland fest. Billigweine werden in angeblich hochwertige Prädikatsweine für den Export verwandelt. Nach der Aufdeckung des Betrugs kommt der österreichische Weinexport fast zum Erliegen. Millionen von Flaschen müssen in Österreich und später auch in Deutschland vom Markt genommen werden.

D Nachdem sich Adolf Hitler, der jegliche Art der Kapitulation ablehnte, am 30. April 1945 das Leben genommen hatte, eroberte die Rote Armee Berlin. Deutschland hatte den Zweiten Weltkrieg verloren, die Alliierten Streitkräfte drängten auf die bedingungslose Kapitulation, die am 07. Mai von Generaloberst Jodl und in der Nacht vom 08. auf den 09. Mai 1945 von Generalfeldmarschall Keitel unterzeichnet wird.

E Die Industrielle Revolution hatte auch in der Schweiz Landflucht, Verarmung und Wohnraumnot in den Städten zur Folge. Arbeiterinnen hatten kaum Zeit und Geld, um für ihre Familien zu kochen. Kalte Speisen oder Alkohol ersetzten oft warme Mahlzeiten. Fabrikkantinen verkauften zwar warme, aber wenig nahrhafte Mahlzeiten. Die Folgen: weit verbreitete Unterernährung, Magenkrankheiten und hohe Kindersterblichkeit.

Der Schweizer Julius Maggi entwickelte ein Verfahren, das die Produktion von schnell herzustellenden Gerichten, die billig und nahrhaft waren, erlaubte. Diesen ersten Produkten schlossen sich schon bald sowohl Suppen in Beuteln als auch eine Würzsoße an, die die Firma Maggi ab 1886 weltberühmt machen sollte.

F Im Jahr 1889, mit 46 Jahren, veröffentlichte Bertha von Suttner ihren Roman „Die Waffen nieder!". Das pazifistische Buch erregte großes Aufsehen und machte sie zu einer der prominentesten Vertreterinnen der Friedensbewegung. Sie beschrieb die Schrecken des Krieges und traf damit den Nerv der Zeit, in der über Militarismus und über den Krieg in allen Kreisen heftig diskutiert wurde. Dieses Buch wurde ihr größter literarischer Erfolg und ist in zwölf Sprachen übersetzt worden. 16 Jahre später erhielt die Pazifistin und Schriftstellerin aus Österreich den Friedensnobelpreis.

G Als Ungarn am 11. September 1989 seine Grenze zu Österreich öffnet, fliehen innerhalb von drei Tagen Tausende von Menschen aus der DDR über Ungarn in die BRD. Auch in den deutschen Botschaften in Warschau und Prag warteten im September zahlreiche DDR Bürger auf die Ausreise in die Bundesrepublik. Allein in der Prager Botschaft waren es rund 3.500 Menschen. Nach Verhandlungen mit der UdSSR und der DDR verkündet der westdeutsche Außenminister Hans-Dietrich Genscher am 30. September in Prag die Ausreiseerlaubnis für die Massen von Flüchtlingen, die sich dort aufhielten. Die von der DDR „Ausgewiesenen" reisen in Sonderzügen über DDR-Territorium in die Bundesrepublik.

H Nach der Ölkrise 1973 plant die Bundesregierung den großzügigen Ausbau der Kernenergie. Gegen den Bau eines Kernkraftwerkes in der kleinen südbadischen Gemeinde Wyhl kommt es 1975 zur ersten großen Protest-Demonstration von Atomkraftgegnern. Nach vergeblichen juristischen Verfahren greifen die Bürger zu radikaleren Mitteln und besetzen den Bauplatz. Der Protest der Bevölkerung findet bundesweite Unterstützung. Bei der Räumung des Bauplatzes kommt es dann zu gewaltsamen Auseinandersetzungen mit der Polizei. In den Folgejahren kommt es auch bei Protesten gegen das Kernkraftwerk Brokdorf oder der Aufbereitungsanlage Gorleben zu bürgerkriegsähnlichen Szenen zwischen Demonstranten und Polizei.

Modul 2 Aufgabe 2

Guten Morgen, es ist acht Uhr, Sie hören die Nachrichten vom 26. Oktober

FRANKFURT AM MAIN: Kurz nach Ende ihres 30-stündigen Streiks hat die Gewerkschaft der Lokführer der Deutschen Bahn ein neues Ultimatum gestellt. Man erwarte bis Montagnachmittag ein verbessertes Angebot; ansonsten werde über neue Streiks entschieden, sagte Vize-Gewerkschaftschef Claus Weselsky auf einer Pressekonferenz. Seit fünf Uhr heute Morgen fahren die Regionalzüge und S-Bahnen wieder fahrplanmäßig.

BERLIN: Im Bundestag wird heute über die weiteren Gesundheitsreformen entschieden. Dabei stehen Erhöhungen bei den Mitgliedsbeiträgen für die gesetzlichen Krankenkassen zur Diskussion. Vertreter der Arbeitnehmerverbände lehnen höhere Beitragszahlungen ab, da Arbeitnehmer bereits durch höhere Steuerabgaben erheblich belastet seien.

LISSABON: Regierungschefs der EU-Länder und afrikanischer Staaten sind zu einem Gipfeltreffen zum Thema erneuerbare Energien in Portugal zusammengekommen. Im Zentrum stehen dabei die Nutzung von Solar- und Windenergie sowie die umweltfreundliche Förderung von Erdöl und Erdgas. Verhandlungen zum Import von Öl und Gas in die EU werden dabei ebenfalls erwartet.

NEW YORK: Die Immobilienfonds sinken weiter an der amerikanischen Börse. Ein Sprecher der Wall Street bestätigte, dass die Immobilienpreise in den letzten drei Monaten in einem Maß zurückgegangen seien, mit dem man bis zur Jahreshälfte nicht gerechnet habe. Ein Rückgang der Immobilienwerte sei aber weltweit zu beobachten und saisonal schwankend.

TOKIO: Die japanischen Einwanderungsbehörden verlangen ab November von allen Ausländern bei ihrer Einreise einen Fingerabdruck und ein Foto. Die Regierung in Tokio geht davon aus, dass mit der Verschärfung der Bestimmungen kriminelle Handlungen noch effektiver verhindert werden können. Die Daten sollen der Polizei zur Verfügung gestellt werden. Menschenrechtsorganisationen stehen diesem Vorgehen kritisch gegenüber.

SAN DIEGO: Die Waldbrände in Kalifornien breiten sich weiter aus. Das Büro des Gouverneurs bestätigte, dass für einige Regionen die Evakuierung angeordnet sei. Es handle sich dabei aber um reine Vorsichtsmaßnahmen, so ein Sprecher des Büros. In der Nähe von San Diego bedroht ein Waldbrand mehr als 8.500 Häuser. Bisher kamen keine Personen zu Schaden. Eine Verbesserung der Wetterlage ist in den kommenden Tagen nicht zu erwarten.

Modul 2 Aufgabe 3a

Ich habe Informationen zum 26. Oktober recherchiert. Das fand ich interessant, weil das mein Geburtstag ist. Ich hab zwei Ereignisse ausgewählt, von denen ich kurz berichten will.

Normalerweise kann ich mir historische Daten nicht so gut merken, aber dass diese beiden Ereignisse an meinem Geburtstag passiert sind, das werde ich jetzt bestimmt nicht mehr vergessen.

Das erste Ereignis ist aus dem Jahr 1861. Damals stellte der deutsche Physiker Philipp Reis am Physikalischen Institut in Frankfurt seine neueste Erfindung vor: das Telefon. Sein Schwager stand im Garten und Reis im Raum. Sie telefonierten und Reis wiederholte, was sein Schwager gesagt hatte. Manche glaubten ihm nicht. Also musste der Schwager spontan unsinnige Sätze ins Telefon sprechen, wie „Das Pferd frisst keinen Gurkensalat." Und Reis musste sagen, was er verstanden hatte. Das überzeugte die Leute dann. Ich fand das interessant, weil ich immer dachte, dass der Amerikaner Bell das Telefon erfunden hat.

An das zweite Ereignis kann ich mich sogar noch erinnern. In Deutschland hat es 2007 einen großen Streik bei der Bahn gegeben, weil die Lokführer mehr Lohn bekommen wollten. Am 26.10. fuhren nur noch wenige Züge und ich musste damals von Hamburg nach Frankfurt und das hat durch den Streik ewig

Transkript

gedauert. Die Verhandlungen haben sich lange hingezogen, aber die Gewerkschaft hat sich dann doch mit der Bahn geeinigt. Die Lokführer haben mehr Lohn bekommen und danach sind die Fahrkarten wieder teurer geworden.

Ja, das war's, was ich euch zum 26. Oktober erzählen wollte.

Modul 4 | Aufgabe 3c

Chronik der Wende – Donnerstag, 9. November 89

Am frühen Morgen meldet der Verteidigungsminister der DDR, Heinz Kessler, dem Staatschef Egon Krenz, dass fast 1.800 Soldaten bereitstehen.

Am frühen Nachmittag ist der Nordrheinwestfälische Ministerpräsident Johannes Rau zu Besuch in Ostberlin bei Egon Krenz. Der Staatschef zeigt sich optimistisch und verkündet immer noch Pläne für die Zukunft der DDR. So spricht er z.B. von sieben Gesetzen, die weiter ausgearbeitet werden sollen.

Am Nachmittag um 17:00 Uhr beginnt die Liveübertragung der Pressekonferenz mit Günter Schabowski im DDR-Fernsehen. Zwei Stunden lang, wird nichts Wichtiges gesagt und dann, völlig überraschend, um 18:58 Uhr die eher beiläufige Aussage von Schabowski: „Deshalb äh haben wir uns dazu entschlossen, heute äh eine Regelung zu treffen, die es jedem Bürger der DDR möglich macht, äh über Grenzübergangspunkte der DDR äh auszureisen. Also Privatreisen nach dem Ausland können ohne Vorliegen von Voraussetzungen, Reiseanlässen und Verwandtschaftsverhältnissen beantragt werden. Die Genehmigungen werden kurzfristig erteilt. Das tritt nach meiner Kenntnis … ist das sofort, unverzüglich."

Bei den meisten Zuschauern dauerte es eine Weile, bis sie verstanden haben, was gerade gesagt wurde – nämlich, dass die Mauer nach 28 Jahren endlich offen ist.

Am Abend gegen 21:30 Uhr stürmen die ersten DDR-Bürger in den Westen von Berlin. Die Grenzen sind nicht mehr zu halten – zu viele Menschen drängen friedlich über die Grenze. Auch an anderen Stellen der innerdeutschen Grenze strömen die Menschen in den Westen. Erste Reaktionen: Begeisterung und Fassungslosigkeit: „Det is der absolute Wahnsinn hier, det gibt's nich nochmal, det kann nich wahr sein!"

Endlich, gegen Mitternacht, wird das Symbol der deutschen Teilung – die Berliner Mauer – gestürmt. Dazu sagte der ehemalige Verteidigungsminister der DDR zum Staatschef: „Am Brandenburger Tor kommt es unter Verletzung der Grenzordnung zu Szenen der Verbrüderung zwischen Ost und West mit dem Anstoßen von Sekt".

Modul 4 | Aufgabe 4a

○ **Vor 15 Jahren fiel die Mauer**

Erinnerungen an den 9. November 1989

Am Abend des 9. November 1989 hatte SED-Politbüromitglied Günter Schabowski eher beiläufig erklärt, die Grenze sei offen. Daraufhin strömten Tausende Ost-Berliner zu den Grenzübergangsstellen. Die DDR-Bürger konnten damit erstmals ungehindert die innerstädtische Grenze gen Westen passieren. Herzergreifende Szenen spielten sich ab: Fremde Menschen lagen sich weinend in den Armen. Auf der Mauer tanzten, sangen und feierten Ost- und Westdeutsche.

Haben Sie's im Fernsehen gesehen? Sind Sie hingefahren und haben mitgefeiert? Wie haben Sie diesen historischen Tag erlebt? Rufen Sie uns an und erzählen Sie uns, wie Ihr 9. November 1989 war!

● Also, ich habe diesen Tag mit maßlosem Staunen und wirklich großer Freude erlebt. Ich erinnere mich noch daran, dass ja schon einiges im Gange war, wenn man z.B. an die Vorgänge in der Botschaft in Prag denkt und die Montagsdemonstrationen in Leipzig – da war ich ja auch mit dabei. Aber trotzdem, obwohl ich dabei war und für die Reisefreiheit demonstriert habe, dass es dann aber so schnell und vor allem unblutig ging, damit habe ich dann trotz aller Hoffnung nicht gerechnet, das war einfach wie in einem Traum!

Es gab einige Zeit danach eine Dokumentation im Fernsehen da haben sie deutlich gemacht, dass das Ganze auch einen ganz anderen Verlauf hätte nehmen können. In dem Film wurde ein Horrorszenario gezeigt, nach dem die UdSSR den Mauerfall nicht hätte hinnehmen wollen und die Welt in einen dritten Weltkrieg stürzte. Ich finde, wir können alle nur dankbar sein, dass es nicht so gekommen ist.

□ Am 9.11.1989 stand ich abends mit meinem acht Monate alten Sohn am Fenster, um den Laternenzug zum Martinstag in unserem Dorf anzusehen. Er war ganz begeistert von den vielen Lichtern und zappelte freudig auf meinem Arm. Ich hab wohl mehrmals auf das Lichtermeer gezeigt und „Schau mal, noch ein Licht, und da, noch ein Licht," und so weiter, gesagt. Plötzlich sagte er laut und deutlich sein erstes Wort: „Licht" – ich war natürlich ein bisschen erstaunt und überrascht, denn man erwartet ja eher „Mama" oder „Papa". Nachdem ich ihn dann ins Bett gebracht hatte, habe ich den Fernseher eingeschaltet und die Nachrichten gesehen: Lichter über Lichter Richtung Grenze waren unterwegs.

Dieses ungewöhnliche erste Wort meines Sohnes am Tag der Maueröffnung bleibt mir immer in besonderer Erinnerung.

■ Also, ich muss mich jetzt mal melden. Ich bin die Laura und 23 Jahre alt. Den Mauerfall hab ich gar nicht mitbekommen, da war ich noch zu jung. Aber ich finde, manchmal würde es für uns besser sein, wenn die Mauer noch stehen würde. Dann hätte unser Staat jetzt mehr Geld.

△ Ja hallo, ich möchte gerne was zu dem Anruf von eben sagen. Also, ich bin 21 Jahre alt und kann mich auch nicht an den Mauerfall erinnern, aber ich weiß, dass die Bundesrepublik Ende der 80er-Jahre in keiner wesentlich besseren wirtschaftlichen Lage war als heute. Man kann doch nicht einfach alle Probleme von heute auf die Wiedervereinigung schieben. Das stimmt doch einfach nicht! Selbstverständlich wurden Milliarden in den Aufbau Ost investiert, daran haben aber auch viele westdeutsche Firmen verdient. Außerdem werden doch auch sonst Unmengen an Geld für wesentlich sinnlosere Dinge ausgegeben!

▲ Damals war die Freude bei mir riesengroß. Ich hatte mir immer gewünscht mal nach Rügen, an den Müritzsee oder nach Dresden fahren zu können. Plötzlich war das alles möglich.

Ja, ich fand's auch in Ordnung, diesen Solidarbeitrag zu leisten. Und ich bin auch heute noch voller Freude über dieses Ereignis und kann es absolut nicht verstehen, dass es immer noch Menschen gibt, auf beiden Seiten, die am liebsten die Mauer wieder hätten. Ja, begreifen die denn nicht, was für eine große Chance das für alle ist! Also, ich wünsche mir etwas mehr Toleranz und man soll nicht immer alles schlecht reden. Unsere Kinder werden uns sicher mal dankbar dafür sein.

◇ Ich hatte gerade meine sechswöchige Grundausbildung bei der NVA, der Armee der damaligen DDR, überstanden. Wir waren alle in erhöhte Alarmbereitschaft versetzt worden. Es ginge darum, die beginnende Revolution zu kontrollieren. Und dann war ganz plötzlich das, was wir davor verteidigen sollten – unser sozialistisches Vaterland – auf einmal auch für uns der Feind. Was folgte, hätte noch Monate vorher auf jeden Fall Gefängnisstrafe bedeutet, denn wir verweigerten unseren Dienst. Zu meinem Glück gab es sehr viele kluge Offiziere in meiner Umgebung …

Am 9.11.1989 war ich 19 und noch sehr zuversichtlich, vieles in meinem Land verändern zu können. Ich war voller Energie und Tatendrang. An diesem Tag gab es für mich und meine Kollegen nur halbe Informationen: die Grenze soll auf sein!?, wir sollten mit der Waffe in der Hand gegen die eigenen Mitmenschen marschieren!?, der Klassenfeind war jetzt der Freund?? …

Ja, es war ein Tag voller Angst und Unsicherheit, weil keiner bei uns wusste, was wirklich war.

Kapitel 9

Modul 3 Aufgabe 1a

○ Wollen wir heute den neuen Film mit Johnny Depp sehen?

● Kino? Das ist eine tolle Idee.

Variante 1
○ Wollen wir heute den neuen Film mit Johnny Depp sehen?

● Kino? Das ist eigentlich eine tolle Idee.

Variante 2
○ Wollen wir heute den neuen Film mit Johnny Depp sehen?

● Kino? Das ist aber eine tolle Idee.

Variante 3
○ Wollen wir heute den neuen Film mit Johnny Depp sehen?

● Kino? Das ist ja eine tolle Idee.

Variante 4
○ Wollen wir heute den neuen Film mit Johnny Depp sehen?

● Kino? Das ist ja 'ne tolle Idee.

Variante 5
○ Wollen wir heute den neuen Film mit Johnny Depp sehen?

● Kino? Das ist mal eine tolle Idee.

Modul 3 Aufgabe 2a

● Kino? Äh … Das ist eigentlich eine tolle Idee. Aber ich bin so müde. Können wir denn nicht zu Hause fernsehen?

○ Das darf doch nicht wahr sein! Immer, wenn ich mal ausgehen möchte, bist du zu kaputt. Dann gehe ich eben mit Elke aus. Bleib du ruhig zu Hause.

● Das ist einfach nicht fair! Ich möchte schon mit dir ausgehen. Aber eben lieber am Wochenende.

○ Ja, ja … Ist ja gut. Dann gehe ich heute mit Elke also nur einen Wein trinken und wir gehen am Samstag ins Kino.

● Äh, Samstag? Du weißt doch, dass ich …

Modul 3 Aufgabe 3a

1. Kannst du mir mal zehn Euro leihen?

2. Wenn du mir nicht hilfst, dann muss ich es eben alleine machen.

3. Sie wird den neuen Job wohl annehmen.

4. Harry? Den kennt doch jeder.

5. Was ist denn das?

6. Das ist ja super!

7. Ich habe eigentlich schon etwas vor.

8. Sie können ruhig reinkommen.

Modul 4 Aufgabe 2b

SWR 2 Impuls

Das Lexikon der Emotionen

Sie warnt und hilft und sie schmerzt und quält. Die Angst hat zwei Gesichter. Weil sie quälen kann, übersieht man oft, wozu sie nutzt. Sie warnt vor Gefahr, wenn körperlicher oder seelischer Schaden droht und hilft zu entkommen.

Angst lässt das Herz jagen und uns schwitzen, sie weitet die Pupillen, damit wir alles sehen, sie lässt Blut in die Beinmuskeln schießen und offenbart darin ihren evolutionären Sinn: Sie macht uns bereit zu fliehen.

Können wir eine Gefahr nicht vermeiden, können wir weder fliehen noch kämpfen, erstarren wir im Schock wie ein Beutetier, das nicht entdeckt oder gefressen werden will. Wir fühlen erst einmal nichts. Es sei denn, wir geraten in Panik, dann steigt die Angst, die wir in der Brust fühlen in den Kopf und die Gedanken rasen.

Angst ist das erste Gefühl einer Stressreaktion. Hält diese Reaktion an, verfallen wir in Lähmung, Ohnmacht, der Blutdruck sinkt, wir frieren, aber die Muskeln bleiben angespannt in der Angststarre, die Stimmung wird gedrückt.

Können wir an der Stresssituation etwas aktiv ändern, dann wird aus der Angst Überraschung, Neugier oder Freude. Der Angsthase wird mutig.

Die Objekte der Angst verändern sich mit dem Alter: Die Nacht, Gespenster, Leistungsversagen, Krankheit, Tod. Je mehr wir wissen, desto mehr kann die Angst in der Fantasie blühen. Menschen haben die Fähigkeit, die Zukunft geistig vorwegzunehmen und daher ängstigen sie sich auch vor dem, was kommen könnte. Den Unsicherheiten ihres Lebensweges, dem Verlust eines Partners, dem Tod. Der Mensch kann sich sogar vor seiner Existenz ängstigen und die Lebensangst, schrieb der Philosoph Carl Jaspers, ist zum unheimlichen Begleiter des modernen Menschen geworden.

Modul 4 Aufgabe 3b

Ist von grundlegenden menschlichen Gefühlen die Rede, werden Trauer, Angst und Wut schnell erwähnt. Sie melden sich laut. Leiser daher kommt die Neugier. Doch ist sie genauso mächtig, denn sie ist der Brennstoff des Gehirns, das Ruhe und Reize braucht, um zu gedeihen.

Neurowissenschaftler sprechen davon, dass es im Gehirn ein Suchsystem gibt, ein grundlegendes motivationales System, das Tier und Mensch antreibt, in die Welt zu gehen und nach einer Befriedigung ihrer Bedürfnisse zu suchen, als Erstes nach Futter und Schutz.

Dieses Suchsystem ist immer aktiv. Neugier ist das Gefühl, das uns seinen Antrieb erfahren lässt. Im Unterschied zu anderen Gefühlen schwillt die Neugier daher nicht ab, kaum haben wir ihre Wünsche erfüllt, kann sie uns zum nächsten treiben. Schon im Mutterleib macht der Mensch grundlegende Erfahrungen: Ich bin mit jemandem verbunden, ich wachse und es gibt immer etwas zu entdecken.

Transkript

Der Psychoanalytiker John Bowlby meint, dass Kinder zwei Verlangen besitzen:

nach Bindung und nach Exploration. Bindung schafft Nähe, Exploration geht nach außen, beides dient dem Überleben.

Die Spezies Mensch ist so erfolgreich, weil Menschen im Sozialverband leben und weil sie Dinge gründlich erforschen, vorhersehen und komplexe Handlungen planen können.

Dazu treibt uns die Neugier. Sie lässt nach neuen Erfahrungen suchen, sich dem Unbekanntem zuwenden, wenn zum Beispiel Säuglinge den Kopf nach etwas drehen. Neugier macht Kinder zu Forschern, sie lässt sie Schubladen leeren, Dinge in die Hand nehmen, daran lecken, darauf beißen, sie bewegen und prüfen, was man mit ihnen machen kann.

Neue Erfahrungen erschaffen die Binnenarchitektur ihres Gehirns, denn Verknüpfungen zwischen Nervenzellen entstehen nur, wenn sie gebraucht werden. Werden sie nicht gebraucht, verkümmern sie. „Use it or lose it", heißt das auf Englisch. Weshalb Neugier im Alter vor Degeneration schützt.

Kapitel 10

Auftaktseite **Aufgabe 1a**

○ Das fängt ja gut an

● Ach, schon wieder aufstehen.

Hm??? Was ist denn …???? Wie sieht's denn hier aus – wo bin ich????

□ Schatz? Hast du was gesagt? Steh endlich auf du Faultier! Na, hast du gut geschlafen?

● Ähm – also … – hm???????

□ Ach, je, was ist denn mit dir los, hast du schlecht geträumt? Na komm, jetzt geh erst mal duschen, dann wirst du richtig wach.

● Duschen – ja, klar …

Wo ist denn hier das Badezimmer?? – Verdammt – ich hab keine Ahnung, wo ich bin – und wer ist diese Frau??? – Na ja, mal sehen.

Ha, Glück gehabt, da ist ja das Badezimmer.

Aaaaa – das tut gut!

Welches Handtuch nehme ich jetzt? Egal, ich nehme mal das hier.

So, jetzt erst mal eine heiße Dusche, dann hört der Spuk hier bestimmt auf!

Hä?? Wie geht das denn hier auf? Huch!

Wow, simsalabim und Sesam öffne dich – das ist ja cool!

Na super – und wo geht das jetzt an?

Ha! Uijuijui – das ist ja abgefahren hier!

■ Guten Morgen! Ist die Temperatur so angenehm?

● Was? Das gibt's doch nicht, das ist wohl ein Witz!

■ Wie bitte? Ich habe Sie leider nicht verstanden. Ist die Temperatur so angenehm?

● Ja, sehr angenehm – oder, geht's noch ein bisschen wärmer bitte?

■ Ein bisschen wärmer, aber gerne. Ist es so recht?

● Perfekt!

■ Sie haben zugenommen – ihr Gewicht beträgt genau 98 Kilo – das ist bei Ihrer Größe von 1,85 doch ein bisschen zu viel! Damit Sie mit ihrem Gewicht weniger Probleme haben, gebe ich die Daten an die Frühstücksausgabe weiter.

Ihre Kreislaufwerte sind aber stabil, herzlichen Glückwunsch, und auch die Herzfrequenz ist bestens.

Die Gehirnströme sind ja förmlich reißend – was geht ihnen denn alles so durch den Kopf? Entspannen Sie sich mal ein bisschen!

● Hä????

■ Bitte vergessen Sie nicht, sich einzuseifen – wir wollen ja nicht unnötig kostbares Wasser verschwenden.

● Ich glaub, ich spinne!

● Fertig – ich bräuchte bitte wieder Wasser!

■ Wie Sie wünschen!

● Hallo – ich hab mir die Klamotten genommen, die da im Badezimmer lagen – ist das in Ordnung?

□ Schatz??? Die Kleider hast du doch gestern noch so bestellt – warum soll denn das jetzt nicht in Ordnung sein?

● Ach klar – habe ich so bestellt – na dann!

Ui, du hast schon Kaffee gemacht und den Tisch gedeckt, vielen Dank.

□ Sag mal, bist du okay? Aus welchem Jahrhundert kommst du denn? Die Zeiten, wo wir unser Frühstück noch selber gemacht haben, sind doch schon lange vorbei!

● Wie – schon lange vorbei …? Und wer macht uns jetzt unser Frühstück?

□ Frederik – ist bei dir wirklich alles o. k.? Nimmst du mich auf den Arm?

● Na ja, ich weiß nicht – also ganz ehrlich, ich kann mich an nichts erinnern – Ähm, also, wer bist du eigentlich? Und wo bin ich???

□ Na jetzt geht's aber los! Ich bin deine Frau und du bist hier bei uns zu Hause! Jetzt hör mal auf mit dem Quatsch!

● Wir, wir sind also verheiratet? Aha – na zumindest haben wir anscheinend noch keine Kinder …

□ Was??? Natürlich haben wir Kinder!

● Ach – und wo sind die dann bitte?

□ Na wo sollen die schon sein! Der Kleine wird gerade gefüttert und gewickelt und die Große ist auf dem Weg in den Kindergarten.

● Ja, natürlich, und das machen die Kinder alles alleine!?

□ Natürlich nicht! Du wolltest doch unbedingt die beiden Au-Pair-Roboter haben! Mir wäre es ja lieber gewesen, wenn meine Mutter uns öfter mal geholfen hätte – so wie das früher mal war. Aber nein, du wolltest natürlich wieder nur den allermodernsten Schnickschnack.

● Ich sag jetzt lieber nichts mehr – tut mir leid, ich habe wirklich das Gefühl, dass ich im falschen Film bin. Ich verstehe gar nix mehr.

□ Das gibt's doch wohl nicht!

● Was machst du da?

□ Na was wohl – ich rufe den Psycho-Doc! Der soll mal ein paar Worte mit dir reden … Ich denke, du brauchst Hilfe!

● Was? Kommt überhaupt nicht in Frage!

□ Reg dich nicht so auf – jetzt setzt dich erst mal hin und trink deinen Kaffee.

● Wo ist'n der Kaffee?

□ Setzt dich hin, sonst kommt auch kein Kaffee!!

● Was ist das denn jetzt schon wieder! Kannst du mir bitte mal erklären, wie das hier alles funktioniert?

□ Ohhhh.

● Nein, ich meine das ehrlich. Bitte, ich kann mich an nichts erinnern … Wie funktioniert das mit dem Kaffee?

□ Na, wie wohl. Das ist alles programmiert. Sobald ich mich auf einen Stuhl setze, erkennt das Hausprogramm, dass ich es bin und die Frühstücksausgabe macht meinen Tee fertig – ich trinke keinen Kaffee mehr. Und wenn du dich hinsetzt, erkennt das Programm, dass du es bist, und es gibt Kaffee. Dein Frühstücksbrötchen kommt auch gleich – zusammen mit deinem Lieblingskäse.

● Aha.

△ Guten Morgen – mir wurde gemeldet, dass Sie auf Ihre Figur achten müssen. Deswegen gibt es diese Woche nur Obst und Joghurt zum Frühstück. Ich wünsche Ihnen einen guten Appetit.

● Ach. Na super!

▲ Herr Eckert, es ist jetzt 8:55 Uhr – darf ich Sie daran erinnern, dass Sie in fünf Minuten ein wichtiges Meeting mit Ihren Kollegen aus Singapur, New York, Melbourne, Rom, Helsinki und Buenos Aires haben?

● Äh, was habe ich???

□ Na, keine Ahnung, halt wieder mal eins deiner ach so wichtigen Meetings!

● O je – in fünf Minuten, das schaffe ich nie, wo muss ich denn überhaupt hin?

□ Wie, „wo muss ich denn hin?" – Hier bleibst du natürlich. Die Hologrammschaltung funktioniert doch super! Du solltest vielleicht nur noch deinen Arbeits-Center anschalten, damit du auf alle Daten zugreifen kannst.

● Hologrammschaltung? Arbeits-Center? Daten??? Das geht alles überhaupt nicht – nein, ich hab doch keine Ahnung, was ich sagen soll! Was habe ich überhaupt für einen Beruf? Was soll ich denn machen???

□ O.k., wir haben noch vier Minuten – ich rufe jetzt wirklich einen Arzt, ich muss ja schließlich auch mal los!

◇ Hallo Frau Eckert, hallo Herr Eckert – wie geht's uns denn heute?

□ Grüß Sie, Herr Doktor. Ich muss jetzt gleich los und mein Mann hat um neun eine wichtige Konferenz, aber irgendwie ist er so komisch, er kann sich an nichts erinnern und weiß nicht, wo er ist. Er erkennt sogar mich nicht mehr!

Der Duschrechner hat bei ihm heute Morgen erhöhte Gehirnfrequenzen festgestellt, aber sonst ist alles o.k.

Können Sie ihm helfen?

◇ Na, da wollen wir doch mal sehen. Herr Eckert, Sie sehen mich ja ganz entgeistert an. Was ist denn heute los mit Ihnen?

● Herr Doktor – wie kommen Sie denn so schnell – ich meine, bin ich hier in einem Raumschiff und die Leute werden von A nach B gebeamt, oder wie geht das?

Ich versteh das alles nicht, das kann doch nicht wahr sein – ich bin doch nicht verrückt, aber ich kenne diese Frau nicht und ich weiß nichts von einer Konferenz um neun, und Sie, Herr Doktor, Sie habe ich auch noch nie gesehen. Sind Sie überhaupt echt?

◇ Natürlich bin ich echt! Sie sehen mein Hologramm – Sie kennen sich doch aus mit der Technik, das ist doch Ihr Beruf!

● Was ist das? Ja, klar, ich bin Techniker – aber von Hologrammen habe ich keine Ahnung – ich will hier weg! Ich will nach Hause – Hilfe – Nein – fassen Sie mich nicht an!

Nein!!! – Was? Was ist…? Wo…? Zu Hause???? Ufff – alles wieder normal …

Boa, was war das denn für ein blöder Traum!

◆ Schatz? Hast du was gesagt? Steh endlich auf du Faultier! Na, hast du gut geschlafen?

Modul 2 Aufgabe 2a

○ Liebe Hörerinnen und Hörer, herzlich willkommen zu unserer Sendung „Die Sonntagsecke". Wie immer haben wir verschiedene Gäste eingeladen und heute unterhalten wir uns über das Thema „Unsere Zukunft – was wollen wir wirklich darüber wissen?". Erst neulich wurde bekannt, wie das Geschäft mit Fernsehwahrsagern boomt. Das Vorhersagen der Zukunft scheint also nach wie vor ein sehr lukratives Geschäft zu sein. Sicherlich haben wir uns alle das ein oder andere Mal schon gewünscht, einen kleinen Blick nach vorne werfen zu können …, aber, wollen wir das wirklich? Oder hoffen wir nur, Beruhigung und Bestätigung zu finden, damit wir uns nicht unnötig Sorgen machen müssen?

Ich begrüße hier bei mir im Studio, Frau Manuela Krämer, sie arbeitet bei einer Wissenschaftszeitung und hat sich für einen Artikel zum Thema „Wie alt werden wir" mit den modernsten Mitteln der Medizin durchchecken lassen. Nach diesem Check weiß sie jetzt genau, wo ihre gesundheitlichen Risikopotenziale stecken und welche Krankheiten ihr drohen könnten. Hallo Frau Krämer, …

● Guten Tag!

○ … schön, dass Sie hier sind.

Ich freue mich auch, Frau Dr. Elisabeth Meissner zu begrüßen. Frau Dr. Meissner ist Psychologin, und sie beschäftigt sich vor allem mit Patienten, die unter starken Zukunftsängsten leiden. Grüße Sie, Frau Dr. Meissner.

□ Hallo.

○ Und dann darf ich noch unseren Herrn in der heutigen Runde vorstellen, das ist Herr Benedikt Freitag. Herr Freitag, Sie sind Techniker bei einem großen deutschen Autohersteller und im Zuge Ihrer Arbeit müssen Sie sich häufig älter machen, als Sie sind: Sie müssen in einen Age-Anzug schlüpfen und den Komfort von Fahrzeugen testen.

■ Ja, ich fühle mich in der Arbeit häufig, wie ein 70-Jähriger. – Aber das geht vielen anderen in der Arbeit bestimmt auch so.

Modul 2 Aufgabe 2b

○ Ja, Herr Freitag, was ist denn das für ein Gefühl, wenn man so häufig in der Arbeit zu spüren bekommt, wie weh einem die Gelenke im Alter tun werden, wie schlecht die Augen und das Gehör geworden sind und wie unbeweglich und steif man insgesamt wird?

Transkript

■ Ja, das ist schon komisch – der Anzug simuliert ja, dass man schwere Beine hat, einen schlechten Tastsinn und mithilfe von Schienen und Platten wird man sehr unbeweglich und kann z.B. nur schwer nach hinten sehen. So können wir testen, wie gut ältere Menschen in bestimmte Automodelle ein- und aussteigen können, wie deutlich sie die Armaturen-Anzeigen erkennen können, wie die Übersicht im Wagen ist, wie bequem man im Auto sitzt, oder wie praktisch einzelne Einrichtungen im Auto sind, z.B. wo der Griff ist, mit dem man den Sitz verstellen kann, ob man einfach an den Gurt kommt und so weiter.

Wenn ich dann da so drinstecke, in diesem Anzug, dann denke ich mir schon oft, dass ich lieber nicht alt werden will. Ich meine, ich bin jetzt 30 Jahre alt und hab ja auch noch ein bisschen Zeit bis dahin, aber ich muss schon sagen – so rosig finde ich die Aussichten nicht. – Andererseits ist es aber auch so, dass ich mein Leben dadurch vielleicht besser genießen kann. Vielleicht kann ich es besser schätzen, dass mein Körper noch so beweglich und fit ist. Andere Leute nehmen das ja als selbstverständlich.

○ Mhm, Sie sagten gerade, Sie möchten vielleicht lieber gar nicht so alt werden. Frau Dr. Meissner, wie ist das bei Ihren Patienten, möchten die alt werden, oder haben sie so große Angst vor der Zukunft, dass sie lieber gar nicht alt werden möchten?

□ Nun, das ist unterschiedlich – Patienten, die unter Zukunftsängsten leiden, haben ja vor ganz verschiedenen Dingen Angst, nicht nur vor Gesundheitsproblemen. Die Ängste sind oft Verlustängste – also die Angst, den Job, das eigene Haus, den Partner oder sogar die eigenen Kinder zu verlieren – oder Ängste vor Bedrohungen, die die Zukunft bringen könnte – Umweltkatastrophen, Kriege oder manchmal sogar Außerirdische. Und natürlich sind das auch Ängste, die die eigene Gesundheit betreffen. Wenn wir nur einmal diese Gruppe betrachten – wobei es da natürlich oft Überschneidungen gibt, also Patienten, die einfach vor allem Angst haben, was passieren könnte – so kann man nicht behaupten, dass diese Patienten nicht alt werden wollen. Ganz im Gegenteil, sie haben große Angst vor dem Ende – vielleicht größere Angst als die meisten von uns vor dem Tod haben – aber diese Patienten können sich das Älterwerden nicht als etwas Schönes vorstellen. Sie können die Vorteile des Alters nicht sehen, Vorteile wie: ein reicher Erfahrungsschatz, viele Erlebnisse, auf die man zurückblicken kann, die Gelassenheit, die das Alter mit sich bringt, da man viele Dinge nicht mehr beweisen muss und so weiter.

○ Sie sehen im Alter also nur eine Bedrohung?

□ Genau.

○ Frau Krämer, was sagen Sie denn dazu, Sie haben ja nun, so gut es geht, einen Blick in ihre gesundheitliche Zukunft geworfen. Was hat man denn alles mit Ihnen gemacht, um Ihre Gesundheitsrisiken herauszufinden?

● Nun ja, das waren eine ganz Reihe von Untersuchungen, bei denen mein Körper und auch meine Psyche untersucht wurden. Dabei wurde natürlich das Herz untersucht, meine Blutwerte wurden gemessen und mein Körperfettanteil. Dabei kam z.B. heraus, dass meine linke Körperhälfte Fett besser verbrennt als die rechte. Äh, und dann wurden noch viele Ultraschall- und auch Computer-Tomografie-Bilder erstellt.

○ Können Sie uns kurz erklären, was ein Tomograf ist?

● Ja, gerne – ich finde das ein ganz schreckliches Gerät, obwohl es natürlich eine wunderbare Erfindung ist. Das Schreckliche daran ist, dass man in eine Röhre geschoben wird und dort bis zu 45 Minuten drin liegt und sich nicht bewegen darf. Man könnte meinen, dass man da ein kleines Nickerchen machen kann, aber leider ist es in diesem Tomografen irrsinnig laut, sodass an Schlaf nicht zu denken ist. Bevor man in die Röhre geschoben wird, bekommt man ein Kontrastmittel gespritzt, dann können alle Gefäße mit dem Gerät dargestellt werden – man sieht dann nachher das Innere seines eigenen Körpers in Form von farbigen Linien und Flächen. Das Tolle an dem Gerät ist, dass man keinen Röntgenstrahlen ausgesetzt wird, der Tomograf funktioniert mit Radiowellen und Echosignalen.

○ Und was kam dann dabei raus?

● Zum Glück nichts Schlimmes – das war alles im grünen Bereich. Aber meine Gene, die wurden auch untersucht und jetzt muss ich damit leben, dass ich dank meines Erbguts wohl offensichtlich eine Veranlagung zu Alzheimer habe und dass ich zu Depressionen neige. Allerdings haben mir die Ärzte gesagt, dass die Gene nur etwa 30 Prozent ausmachen, wenn es darum geht, ob Krankheiten wirklich ausbrechen oder nicht. Die restlichen 70 Prozent hängen vom Lebenswandel und der Ernährung ab.

○ Na, das ist doch dann eine gute Nachricht.

● Teils – teils … Es liegt eben jetzt an mir, mit diesem Wissen umzugehen. Ich muss mir also immer überlegen, wenn ich abends z.B. zu viel und zu ungesund esse oder wenn ich zu wenig schlafe, ob ich dadurch nicht der Krankheit Vorschub leiste. Oder, noch schlimmer eigentlich, sollte ich dann wirklich mal Anzeichen der Krankheit feststellen, dann muss ich mich immer fragen, warum ich nicht gesünder gelebt habe, wo ich doch von der Veranlagung gewusst habe.

○ Mhm. Wenn Sie die Zeit zurückdrehen könnten, würden Sie denn diesen Gesundheitscheck noch mal machen?

● Hm, das ist eine schwierige Frage. Anfangs war ich ja ganz begeistert von der Idee, ein Luxus-Gesundheitscheck, für den ich nicht zahlen muss! Aber sobald ich dann mit den Untersuchungen angefangen habe, wurde mir doch ein bisschen mulmig. Ich hatte mir am Anfang gar nicht überlegt, wie ich mit möglicherweise nicht so schönen Ergebnissen umgehen würde. Aber insgesamt – na ja, ich denke, insgesamt bin ich ja gut weggekommen. Schließlich hätte man auch ein Krebsgeschwür im Frühstadium entdecken können oder was weiß ich. Also insgesamt denke ich, ich würde es wieder machen – ich hab ja Glück gehabt.

○ Frau Dr. Meissner, was sagen Sie, würden Sie anderen Leuten empfehlen, so einen „Luxus-Check" zu machen – oder zumindest, einmal in einen Age-Anzug zu schlüpfen?

□ Nun ich denke, es wird für niemanden, der gesund ist, ein Problem sein, in einen Age-Anzug zu schlüpfen, um sich einen Eindruck davon zu verschaffen, wie das Leben im Alter sein kann. Schließlich weiß man ja, dass diese Erscheinungen, wie Unbeweglichkeit, Gelenkschmerzen und das Nachlassen der Sehkraft und des Gehörs, nicht plötzlich von heute auf morgen kommen. Das sind ja Erscheinungen, die langsam einhergehen und man hat somit genug Zeit, sich an sie zu gewöhnen und auch ihnen entgegenzuwirken, wenn man das denn will – und so weit man es kann.

Die Sache mit dem Gesundheitscheck sehe ich allerdings eher kritisch. Ich weiß z.B. von einer Frau, bei der bei einem solchen Check ein Knoten in der Schilddrüse entdeckt wurde. Alle Ärzte haben sofort Alarm geschlagen und die Frau lag schon fast unter dem Messer wegen angeblichen Krebses. Zum Glück hat sie erst mal die Ruhe bewahrt und sich die Meinung eines anderen Arztes eingeholt. Der konnte sie dann gleich beruhigen. Dieser kleine Knoten sei sicherlich kein Krebs sondern nur ein Zeichen von Jodmangel. Inzwischen ist dieser Knoten völlig verschwunden.

Aber auch wenn wir mal davon ausgehen, dass keine Fehldiagnosen gestellt werden – jeder, der so eine Untersuchung in Erwägung zieht, sollte sich vorher wirklich sehr gut überlegen, ob er mit allen möglichen Ergebnissen umgehen kann. So wie Frau Krämer das schon sagte, denke ich auch, dass sich die meisten Leute darüber gar nicht bewusst sind. Wir wollen alle die Zukunft kennen – aber bitte nur dann, wenn sie was Gutes bringt.

● Das stimmt, da haben Sie völlig recht – und ich würde jedem empfehlen, sich das sehr gut zu überlegen und vor allem auch, mit Freunden und der Familie darüber zu sprechen und sich Rat zu holen. Schließlich soll man sich ja auch nicht die Laune verderben lassen – warum sich durchchecken lassen, wenn es einem doch gut geht?

■ Das stimmt schon, aber ich denke, das muss doch letztlich jeder für sich selber entscheiden. Ich glaube, es ist letztlich ähnlich, wie mit dem Age-Anzug: Man muss sich dran gewöhnen. Ich musste mich an den Anzug gewöhnen und daran, zu wissen und zu spüren, wie es wohl wahrscheinlich in 40 Jahren mit mir aussieht – ebenso ist es wohl auch, wenn man nach so einem Check eine nicht so schöne Diagnose erhält.

○ Ja, ich denke, da haben Sie ein schönes Schlusswort gesprochen. Ich danke Ihnen dreien sehr herzlich, dass Sie Zeit gefunden haben, zu uns hier ins Studio zu kommen.

■ Ja gerne.

● Kein Problem!

□ Gern geschehen!

○ Vielen Dank, für dieses interessante Gespräch, das Ihnen, liebe Hörerinnen und Hörer, auch als Podcast auf unserer Homepage zur Verfügung steht.

Modul 4 Aufgabe 1b

○ Herzlich willkommen zu unserer Sendung „Wissenswertes". Unser aktuelles Feature heißt „Roboter – Mechanische Helfer in allen Lagen".

Waren Roboter vor einigen Jahrzehnten noch bloße Science-Fiction, so sind sie aus dem heutigen Leben nicht mehr wegzudenken. Sie bauen Autos, entschärfen Bomben oder tauchen in die unendlichen Tiefen der Ozeane. Auch die Raumfahrt ist bei ihren Missionen auf die Unterstützung von Robotern angewiesen. Doch bevor das erste Roboterfahrzeug auf dem Mars herumfahren konnte, mussten Forscher jahrelange Entwicklungsarbeit leisten.

Woher kommt eigentlich das Wort „Roboter"?

● Das Wort „Roboter" wird vom tschechischen „robota" abgeleitet. Der tschechische Schriftsteller Karel Čapek nannte 1920 die Maschinenmenschen in seinem Theaterstück „R.U.R." Roboter. Sie werden in Čapeks Drama herangezüchtet, um an der Stelle von Menschen in der Industrie zu arbeiten. Die Wortschöpfung „Roboter" hat dann schnell Einzug in viele Sprachen gehalten. In dem Film „Metropolis" gab es 1926 zum ersten Mal eine menschliche Maschine auf der Kinoleinwand.

○ Doch was sind Roboter eigentlich im wissenschaftlichen Sinn?

● Zunächst einmal handelt es sich ganz allgemein um Maschinen. Diese Maschinen zeichnen sich streng genommen besonders dadurch aus, dass sie sich selbstständig bewegen und dass sie verschiedene Tätigkeiten erledigen können. Damit heben sie sich von ferngesteuerten Maschinen ab. Die brauchen ja Befehle von Menschen und sind somit nicht selbstständig. Auch Automaten sind keine Roboter, da sie nur eine einzige Arbeit ausführen. Selbst Computer sind keine Roboter, weil sie sich nicht bewegen können.

Die Versuche, menschliche Arbeit durch Mechanik zu ersetzen, gehen weit zurück. Schon die alten Griechen erfanden einfache Automaten, die ohne direkte Einwirkung der Menschen Tätigkeiten ausführen konnten. Die erste wasserbetriebene Uhr z.B. entstand 270 vor Christus. Und aus dem frühen neunten Jahrhundert stammt ein Buch mit dem Titel „Buch der raffinierten Geräte" aus Bagdad. Dort werden über 100 Automaten beschrieben.

○ Welche Probleme gibt es denn häufig bei der Entwicklung von Robotern?

● Ein besonderes Problem bei der Entwicklung von Robotern ist deren Orientierung. Der erste „sehende" Roboter entstand mithilfe von Fotozellen, die das Erkennen von Helligkeitsunterschieden ermöglichten. Die berühmten Roboter-Schildkröten Elsie und Elmer konnten dadurch 1950 erstmals die Lichtquelle orten, die ihre Ladestation markierte.

Auch hörende Roboter gibt es bereits seit einigen Jahrzehnten. Die Waseda-Universität in Japan entwickelte 1973 den „Wabot-1". Der Roboter konnte hören, sehen, tasten, laufen und sich mit einem Sprachsynthesizer sogar unterhalten, sodass seine Entwickler ihm die Intelligenz eines 18 Monate alten Kindes bescheinigten.

Der Tastsinn von Robotern bleibt allerdings zurzeit noch weit hinter den Fähigkeiten einer menschlichen Hand zurück. Ein fester Griff ist für den Roboterarm noch kein Problem, weil dafür keine Präzision nötig ist. Wenn es aber um feinmotorische Abläufe, wie z.B. das Halten eines Stiftes mit Daumen und Zeigefinger geht, haben Robotikwissenschaftler noch eine Menge Arbeit vor sich.

Modul 4 Aufgabe 1c

○ Nach diesen spannenden Informationen zu Robotern ist jetzt natürlich vor allem interessant, in welchen Bereichen Roboter bevorzugt eingesetzt werden.

● In der Industrie wurden Roboter erstmals in den 60er-Jahren eingesetzt. George Dovel und Joe Engelberger entwickelten den „Unimate", den ersten kommerziell erhältlichen Industrieroboter. Er wurde unter anderem an den Fließbändern des Autoherstellers General Motors für sich wiederholende und gefährliche Arbeiten eingesetzt. Der „Unimate" stapelte z.B. hoch erhitzte Metallteile. Bereits 20 Jahre später wurde der Einsatz von Robotern in der Autoherstellung dann zur Routine. Aber natürlich bedienen sich auch andere Industriezweige der künstlichen Hilfe. In Chemieunternehmen übernehmen Roboter teilweise komplexe Arbeitsabläufe vollständig.

Transkript

○ Auch im Weltraum und bei der Erforschung der Ozeane sind Roboter nicht mehr wegzudenken.

● Roboter übernehmen in vielen Bereichen Tätigkeiten, die der Mensch ungenauer, langsamer oder überhaupt nicht ausführen kann. Letzteres gilt besonders für Missionen im Weltraum. Die unbemannte Raumsonde „Pathfinder" setzte 1997 nach siebenmonatigem Flug das Roboterfahrzeug „Sojourner" auf dem Mars ab. Das Fahrzeug war für die extremen klimatischen Bedingungen auf dem Roten Planeten gerüstet. Auch für andere Aufgaben im All sind Roboter unerlässlich. So helfen Roboterarme z.B. bei Arbeiten an der internationalen Raumstation ISS oder reparieren defekte Satelliten.

Na ja, und die Erforschung der Ozeane wäre ohne Roboter ebenfalls undenkbar. Sie ergründen die Meerestiefen, helfen beim Erkennen von Umweltgefahren wie ausgelaufenem Öl oder bei der Schatzsuche. 1986 erkundete der Roboter Jason Junior zusammen mit dem bemannten Tiefseetauchboot Alvin in 3965 Metern Tiefe das Wrack der Titanic. Viele der Unterwasserroboter haben die Form eines kleinen U-Bootes. Sie werden ferngesteuert oder man programmiert sie vor dem Einsatz so, dass sie ihre Arbeiten eigenständig durchführen können.

○ Aber auch in Krisengebieten können Roboter dem Menschen wertvolle Dienste leisten. Sie werden bei Bränden eingesetzt, sollen Minen suchen oder Bomben entschärfen. Dafür müssen sie in der Lage sein, sich in sehr unwegsamem Gelände wie eingestürzten Häusern oder wüsten Landschaften fortbewegen zu können.

Neben all diesen Möglichkeiten gibt es inzwischen viele weitere Einsatzgebiete für die künstlichen Helfer. Ob im Haushalt, im Operationssaal, im Labor oder im Kinderzimmer: Roboter gehören zum täglichen Leben dazu.

Hören Sie dazu nächste Woche den zweiten Teil zu unserem Feature „Roboter – Mechanische Helfer in allen Lebenslagen".

Kapitel 6: Kulturwelten

Modul 1 Weltkulturerbe

die Anlage, -n	_____	etw. errichten	_____
die Architektur, -en	_____	die Konzeption, -en	_____
das Bauwerk, -e	_____	die Landschaft, -en	_____
etw. bestaunen	_____	das Schloss, -"er	_____
der Brunnen, -	_____	stolz sein auf etw.	_____
das Denkmal, -"er	_____	sich in eine andere Zeit versetzen	_____
denkmalgeschützt	_____		

Modul 2 Kunstraub

etw. aufklären	_____	das Lösegeld, -er	_____
die Aufklärung	_____	der Raub	_____
die Beute	_____	etw. restaurieren	_____
der/die Dieb/-in, -e/-nen	_____	die Spur, -en	_____
der Diebstahl, -"e	_____	der/die Täter/-in, -/-nen	_____
der Haftbefehl, -e	_____	j-n verhaften	_____
der/die Hehler/-in, -/-nen	_____	etw. vermissen	_____

Modul 3 Sprachensterben

vom Aussterben bedroht sein	_____	ursprünglich	_____
die Generation, -en	_____	etw. vermitteln	_____
der Klang, -"e	_____	die Vielfalt	_____
die Schriftsprache, -n	_____	zweisprachig	_____

Modul 4 Bücherwelten

der Auszug, -"e	_____	präsentieren	_____
die Buchbesprechung, -en	_____	in die Rolle von j-m schlüpfen	_____
einen Fall lösen	_____	die Textstelle, -n	_____
das Hörbuch, -"er	_____	verwirrend	_____
die Präsentation, -en	_____	in eine Welt eintauchen	_____

Wörter, die für mich wichtig sind:

_____	_____	_____	_____
_____	_____	_____	_____
_____	_____	_____	_____
_____	_____	_____	_____

Wortschatz

Kapitel 7: Fit für ...

Modul 1 Fit für Finanzen

abbuchen _____

die Abbuchung, -en _____

die Bankleitzahl, -en _____

die EC-Karte, -n _____

etw. genehmigen _____

das Konto, die Konten _____

die Kontonummer, -n _____

die Kreditkarte, -n _____

etw. rückgängig machen _____

etw. sperren lassen _____

die Überweisung, -en _____

etw. widerrufen (widerruft, widerrief, hat widerrufen) _____

der Widerruf _____

das Zahlungsmittel, - _____

Modul 2 Fit am Telefon

das Hintergundgeräusch, -e _____

das Missverständnis, -se _____

eine Nachricht hinterlassen _____

etw. nebenbei machen _____

die Rahmenbedingung, -en _____

sich verbinden lassen _____

falsch verbunden sein _____

sich vergewissern _____

vermeiden (vermeidet, vermied, hat vermieden) _____

Modul 3 Fit für die Firma

das Arbeitsumfeld _____

die Fitness _____

das Fitnesscenter _____

der Frust _____

frustriert sein _____

gesundheitsfördernd _____

der Gesundheitszustand _____

der Krankenstand, -"e _____

der Lebensstil, -e _____

die Massage, -n _____

das Symptom, -e _____

etw. an der Wurzel packen _____

Modul 4 Fit für die Prüfung

etw. auflisten _____

sich ein Bild verschaffen von etw. _____

etw. blockiert das Denken _____

sich etw. gönnen _____

das Herz pocht _____

das Herzrasen _____

viel um die Ohren haben _____

zur Prüfung antreten (tritt an, trat an, ist angetreten) _____

die Prüfungsangst, -"e _____

Ruhe bewahren _____

den Stoff begrenzen _____

etw. vernachlässigen _____

der/die Versager/-in, -/-nen _____

Wörter, die für mich wichtig sind:

_____ _____ _____ _____

_____ _____ _____ _____

Kapitel 8: Das macht(e) Geschichte

Modul 1 Gelebte Geschichte

ausstatten (mit)	_____	historisch	_____
das Drehbuch, -"er	_____	Partei ergreifen	_____
die Epoche, -n	_____	die Seekrankheit	_____
das Ereignis, -se	_____	das Sendeformat, -e	_____
die Geschichtsdokumen-tation, -en	_____	trotzen	_____
		überqueren	_____
die Herausforderung, -en	_____	der/die Zeitzeuge/ Zeitzeugin, -n/-nen	_____

Modul 2 26.10. – Ein Tag in der Geschichte

j-d auszeichnen	_____	die Neutralität	_____
denkwürdig	_____	die Souveränität	_____
sich distanzieren	_____	der Staatsvertrag, -"e	_____
die Hilfsorganisation, -en	_____	die Trümmer	_____
initiieren	_____	unabhängig	_____
der Nationalfeiertag, -e	_____	vordringen (dringt vor, drang vor, ist vorgedrungen)	_____

Modul 3 Irrtümer der Geschichte

der Buchdruck	_____	das Mittelalter	_____
durchsetzen	_____	die Pest	_____
der/die Erfinder/-in, -/-nen	_____	schnitzen	_____
die Handelsbeziehung, -en	_____	das Schriftzeichen, -	_____
der Irrtum, -"er	_____	taufen	_____
die Lebenserwartung	_____	zerstören	_____

Modul 4 Grenzen überwinden

der Anlass, -"e	_____	der Flüchtling, -e	_____
die Behörde, -n	_____	zu etwas führen	_____
das Einlenken	_____	die Genehmigung, -en	_____
erzwingen (erzwingt, erzwang, hat erzwungen)	_____	der Grenzübertritt, -e	_____
		der Massenprotest, -e	_____
etwas geht ohne Weiteres	_____	die Sondergenehmigung, -en	_____

Wörter, die für mich wichtig sind:

_____ _____ _____ _____

_____ _____ _____ _____

Wortschatz

Kapitel 9: Mit viel Gefühl …

Modul 1 Farbenfroh

die Eifersucht	_____	der Neid	_____
die Feigheit	_____	der Pessimismus	_____
der Gefühlsausbruch, -"e	_____	die Trauer	_____
der Glaube	_____	unangenehm	_____
der Geiz	_____	die Wut	_____
die Heiterkeit	_____		

Modul 2 Mit Musik geht alles besser

akustisch	_____	die Muskelspannung, -en	_____
die Atemfrequenz, -en	_____	profitieren von	_____
der Blutdruck	_____	die Rehabilitation, -en	_____
eine Gänsehaut verursachen	_____	stimulieren	_____
		therapeutisch	_____
das Musizieren	_____	der Zeitvertreib	_____

Modul 3 Sprache und Gefühl

die Aufmunterung, -en	_____	kaputt sein	_____
das Bedauern	_____	verstärken	_____
eigentlich	_____	der Vorwurf, -"e	_____

Modul 4 Gefühle und Emotionen

abwägen	_____	der Impuls, -e	_____
der Affekt, -e	_____	der Lauf der Dinge	_____
aggressiv	_____	die Neugier(de)	_____
die Angst, -"e	_____	die Reaktion, -en	_____
die Atmosphäre, -n	_____	die Stimmung, -en	_____
depressiv	_____	der Stress	_____
die Emotion, -en	_____	die Unentschlossenheit	_____
die Empfindung, -en	_____	der Verstand	_____

Wörter, die für mich wichtig sind:

_____   _____   _____   _____

_____   _____   _____   _____

_____   _____   _____   _____

_____   _____   _____   _____

_____   _____   _____   _____

Kapitel 10: Ein Blick in die Zukunft

Modul 1 Alternative Energie – Chance für die Zukunft?

alternative Energieform, -en	_____	nachwachsen (wächst nach, wuchs nach, ist nachge-wachsen)	_____
anzapfen	_____		
die Energiequelle, -n	_____	die Prognose, -n	_____
die Erdwärme	_____	der Sonnenkollektor, -en	_____
erstaunlich	_____	Strom gewinnen	_____
die geologische Gegeben-heit, -en	_____	vergleichsweise	_____
lebensnotwendig	_____	zurückgreifen auf (greift zurück, griff zurück, hat zurückgegriffen)	_____

Modul 2 In 50 Jahren …

anfühlen	_____	das Gelenk, -e	_____
das Augenlicht trüben	_____	die Rente, -n	_____
die Beschwerden (Pl.)	_____	simulieren	_____
das Gehör	_____	der/die Wahrsager/-in, -/nen	_____

Modul 3 Was bringt die Zukunft?

befristet	_____	die Präsentationsfolie, -n	_____
die Dienstleistung, -en	_____	die selbstständige Tätigkeit, -en	_____
eingehen auf (geht ein, ging ein, ist eingegangen)	_____	unkalkulierbar	_____
die Entwicklung, -en	_____	die Verantwortung, -en	_____
die Flexibilität	_____	vorhersagbar	_____
der/die Freiberufler/-in, -/-nen	_____	der Wandel	_____

Modul 4 Roboter – Unsere Zukunft?

das Einsatzgebiet, -e	_____	lästig	_____
die Einsparung, -en	_____	der Roboter, -	_____
das erhitzte Gemüt, -er	_____	unangebracht	_____
das Gesundheitswesen	_____	zu Wort kommen	_____
eine Kluft überwinden (überwindet, überwand, hat überwunden)	_____		

Wörter, die für mich wichtig sind:

_____ _____ _____ _____

_____ _____ _____ _____

_____ _____ _____ _____

Nomen-Verb-Verbindungen _____

Wichtige Nomen-Verb-Verbindungen

Nomen-Verb-Verbindung	Bedeutung	Beispiel
sich in Acht nehmen vor	aufpassen, vorsichtig sein	Wir sollten uns davor in Acht nehmen, dass Umweltthemen zu sehr auf die leichte Schulter genommen werden.
Angst machen	sich ängstigen vor	Der Klimawandel macht mir Angst.
in Anspruch nehmen	(be)nutzen, beanspruchen	Wir sollten öffentliche Verkehrsmittel stärker in Anspruch nehmen.
einen Antrag stellen auf	beantragen	Familie Müller hat einen Antrag auf finanzielle Förderung für ihre Solaranlage gestellt.
in Aufregung versetzen	(sich) aufregen, nervös machen	Diese Prognose versetzt viele Menschen in Aufregung.
zum Ausdruck bringen	etw. äußern, ausdrücken	Die Beschäftigung mit Themen, die die Umwelt betreffen, bringt die Sorge vieler Menschen um die Zukunft zum Ausdruck.
zur Auswahl stehen	angeboten werden	Heute stehen viele energiesparende Geräte zur Auswahl.
Beachtung finden	beachtet werden	Alternative Energieformen finden momentan große Beachtung.
einen Beitrag leisten	etw. beitragen	Jeder kann einen Beitrag zum Energiesparen leisten.
einen Beruf ausüben	arbeiten (als), beruflich machen	Dr. Weißhaupt übt seinen Beruf als Energieberater schon seit 20 Jahren aus.
Bescheid geben/sagen	informieren	Können Sie mir bitte Bescheid geben/sagen, wann die Solaranlage bei uns installiert wird?
Bescheid wissen	informiert sein	Über erneuerbare Energien weiß ich immer noch zu wenig Bescheid.
Bezug nehmen auf	sich beziehen auf	Mit meinem Leserbrief nehme ich Bezug auf Ihren Artikel „Umweltschutz in der Region".
zu Ende bringen	beenden/abschließen	Wir müssen wichtige Forschungsvorhaben im Bereich Energie zu Ende bringen.
einen Entschluss fassen	beschließen, sich entschließen	Einige Länder haben endlich den Entschluss gefasst, Treibhausgase deutlich zu reduzieren.
einen Fehler begehen	etw. Falsches tun	Ich beging einen großen Fehler, als ich beim Hauskauf nicht auf die Energiekosten achtete.
zur Folge haben	folgen aus etw., bewirken	Die Entwicklung der letzten Jahre hat zur Folge, dass alternative Energien stärker gefördert werden.
in Frage kommen	relevant/akzeptabel sein	Es kommt nicht in Frage, dass man nicht mehr verwendbare Medikamente im Hausmüll entsorgt.
außer Frage stehen	(zweifellos) richtig sein, nicht bezweifelt werden	Es steht außer Frage, dass neue Technologien teuer sind.
eine Frage stellen	fragen	Heute werden den Politikern deutlich mehr Fragen zu Umweltthemen gestellt.
in Frage stellen	bezweifeln, anzweifeln	Dass die Industrie genug Geld für den Klimaschutz investiert, möchte ich doch in Frage stellen.
sich Gedanken machen über	nachdenken	Jeder Einzelne sollte sich darüber Gedanken machen, wie er Energie sparen kann.
ein Gespräch führen	(be)sprechen	Es müssen international mehr Gespräche zum Umweltschutz geführt werden.

Nomen-Verb-Verbindung	Bedeutung	Beispiel
Interesse wecken an/für	sich interessieren für	Das Interesse an der Umwelt sollte bei Kindern schon früh geweckt werden.
in Kauf nehmen	(Nachteiliges) akzeptieren	Wer Wind als Energiequelle nutzt, muss in Kauf nehmen, dass er nicht immer weht.
zur Kenntnis nehmen	bemerken, wahrnehmen	Wir müssen zur Kenntnis nehmen, dass mit Erdöl und Erdgas in großen Mengen bald Schluss sein wird.
die Kosten tragen	bezahlen	Am Ende müssen wir alle die Kosten für die Umweltschäden tragen.
Kritik üben an	kritisieren	An der derzeitigen Energiepolitik wurde zu Recht schon viel Kritik geübt.
in der Lage sein	können / fähig sein	Wir sind alle in der Lage, etwas für den Klimaschutz zu tun.
auf den Markt bringen	etw. (zum ersten Mal) verkaufen	Immer mehr energiesparende Geräte werden auf den Markt gebracht.
sich Mühe geben	sich bemühen	Viele Menschen geben sich Mühe, die Umwelt zu schützen.
eine Rolle spielen	wichtig/relevant sein	Raps- oder Sonnenblumenöl spielen außerdem bei der Gewinnung von Bio-Diesel eine wichtige Rolle.
Rücksicht nehmen auf	rücksichtsvoll sein	Wir müssen stärker Rücksicht auf die Natur nehmen.
Ruhe bewahren	ruhig bleiben	Um die Umweltprobleme lösen zu können, müssen wir Ruhe bewahren und Ideen gezielt umsetzen.
Schluss machen mit	beenden	Mit der alltäglichen Energieverschwendung müssen wir endlich Schluss machen.
in Schutz nehmen	(be)schützen, verteidigen	Die Regierung darf die Industrie nicht ständig in Schutz nehmen.
Sorge tragen für	sorgen für	Die Politiker müssen Sorge für den Klimaschutz tragen.
aufs Spiel setzen	riskieren	Wir dürfen unsere Zukunft nicht aufs Spiel setzen.
zur Sprache bringen	ansprechen	Umweltthemen sollten häufiger zur Sprache gebracht werden.
auf dem Standpunkt stehen	meinen	Ich stehe auf dem Standpunkt, dass erneuerbare Energien mehr gefördert werden müssen.
Untersuchungen anstellen	untersuchen	Viele Experten haben Untersuchungen zum Klimawandel angestellt.
Verantwortung tragen für	verantwortlich sein	Heute trägt der Mensch die Verantwortung für die Klimaveränderungen.
in Verlegenheit bringen	verlegen machen	Unsere Kinder werden uns in Verlegenheit bringen, wenn wir ihnen unser Handeln erklären müssen.
zur Verfügung stehen	vorhanden sein, für jmd. da sein	Im Prinzip stehen alternative Energien unbegrenzt zur Verfügung.
Verständnis aufbringen für	verstehen	In 100 Jahren wird niemand Verständnis für unseren heutigen Umgang mit Ressourcen aufbringen.
aus dem Weg gehen	vermeiden, ausweichen	Der Manager ging den Fragen der Journalisten nach dem Umweltschutz dauernd aus dem Weg.
Zweifel haben	bezweifeln	Experten haben Zweifel, ob wir mit erneuerbaren Energien unseren Strombedarf decken können.
außer Zweifel stehen	nicht bezweifelt werden	Es steht außer Zweifel, dass der Treibhauseffekt minimiert werden kann.

Verben, Adjektive und Substantive ...

Wichtige Verben, Adjektive und Substantive mit Präpositionen

Verben mit Präpositionen mit entsprechenden Substantiven und Adjektiven			
Verb	Substantiv	Adjektiv	Präposition + Kasus
abhängen	die Abhängigkeit	abhängig	von + D
achten			auf + A
ändern	die Änderung		an + D
anfangen	der Anfang		mit + D
sich ängstigen	die Angst		vor + D
ankommen			auf + A
anpassen	die Anpassung	angepasst	an + A
antworten	die Antwort		auf + A
sich ärgern	der Ärger	ärgerlich	über + A
aufhören			mit + D
aufpassen			auf + A
sich aufregen	die Aufregung	aufgeregt	über + A
ausdrücken			mit + D
sich austauschen	der Austausch		mit + D / über + A
sich bedanken			für + A / bei + D
sich begeistern	die Begeisterung		für + A
beitragen	der Beitrag		zu + D
berichten	der Bericht		über + A / von + D
sich beschäftigen	die Beschäftigung	beschäftigt	mit + D
sich beschweren	die Beschwerde		über + A / bei + D
bestehen			aus + D
sich bewerben	die Bewerbung		um + A / bei + D
sich beziehen	der Bezug		auf + A
bitten	die Bitte		um + A
danken	der Dank	dankbar	für + A
denken	der Gedanke		an + A
diskutieren	die Diskussion		über + A / mit + D
sich eignen	die Eignung	geeignet	für + A / zu + D
eingehen			auf + A
einladen	die Einladung		zu + D
sich engagieren	das Engagement	engagiert	für + A
sich entscheiden	die Entscheidung		für + A / gegen + A
sich entschließen	der Entschluss / die Entschlossenheit	entschlossen	zu + D
sich entschuldigen	die Entschuldigung		für + A / bei + D
sich erholen	die Erholung	erholt	von + D
sich erinnern	die Erinnerung		an + A
sich erkundigen	die Erkundigung		bei + D / nach + D

Verben mit Präpositionen mit entsprechenden Substantiven und Adjektiven			
Verb	**Substantiv**	**Adjektiv**	**Präposition + Kasus**
erwarten			von + D
erzählen	die Erzählung		von + D
fragen	die Frage		nach + D
sich freuen	die Freude		auf + A
sich freuen	die Freude	erfreut	über + A
führen			zu + D
gehören			zu + D
sich gewöhnen	die Gewöhnung	gewöhnt	an + A
glauben	der Glaube		an + A
gratulieren	die Gratulation		zu + D
halten			an + A
(sich) halten			für + A
handeln			von + D
sich handeln			um + A
helfen	die Hilfe	behilflich	bei + D
hinweisen	der Hinweis		auf + A
hoffen	die Hoffnung		auf + A
sich informieren	die Information	informiert	über + A / bei + D
sich interessieren	das Interesse		für + A
investieren	die Investition		in + A
kämpfen	der Kampf		für + A / gegen + A
sich konzentrieren	die Konzentration	konzentriert	auf + A
sich kümmern			um + A
lachen			über + A
leiden			an + D / unter + D
liegen			an + D
nachdenken			über + A
protestieren	der Protest		gegen + A
reagieren	die Reaktion		auf + A
reden			über + A / mit + D / von + D
reden	die Rede		von + D / über + A
schmecken	der Geschmack		nach + D
siegen	der Sieg		über + A
sorgen			für + A
sich sorgen	die Sorge	besorgt	um + A
sich spezialisieren	die Spezialisierung	spezialisiert	auf + A

Verben, Adjektive und Substantive ...

Verben mit Präpositionen mit entsprechenden Substantiven und Adjektiven			
Verb	**Substantiv**	**Adjektiv**	**Präposition + Kasus**
sprechen	das Gespräch		über + A / mit + D / von + D
stehen			für + A
(sich) streiten	der Streit		über + A / um + A / mit + D
suchen	die Suche		nach + D
teilnehmen	die Teilnahme		an + D
tendieren	die Tendenz		zu + D
sich treffen	das Treffen		mit + D
sich trennen	die Trennung	getrennt	von + D
(sich) überzeugen		überzeugt	von + D
sich unterhalten	die Unterhaltung		über + A / mit + D
sich unterscheiden	die Unterscheidung	unterscheidbar	nach + D, von + D
sich verabreden	die Verabredung	verabredet	mit + D
sich verabschieden	die Verabschiedung		von + D
verbinden	die Verbindung	verbunden	mit + D
vergleichen	der Vergleich	vergleichbar	mit + D
sich verlassen			auf + A
sich verlieben	die Verliebtheit	verliebt	in + A
verstehen			von + D
sich verstehen			mit + D
vertrauen	das Vertrauen		auf + A
verzichten	der Verzicht		auf + A
sich vorbereiten	die Vorbereitung	vorbereitet	auf + A
warnen	die Warnung		vor + D
warten			auf + A
werben	die Werbung		für + A
wirken	die Wirkung		auf + A
sich wundern	die Verwunderung	verwundert	über + A
zählen			zu + D
zweifeln	der Zweifel	verzweifelt	an + D

Adjektive mit Präpositionen mit entsprechenden Substantiven		
Adjektiv	**Substantiv**	**Präposition**
angewiesen		auf + A
anwesend	die Anwesenheit	bei + D
befreundet	die Freundschaft	mit + D
begeistert		von + D
bekannt		für + A

Adjektive mit Präpositionen mit entsprechenden Substantiven		
Adjektiv	Substantiv	Präposition
bekannt	die Bekanntschaft	mit + D
beliebt	die Beliebtheit	bei + D
bereit	die Bereitschaft	zu + D
berühmt	die Berühmtheit	für + A
blass		vor + D
böse		auf + A / zu + D
charakteristisch		für + A
eifersüchtig	die Eifersucht	auf + A
einverstanden	das Einverständnis	mit + D
empört	die Empörung	über + A
erfahren	die Erfahrung	in + D
erstaunt	das Erstaunen	über + A
fähig	die Fähigkeit	zu + D
gespannt		auf + A
gleichgültig	die Gleichgültigkeit	gegenüber + D
glücklich		über + A
lieb	die Liebe	zu + D
misstrauisch	das Misstrauen	gegenüber + D
neidisch	der Neid	auf + A
neugierig	die Neugier(de)	auf + A
notwendig	die Notwendigkeit	für + A
nützlich	der Nutzen	für + A
offen	die Offenheit	für + A
reich	der Reichtum	an + D
schädlich	die Schädlichkeit	für + A
schuld	die Schuld	an + D
sicher	die Sicherheit	vor + D
stolz	der Stolz	auf + A
traurig	die Trauer	über + A
typisch		für + A
verpflichtet	die Verpflichtung	zu + D
verrückt		nach + D
verschieden		von + D
verwandt	die Verwandtschaft	mit + D
wütend	die Wut	auf + A / über + A
zufrieden	die Zufriedenheit	mit + D
zuständig	die Zuständigkeit	für + A

Unregelmäßige Verben

Wichtige unregelmäßige Verben

Infinitiv	Präsens	Präteritum	Perfekt
backen	backt/bäckt	backte	hat gebacken
sich befinden	befindet	befand	hat befunden
beginnen	beginnt	begann	hat begonnen
begreifen	begreift	begriff	hat begriffen
behalten	behält	behielt	hat behalten
bekommen	bekommt	bekam	hat bekommen
beraten	berät	beriet	hat beraten
beschließen	beschließt	beschloss	hat beschlossen
besprechen	bespricht	besprach	hat besprochen
bestehen	besteht	bestand	hat bestanden
betragen	beträgt	betrug	hat betragen
betreten	betritt	betrat	hat betreten
sich bewerben	bewirbt	bewarb	hat beworben
bieten	bietet	bot	hat geboten
bitten	bittet	bat	hat gebeten
bleiben	bleibt	blieb	ist geblieben
braten	brät/bratet	briet	hat gebraten
brechen	bricht	brach	hat gebrochen
brennen	brennt	brannte	hat gebrannt
bringen	bringt	brachte	hat gebracht
denken	denkt	dachte	hat gedacht
dürfen	darf	durfte	hat gedurft
empfangen	empfängt	empfing	hat empfangen
empfehlen	empfiehlt	empfahl	hat empfohlen
empfinden	empfindet	empfand	hat empfunden
entlassen	entlässt	entließ	hat entlassen
entscheiden	entscheidet	entschied	hat entschieden
sich entschließen	entschließt	entschloss	hat entschlossen
entstehen	entsteht	entstand	ist entstanden
erfahren	erfährt	erfuhr	hat erfahren
erfinden	erfindet	erfand	hat erfunden
erschrecken	erschrickt	erschrak	ist erschrocken

Infinitiv	Präsens	Präteritum	Perfekt
erziehen	erzieht	erzog	hat erzogen
essen	isst	aß	hat gegessen
fahren	fährt	fuhr	ist gefahren
fallen	fällt	fiel	ist gefallen
fangen	fängt	fing	hat gefangen
finden	findet	fand	hat gefunden
fliegen	fliegt	flog	ist geflogen
fliehen	flieht	floh	ist geflohen
fließen	fließt	floss	ist geflossen
frieren	friert	fror	hat gefroren
geben	gibt	gab	hat gegeben
gefallen	gefällt	gefiel	hat gefallen
gehen	geht	ging	ist gegangen
gelingen	(etwas) gelingt	gelang	ist gelungen
gelten	gilt	galt	hat gegolten
genießen	genießt	genoss	hat genossen
geschehen	geschieht	geschah	ist geschehen
gewinnen	gewinnt	gewann	hat gewonnen
greifen	greift	griff	hat gegriffen
haben	hat	hatte	hat gehabt
halten	hält	hielt	hat gehalten
hängen	hängt	hing	hat gehangen
heben	hebt	hob	hat gehoben
heißen	heißt	hieß	hat geheißen
helfen	hilft	half	hat geholfen
kennen	kennt	kannte	hat gekannt
klingen	klingt	klang	hat geklungen
kommen	kommt	kam	ist gekommen
können	kann	konnte	hat gekonnt
laden	lädt	lud	hat geladen
lassen	lässt	ließ	hat gelassen
laufen	läuft	lief	ist gelaufen

Unregelmäßige Verben _____

Infinitiv	Präsens	Präteritum	Perfekt
leiden	leidet	litt	hat gelitten
leihen	leiht	lieh	hat geliehen
lesen	liest	las	hat gelesen
liegen	liegt	lag	hat gelegen
lügen	lügt	log	hat gelogen
messen	misst	maß	hat gemessen
mögen	mag	mochte	hat gemocht
müssen	muss	musste	hat gemusst
nehmen	nimmt	nahm	hat genommen
nennen	nennt	nannte	hat genannt
raten	rät	riet	hat geraten
reiten	reitet	ritt	ist geritten
rennen	rennt	rannte	ist gerannt
riechen	riecht	roch	hat gerochen
rufen	ruft	rief	hat gerufen
scheinen	scheint	schien	hat geschienen
schieben	schiebt	schob	hat geschoben
schlafen	schläft	schlief	hat geschlafen
schlagen	schlägt	schlug	hat geschlagen
schließen	schließt	schloss	hat geschlossen
schneiden	schneidet	schnitt	hat geschnitten
schreiben	schreibt	schrieb	hat geschrieben
schreien	schreit	schrie	hat geschrien
schweigen	schweigt	schwieg	hat geschwiegen
schwimmen	schwimmt	schwamm	hat/ist geschwommen
sehen	sieht	sah	hat gesehen
sein	ist	war	ist gewesen
senden	sendet	sandte/sendete	hat gesandt/gesendet
singen	singt	sang	hat gesungen
sitzen	sitzt	saß	hat gesessen
sprechen	spricht	sprach	hat gesprochen
springen	springt	sprang	ist gesprungen
stehen	steht	stand	hat gestanden

Infinitiv	Präsens	Präteritum	Perfekt
stehlen	stiehlt	stahl	hat gestohlen
sterben	stirbt	starb	ist gestorben
streichen	streicht	strich	hat gestrichen
streiten	streitet	stritt	hat gestritten
tragen	trägt	trug	hat getragen
treffen	trifft	traf	hat getroffen
treiben	treibt	trieb	hat getrieben
treten	tritt	trat	hat/ist getreten
trinken	trinkt	trank	hat getrunken
tun	tut	tat	hat getan
unterhalten	unterhält	unterhielt	hat unterhalten
verbieten	verbietet	verbat	hat verboten
verbinden	verbindet	verband	hat verbunden
vergessen	vergisst	vergaß	hat vergessen
vergleichen	vergleicht	verglich	hat verglichen
verlassen	verlässt	verließ	hat verlassen
verlieren	verliert	verlor	hat verloren
vermeiden	vermeidet	vermied	hat vermieden
verzeihen	verzeiht	verzieh	hat verziehen
verschwinden	verschwindet	verschwand	ist verschwunden
wachsen	wächst	wuchs	ist gewachsen
waschen	wäscht	wusch	hat gewaschen
werben	wirbt	warb	hat geworben
werden	wird	wurde	ist geworden
werfen	wirft	warf	hat geworfen
wiegen	wiegt	wog	hat gewogen
wissen	weiß	wusste	hat gewusst
wollen	will	wollte	hat gewollt
ziehen	zieht	zog	hat gezogen

Quellenverzeichnis

Bilder

S. 8 akg-images (l.); Georg Baselitz *Die Beine sitzen*, 2008 Privatsammlung München (r.);

S. 9 VG Bild-Kunst, Bonn 2008 (o., M.); akg-images (u.)

S. 10 shutterstock.com (o.); akg-images (u.)

S. 12 Pechstein Hamburg/Tökendorf – akg-images

S. 16 picture-alliance/dpa

S. 17 Cecilie Dressler Verlag GmbH & Co.KG

S. 20 picture-alliance/dpa

S. 22–23 ZDF Menschen – Das Magazin „Tanztheater ‚Die Anderen'"*

S. 24–25 shutterstock.com

S. 26 Sabine Reiter (1); Visa Inc. (2); shutterstock.com (3)

S. 28 Langenscheidt Bildarchiv

S. 30 Ullstein Bild

S. 32 shutterstock.com

S. 35 Getty (l.); LevOlkha – Fotolia.com (r.)

S. 36 Ullstein Bild

S. 38–39 ZDF „Großstadt-Artisten"*

S. 40 picture-alliance/dpa (1, 3, 4); Süddeutsche Zeitung Bilderdienst (2)

S. 41 Süddeutsche Zeitung Bilderdienst (5); Ullstein Bild (8)

S. 42 Klaus Andrews/Caligari Film München

S. 44 AP (o.); akg-images (u.)

S. 46 shutterstock.com (l., o., r.); akg-images (M.)

S. 48 Hagen Koch (A); Dajana Marquardt (B); dtv (u.)

S. 49 picture-alliance/dpa (o.); Polyglott (u.)

S. 50 Ullstein Bild (o.); picture-alliance/dpa (u.)

S. 51 AP

S. 52 Ullstein Bild

S. 54 Karte Berlin: Theiss Heidolph

S. 54–55 ZDF Spezial „Das Ende der Mauer"*

S. 57 shutterstock.com

S. 59 shutterstock.com

S. 60 Visum

S. 64 Corel Stock Photo Library (o.); picture-alliance/dpa (u.)

S. 65 shutterstock.com

S. 66 shutterstock.com

S. 68 Tania Singer

S. 70–71 ZDF Drehscheibe „Happy Birthday, Knut"*

S. 74 shutterstock.com

S. 76 Visum

S. 78 Grafik: Wandel in der Arbeitswelt. Globus; Grafik: Die Zukunft der Arbeit. Globus

S. 80 AFP/Getty (o.l.); Zefa/Corbis (u.l.); picture-alliance/dpa (r.)

S. 84 akg-images

S. 86–87 ZDF Morgenmagazin „Saatgutbank Spitzbergen"*

S. 121 Ullstein Bilderdienst

S. 122 akg-images

S. 130 Langenscheidt Bildarchiv

S. 134 iStockphoto

S. 137 Diego Cervo/shutterstock

S. 143 picture-alliance/dpa

S. 145 Museumsdorf Kiekeberg

S. 148 shutterstock

S. 150 AP

S. 156 Lorraine Kourafas/shutterstock

S. 158 Visum

S. 162 Mauritius (l.), MikeSchroeder-argus (Mi.), shutterstock (r.)

S. 164 shutterstock

S. 167 LG Electronics

S. 168 shutterstock, Lykovata/shutterstock (u.)

S. 172 zhu difeng/shutterstock (o.), Andresr/shutterstock (u.)

S. 173 AP

* alle Standfotos aus ZDF-Beiträgen: Lizenz durch: www.zdf-archive.com / ZDF Enterprises GmbH Copyright ZDFE 2008 – alle Rechte vorbehalten

Texte

S. 12 Lutz Schnedelbach / Berliner Zeitung, 26.06.2002

S. 17 www.dieterwunderlich.de – Persönliche Buch- und Filmtipps von Dieter Wunderlich

S. 18 www.kinderbuch-couch.de, Stefanie Eckmann-Schmechta

S. 18 Hörtext: Auszug aus Tintenblut: Hörbuchfassung: Jumbo; Text: Dressler Verlag

S. 26 Hörtext: SERVODATA GmbH

S. 30 Wiener Zeitung

S. 32 BRW-Service GmbH

S. 33 BRW-Service GmbH

S. 46 Infos aus: Gutberlet, Bernd Ingmar: Die 50 populärsten Irrtümer der deutschen Geschichte. Bastei Lübbe Taschenbuch; Meiderbauer, Jörg: Lexikon der Geschichtsirrtümer. Von der Alpenüberquerung bis Zonengrenze. Piper 2006

S. 48 Hans Pleschinski, Ostsucht. Eine Jugend im deutsch-deutschen Grenzland. Verlag C.H. Beck oHG, München (ISBN: 3-406-37332-1)

S. 50 Hörtext: Zitat Schabowski: Archiv Deutschlandradio, Sendung: Themen der Zeit

S. 52 Infos zur Kindheit und Jugend aus: Kölnische Rundschau, 21.11.05

S. 57 Erich Fried: Angst und Zweifel, aus: Gegengift, © Verlag Klaus Wagenbach

S. 60 Salim Butt / Planet Wissen – Die Sendung, © WDR / SWR / BR-alpha 2008

S. 64 Rosenstolz: Liebe ist alles: Universal Music, Text: Arabella Musikverlag GmbH / Partitur Musikverlag

S. 65 Hörtexte: Ulfried Greuter

S. 66 emotion, Januar 2008, Mila Hanke

S. 68 Stefanie Schramm / Die Zeit

S. 76 Hessischer Rundfunk 2008

S. 120 © AVIMEDIA – Akos Vida marketing und communications, München

S. 125 Eurobarometer Special 243, S. 4. Europäische Kommission

S. 150–152 ZEIT online 45/28.10.2004 © Jana Simon

S. 164 © emotion, Dezember 2007, Prof. Dr. Gerald Hüther

S. 174 Text B: © Hessischer Rundfunk, Andreas Hieke

S. 187/188 (Kapitel 6, Modul 4, Aufgabe 5a/b) Textauszug aus: Cornelia Funke – TINTENBLUT © CECILIE DRESSLER VERLAG GmbH & Co KG

Aspekte Band 2, Teil 2 CD 1

Track	K6	Kulturwelten	Aufg.	Zeit
1.1		Vorspann		0'42''
1.2	M2	Kunstraub	1	1'37''
1.3	M4	Bücherwelten	2a	2'34''
1.4	M4	Bücherwelten	2b	6'20''
1.5	M4	Bücherwelten	5a	4'55''
1.6	M4	Bücherwelten	5b	5'24''
	K7	Fit für ...		
1.7	M1	Fit für Finanzen	3a	2'25''
1.8–1.9	M2	Fit am Telefon	2a	4'21''
1.10	M2	Fit am Telefon	2b	4'59''
1.11–1.12	M3	Fit für die Firma	2	3'06''
1.13	M3	Fit für die Firma	3a	1'48''
1.14	M3	Fit für die Firma	4a	0'37''
1.15	M4	Fit für die Prüfung	1b	3'51''

Aspekte Band 2, Teil 2 CD 2

Track	K8	Das macht(e) Geschichte	Aufg.	Zeit
2.1–2.8		Auftakt Das macht(e) Geschichte	1	5'50''
2.9	M2	26.10 – Ein Tag in der Geschichte	2	2'48''
2.10	M2	26.10 – Ein Tag in der Geschichte	3a	1'31''
2.11	M4	Grenzen überwinden	3c	2'11''
2.12–2.18	M4	Grenzen überwinden	4a	6'05''
	K9	Mit viel Gefühl		
2.19	M3	Sprache und Gefühl	1a + b	1'22''
2.20	M3	Sprache und Gefühl	2a	0'48''
2.21	M3	Sprache und Gefühl	3a	0'50''
2.22	M4	Gefühle und Emotionen	1b	3'40''
2.23	M4	Gefühle und Emotionen	2b	2'05''
2.24	M4	Gefühle und Emotionen	3b	2'32''
	K10	Ein Blick in die Zukunft		
2.25		Auftakt Ein Blick in die Zukunft	1a	9'46''
2.26	M2	In 50 Jahren ...	2a	2'01''
2.27–2.28	M2	In 50 Jahren ...	2b	9'09''
2.29	M4	Roboter – Unsere Zukunft?	1b	3'57''
2.30	M4	Roboter – Unsere Zukunft?	1c	3'35''

Texte und Lieder:
Kapitel 7, Modul 1: SERVODATA GmbH
Kapitel 8, Modul 4: Zitat Schabowski: Archiv Deutschlandradio, Sendung: Themen der Zeit
Kapitel 9, Modul 4: Rosenstolz „Liebe ist alles": Universal Music,
             Text: Arabella Musikverlag GmbH/Partitur Musikverlag
Kapitel 9, Modul 4: Angst und Neugier: Ulfried Greuter

Sprecherinnen und Sprecher:
Ulrike Arnold, Simone Brahmann, Farina Brock, Walter von Hauff, Christof Jablonka, Crock
Krumbiegel, Evely Plank, Maren Rainer, Jakob Riedl, Marc Stachel, Christine Stichler, Nico
Trebbin, Peter Veit

Aufnahme und Postproduktion: Heinz Graf
Produktion: Tonstudio Graf, 82178 Puchheim
Regie: Heinz Graf und Cornelia Rademacher
Redaktion: Cornelia Rademacher